本书系浙江省哲学社会科学规划重点课题"浙江与中东欧数字科技合作潜力与提升路径研究（23NDJC050Z）"的部分研究成果。

"一带一路"科技创新与资本市场的协同发展

—— 中国与中东欧数字经济合作研究

姚鸟儿　齐培培　范佳妮　著

中国财经出版传媒集团
中国财政经济出版社
·北京·

图书在版编目（CIP）数据

"一带一路"科技创新与资本市场的协同发展：中国与中东欧数字经济合作研究 / 姚鸟儿，齐培培，范佳妮著. -- 北京：中国财政经济出版社，2025.1.
ISBN 978-7-5223-3678-7

Ⅰ.F492；F495

中国国家版本馆 CIP 数据核字第 202566JF50 号

责任编辑：彭　波　　　　责任校对：徐艳丽
封面设计：孙俪铭　　　　责任印制：史大鹏

"一带一路"科技创新与资本市场的协同发展——中国与中东欧数字经济合作研究
"YIDAIYILU" KEJI CHUANGXIN YU ZIBEN SHICHANG DE XIETONG FAZHAN
——ZHONGGUO YU ZHONGDONGOU SHUZI JINGJI HEZUO YANJIU

中国财政经济出版社 出版

URL：http://www.cfeph.cn
E-mail：cfeph@cfeph.cn

（版权所有　翻印必究）

社址：北京市海淀区阜成路甲 28 号　邮政编码：100142
营销中心电话：010-88191522
天猫网店：中国财政经济出版社旗舰店
网址：https://zgczjjcbs.tmall.com
涿州汇美亿浓印刷有限公司印刷　各地新华书店经销
成品尺寸：170mm×240mm　16 开　19.25 印张　283 000 字
2025 年 1 月第 1 版　2025 年 1 月河北第 1 次印刷
定价：78.00 元
ISBN 978-7-5223-3678-7
（图书出现印装问题，本社负责调换，电话：010-88190548）
本社图书质量投诉电话：010-88190744
打击盗版举报热线：010-88191661　QQ：2242791300

前　　言

在当今全球化的时代背景下，科技创新与资本市场的协同发展已成为推动各国经济增长和社会进步的重要力量。特别是在"一带一路"倡议的推动下，中国与中东欧国家之间的数字经济合作正逐步深化，展现出巨大的发展潜力与广阔的合作前景。本书旨在深入探讨这一重要议题，以期为相关领域的理论与实践发展提供有益的参考与借鉴。

随着信息技术的迅猛发展和全球数字经济的崛起，科技创新已成为推动经济社会发展的核心动力。在"一带一路"倡议的框架下，中国与中东欧国家之间的合作日益紧密，数字经济作为新兴的合作领域，正逐渐成为双方合作的重要支点。本书通过系统研究中国与中东欧在数字经济领域的合作现状、机制与领域，旨在揭示双方合作的内在逻辑与潜在价值，为深化合作提供理论支撑与实践指导。

本书对现有的相关研究成果进行了梳理与评析。尽管国内外学者在科技创新与资本市场协同发展、数字经济合作等方面已取得了丰富的研究成果，但针对中国与中东欧这一特定地域与合作领域的研究尚显不足。本书通过深入剖析双方合作的现状、挑战与机遇，为后续的研究与实践提供有益的参考。

本书涵盖了中国与中东欧数字经济合作的基础、数字科技、数字贸易、数字金融以及科技创新与资本市场的协同路径等方面，力求全面展现双方合作的广阔画卷。在研究方法上，本书采用了文献分析、实证研究、案例剖析等多种研究方法，以确保研究的科学性与准确性。具体而言，本书第二章详细阐述了中国与中东欧数字经济合作的基础。通过对合作现状、机制与领域的深入分析，揭示了双方合作的坚实基础与巨大潜力。第三章聚焦于数字科技，探讨了数字科技如何深化中国与中东欧的科技创新合作，并提出了优化资本市场资源的建议。第四章数字贸易，分析了数字贸易如何拓展中国与中东欧之间的贸易合作新领域，并探讨了数字贸易合作在资本市场风险管理方面的作用。第五章数字金融，阐述了中国与中东欧在数字金融领域的合作现状，以及数字金融合作如何强化资本市场的融资支持。第六章探讨了科技创新与资本市场的协同路径。从政策协同、市场协同、机制协同以及人才协同等多方面入手，为中国与中东欧的深入合作提供了全面指导。第七章关注了合作过程中面临的挑战与机遇，提出了具体的应对策略与建议，并对潜在风险进行了评估与防范。第八章作为结论与展望部分，对全书的研究进行了总结，并对未来中国与中东欧在科技创新与资本市场协同发展方面的合作进行了展望。

希望本书能为中国—中东欧深入合作提供有力的理论支撑与实践指导，为推动中国与中东欧在数字经济领域的合作与发展贡献力量。本书的编著不仅是作者多年潜心研究与实践的结晶，更凝聚了团队的奉献与支持。尽管我们全力对内容进行完善，但鉴于水平所限及时间紧迫，书中难免存在疏漏与不足。我们诚挚期待您的宝贵意见，以便我们不断改进和完善。

著者

2024年8月

目 录

第一章 引言 ··· 1
    第一节 研究背景与意义 ·· 1
    第二节 国内外研究综述 ·· 5
    第三节 研究内容与方法 ·· 13

第二章 中国—中东欧数字经济合作基础 ································· 17
    第一节 中国—中东欧数字经济合作现状 ······························ 17
    第二节 中国—中东欧数字经济合作机制 ······························ 41
    第三节 中国—中东欧数字经济合作领域 ······························ 45

第三章 数字科技：深化科技创新新篇章 ································· 52
    第一节 中国—中东欧数字科技合作现状 ······························ 52
    第二节 数字科技合作驱动资本市场资源优化 ······················ 65
    第三节 深化中国—中东欧数字科技合作建议 ······················ 71

第四章 数字贸易：拓展贸易合作新领域 ································· 79
    第一节 中国—中东欧数字贸易发展现状 ······························ 79
    第二节 数字贸易合作助力资本市场风险管理 ···················· 104
    第三节 深化中国—中东欧数字贸易合作建议 ···················· 116

第五章　数字金融：推动金融合作新动力 …… 126

第一节　中国—中东欧数字金融合作现状 …… 126
第二节　数字金融合作强化资本市场融资支持 …… 138
第三节　深化中国—中东欧数字金融合作建议 …… 147

第六章　科技创新与资本市场的协同路径 …… 154

第一节　政策协同：筑牢合作基石　优化政策生态 …… 154
第二节　市场协同：融通资本项目　加速对接效率 …… 164
第三节　机制协同：搭建长效平台　稳固合作机制 …… 175
第四节　人才协同：培育科创英才　深化交流共享 …… 189

第七章　面临的挑战与对策建议 …… 201

第一节　面临挑战与机遇 …… 201
第二节　应对策略与建议 …… 210
第三节　风险评估与防范 …… 216

第八章　结论与展望 …… 229

第一节　研究总结与发现 …… 229
第二节　未来合作与展望 …… 235

参考文献 …… 241

附　录 …… 271

附录1　2011~2022年"一带一路"共建国家GDP金额 …… 271
附录2　2011~2022年中国对"一带一路"共建国家出口贸易金额 …… 274
附录3　中东欧科学与技术相关数据 …… 277
附录4　中国—中东欧国家领导人峰会成果清单 …… 296

第一章

引　言

在当今全球化与信息化交织并进的时代背景下,"一带一路"倡议不仅为共建国家带来了前所未有的发展机遇,也为各国在科技创新与资本市场领域的深度合作开辟了广阔空间。特别是中国与中东欧国家之间,数字经济作为新兴的经济增长点,正逐步成为双方合作的重要纽带和驱动力。本书致力于探究"一带一路"倡议下,探讨中国与中东欧国家在科技创新与资本市场领域的协同发展,特别是聚焦于数字经济合作的广阔前景。本章主要阐述研究背景及其深远意义,明确研究的重要性和紧迫性,对国内外相关研究成果进行综述,梳理现有研究的进展与不足,介绍本研究的核心内容、研究框架以及所采用的研究方法,以期为后续章节的深入探讨奠定基础。

第一节　研究背景与意义

一、研究背景

在全球化深入发展与科技日新月异的今天,发展数字经济已成为各国把握新一轮科技革命和产业变革机遇、提升国家竞争力的战略选择。习近平总书记深刻指出,数字经济是推动全球经济增长的重要引擎,是新一轮国际竞争的重点领域,我们必须抢抓机遇,抢占未来发展制高点。这一战略判断不仅深刻揭示了数字经济发展的重要性,也为我国乃至全球数字经济的发展指明了方向。

2013年，习近平总书记提出"丝绸之路经济带"和"21世纪海上丝绸之路"重大倡议。根据国家发改委数据，截至2022年，中国已与沿线149个国家，32个国际组织签署200多份共建"一带一路"合作文件。十年来，中国与"一带一路"共建国家携手同行，守望相助，齐心协力推动"一带一路"合作进一步深化，为相关国家经济发展注入强大动力。

近年来，我国数字经济规模持续扩大，对国民经济的贡献日益突出。据《中国数字经济发展研究报告（2024年）》显示，2023年我国数字经济规模达到53.9万亿元，较上年增长3.7万亿元，数字经济占GDP比重达到42.8%，较上年提升1.3个百分点，显示出数字经济对经济增长的拉动作用日益增强。同时，数字经济同比名义增长7.39%，高于同期GDP名义增速2.76个百分点，对GDP增长的贡献率达到66.45%，成为支撑经济稳增长的关键力量。尤为值得一提的是，我国5G网络建设领跑全球，截至2023年底，已建成超过230万个5G基站，占全球总量的65%以上，5G用户规模突破6亿户，为数字经济的蓬勃发展奠定了坚实的基础设施支撑。

数字经济展现出强大的韧性和增长潜力。《全球数字经济白皮书（2024年）》显示，2023年，美国、中国、德国、日本、韩国5个国家数字经济总量超过33万亿美元，同比增长超8%；数字经济占GDP比重为60%，较2019年提升约8个百分点。产业数字化占数字经济比重的86.8%，较2019年提升1.3个百分点。2019~2023年，美国、中国数字经济实现快速增长，德国、日本、韩国数字经济持续稳定发展。预计2024~2025年全球数字产业收入增速回升。在全球经济普遍放缓的背景下，48个主要经济体GDP平均同比名义增速为-1.2%，而全球数字经济同比名义增长率却达到4.5%，远高于GDP增速，成为全球经济复苏的重要驱动力。这一趋势凸显了数字经济在全球经济体系中的核心地位，也为各国加强数字经济国际合作提供了迫切需求和广阔空间。

在此背景下，"一带一路"科技创新与资本市场的协同发展，中国—中东欧在数字经济领域的合作显得尤为重要。2012年4月26日，中国—中东欧国家合作宣告成立。当时的中东欧国家包括阿尔巴尼亚、波黑、保加利亚、克罗地亚、捷克、爱沙尼亚、匈牙利、拉脱维亚、立陶宛、北马其顿、黑山、波兰、罗马尼亚、塞尔维亚、斯洛伐克、斯洛文尼亚16国，2019年，希腊加入中国—中东欧合作，2021年立陶宛退出合作。本书研究所涉及的国家包括阿尔巴尼亚、波黑、保加利亚、克罗地亚、捷克、爱沙尼亚、匈牙利、拉脱维亚、立陶宛、北马其顿、黑山、波兰、罗马尼亚、塞尔维亚、斯洛伐克、斯洛文尼亚。中国—中东欧国家合作机制建立以来，双方秉持互利共赢的原则，在经贸、科技、文化等多个领域取得了显著成果。特别是在数字经济领域，双方均视其为推动经济转型升级、实现包容性增长的关键路径。中国凭借在数字技术创新、基础设施建设等方面的优势，与中东欧国家在数字经济政策沟通、设施联通、贸易畅通、资金融通、民心相通等方面展开了广泛而深入的合作。

然而，值得注意的是，当前全球政治经济格局正处于深刻调整之中，单边主义、保护主义抬头，加之美国与欧盟对中国—中东欧国家合作的干预与阻挠，以及俄乌冲突带来的地缘政治紧张局势，给中国—中东欧数字经济合作带来了一系列挑战。特别是中东欧国家内部数字经济发展水平的差异性、数字经济税收政策的国际协调难度、数据安全与知识产权保护的立法限制等问题，都需要双方以更加开放包容的姿态，通过加强对话、深化合作来共同应对。因此，本书旨在深入分析当前"一带一路"科技创新与资本市场的协同发展，中国—中东欧数字经济合作的现状、面临的挑战与机遇，探索深化双方合作的路径与策略，为构建更加紧密、高效、可持续的中国—中东欧数字经济合作机制提供理论支持与实践指导。通过本研究，能够为中国—中东欧在数字经济领域的互利共赢合作贡献智慧与力量，共同推动全球数字经济的繁荣与发展。

二、研究意义

（一）理论意义

在当前全球数字化转型浪潮下，区域数字经济合作的理论框架与模式探索已成为学术界关注的焦点。然而，尽管现有研究广泛覆盖了中国与东盟、非洲以及更广泛的"一带一路"共建国家的数字经济合作议题，但针对中国—中东欧国家这一特定区域合作的研究仍显不足。多数研究聚焦于双方数字经济发展现状的梳理与未来合作潜力的初步探讨（如 Zhang, 2019；Wang & Li, 2020），缺乏深入剖析合作路径、机制构建及协同效应等深层次内容。本书通过系统分析中国—中东欧国家数字经济合作的内在逻辑、合作模式、技术转移路径及资本市场支撑机制等。一是丰富"一带一路"理论内涵。本书将数字经济合作纳入"一带一路"研究框架，通过分析数字经济合作的特点、模式及影响，进一步丰富和拓展"一带一路"倡议的理论内涵，为构建更加开放、包容、普惠、平衡、共赢的新型国际经济关系提供理论支持。二是深化科技创新与资本市场协同发展理论。通过研究科技创新与资本市场在数字经济合作中的互动关系，揭示两者协同发展的内在机制和作用路径，为完善科技创新体系和优化资本市场结构提供理论参考。这一研究有助于推动区域数字经济合作理论向精细化、动态化方向发展，为未来相关研究提供理论支撑与方向指引。

（二）实践意义

在实践层面，深化中国—中东欧国家数字经济合作具有多重战略价值和实践意义。首先，随着全球经济向数字化转型加速，数字经济已成为推动经济增长和社会发展的重要引擎。通过加强中国—中东欧国家在数字技术、电子商务、智慧城市、云计算等领域的合作，能够有效激发双方经济发展新动能，促进产业升级与经济结构优化（Li & Du, 2021）。其次，有助于拓展和深化双方合作领域，构建更加多元、均衡的经贸关系，为双方企业提供更多市场机遇和合作空间，从而进一步巩固和提升中欧全面战略伙伴关系的内涵与层次。再次，面对全球经济不确定性和单边主义挑战，深化中国—中东欧国家数字经济合作是维护多边贸易体制、倡导互利共赢多边主义的重要举措，有助于增强地区经济韧性和稳定性（Gao & Liu, 2022）。最后，从共建"数字丝绸之路"的战略高度出发，加强双方在数字经济领域的协同发展，将为推动全球数字经济治理体系变革、构建人类命运共同体贡献积极力量。

综上所述，本书的研究不仅具有重要的理论意义，能够丰富和完善区域数字经济合作的理论体系；更具备深远的实践意义，为中国—中东欧国家乃至全球范围内的数字经济合作提供可借鉴的经验与启示。

第二节 国内外研究综述

一、数字经济相关问题研究

(一) 数字经济的科学内涵

自 1996 年 Tapscott 提出"数字经济"这一术语以来，数字经济研究大致经历了信息经济、互联网经济和新经济 3 个阶段（Brent and Steven，1999；Turcan and Juho，2014；张化尧等，2020）。但是，数字经济的内涵界定在不同历史阶段各有侧重，并没有统一标准。早期定义侧重于涵盖数字技术生产力，强调数字技术产业及其市场化应用，例如通信设备制造业、信息技术服务行业、数字内容行业等（Landefeld and Fraumeni，2001；OECD，2014）。随着研究的深入，关注点逐渐转移到对数字技术经济功能的解读以及数字技术对生产关系的变革。SinghN（2004）、HININGS B（2018）、李长江（2017）及田丽（2017）等学者从不同维度进行了深入探讨，普遍认为数字经济是以数字技术为核心驱动力，通过数据资源的整合、分析与应用，推动经济社会各领域深刻变革的新型经济形态。这一共识不仅体现了数字经济的技术特性，也强调了其对经济高质量发展的促进作用（赵涛等，2020；Fletcher G，Griffiths M，2020；World Bank，2019）。

本书对数字经济进行一个相对宽泛的界定。数字经济是以数字化信息（包括数据要素）为关键资源，以互联网平台为主要信息载体，以数字技术创新驱动为牵引，以一系列新模式和业态为表现形式的经济活动。根据该定义，数字经济的内涵包含 4 个核心内容：一是数字化信息，指将图像、文字、声音等被存储在一定虚拟载体上并可多次使用的信息（Berisha - Shaqiri and Berisha - Namani，2015）。二是互联网平台，指由互联网形成，搭载市场组织、传递数字化信息的载物，如共享经济平台、电子商务平台等（李广乾、陶涛，2018；肖红军、李平，2019）。三是数字化技术，是能够将数字化信息解析和处理的新一代信息技术，如人工智能、区块链、云计算、大数据等（Bharadwaj and

Pavlou, 2013; Richter et al., 2017; Teece et al., 2018)。四是新型经济模式和业态, 表现为数字技术与传统实体经济创新融合的产物, 如个体新经济、无人经济等 (徐鹏、徐向艺, 2020; 杨飞、范从来, 2020)。此定义综合了技术应用、价值创造、经济业态等多视角, 旨在全面透彻对数字经济进行分析。

(二) 数字经济的基本特征与现实表现

通过对已有文献的梳理和总结, 本书将数字经济的主要特征归纳为 3 个方面, 以更直观展示其对传统经济理论带来的拓展和变革。

第一, 数据支撑。数据资本取代实体资本成为支撑价值创造和经济发展的关键生产要素, 是数字经济最本质的特征。数据资本是指包含海量信息的流通数据经由分析处理技术衍生出的集成信息资产 (如大数据)。利用数据资本挖掘消费者潜在需求是开拓新商业模式、创新产品服务的关键 (Wu et al., 2019; 易宪容等, 2019; 丁志帆, 2020)。同时, 随着数字技术发展, 对数据资本的虚拟存储提高了搜索效率 (王勇等, 2019), 支持数据资本的低成本复制和搬运, 减少了使用数据进行价值创造的成本 (Goldfarb and Tucker, 2019)。

第二, 融合创新。新一代信息技术发展使创新过程脱离了从知识积累、研究到应用的线性链条规律, 创新阶段边界逐渐模糊, 各阶段相互作用, 创新过程逐渐融为一体 (Bailey et al., 2012; Dougherty and Dunne, 2012; Nambisan et al., 2017)。数字技术使创新主体之间的知识分享和合作更高效; 多样化的创新主体主动适应数字化技术以提供新产品和新服务, 使得数字创新产品和服务具有快速迭代的特征 (Lakhani and Panetta, 2007; Goldfarb and Tucker, 2019)。此外, 数字技术形成了产品与组织的松耦合系统, 使产品和服务创新更加灵活, 组织协调沟通成本降低, 并且突破了时空界限, 带来了组织的去中心化。

第三, 开放共享。数字经济时代各类数字化平台加速涌现, 以开放的生态系统为载体, 将生产、流通、服务和消费等各个环节逐步整合到平台, 推动线上线下资源有机结合, 创造出许多新的商业模式和业态, 形成平台经济 (Hukal et al., 2020)。作为开放、共享、共生的生态体系, 网络平台的出现为传统经济注入新的活力（Sand-berg et al.，2020）。尤其是平台的强连接能力可以加速产业的跨界融合和协同生产进程（陈晓红等，2019；荆文君、孙宝文，2019），同时形成产业数字化集聚（王如玉等，2018）。

数字经济的新特征深刻改变了主体行为，产生新的经济活动和规律，本书进一步将上述新经济活动的变化归纳为数字经济特有的现实表现。首先，数字经济的数据支撑特征表现为海量信息呈现、便捷的信息搜索和获取，以及几乎为零的低复制成本，体现以数据为驱动的经济社会发展模式。其次，融合创新特征表现为数字技术下创新的非线性模式、产品的快速迭代以及组织的去中心化。再次，开放共享特征表现为数字经济的网络化和平台化。互联网、区块链、大数据等技术应用强化产业间的网络效应，打破传统产业内涵的边界。虚拟世界所提供的协作潜力引发了企业积极尝试建立组织方便、经济高效的虚拟全球工作场所（Srivastava and Chandra，2018）。最后，数字技术在研究中的广泛应用，为经济分析和预测开辟了新的可能。随着数字经济发展，高频、多维的数据在各领域涌现，大量研究开始涉足机器学习、大数据建模与预测等领域，而人工智能算法与数字孪生建模等方法逐渐成为运用大数据开展经济管理研究的主流方法。

（三）数字经济的影响和意义

Turban，Efraim，Dorothy（2006）的研究揭示了数字经济对全球IT行业的深远影响，展现了其作为行业变革催化剂的角色。Thorsten Koch（2017）则进一步指出，随着数字经济的迅猛发展和数字化的广泛普及，产品形态、商业模式乃至全球经济结构均发生了根本性变化，这种变化对企业竞争环境的重塑尤为显著。

在区域合作的语境下，李长江（2017）对数字经济、数据经济及信息经济概念的辨析，为理解不同经济模式间的内在联系与差异提供了重要参考。田丽（2017）的对比分析则揭示了各国在数字经济理解上的差异，这种差异直接影响了各国的政策制定与战略选择，特别是在"一带一路"倡议下，中国与中东欧国家在数字经济领域的合作面临着新的机遇与挑战。

张冬杨（2018）对俄罗斯数字经济的研究，不仅展示了其巨大的发展潜力,也为其他转型经济体提供了数字化转型的宝贵经验。陆首群(2018)的分类分析深化了对数字经济多样性的认识,强调了分类施策在推动数字经济发展中的重要性。

曹正勇(2018)的研究聚焦中国,指出数字经济与工业深度融合是应对经济转型升级挑战的关键路径,为中国经济的高质量发展提供了新动力。王玉柱(2018)的跨国比较研究则揭示了数字经济发展的不平衡性,强调了发展中国家在缓解"新数字鸿沟"、实现数字经济可持续发展方面所面临的紧迫任务。

赵涛、张智、梁上坤(2020)的研究强调了创新与高质量发展的紧密关联,认为通过激励创新,数字经济能够实现跨越式增长。而王锋、高长海(2022)则进一步提出,全球化合作是数字经济跨越式发展的必由之路,特别是在"一带一路"倡议下,中国与中东欧国家在科技创新、资本市场及数字经济等领域的深度合作,将为全球数字经济发展贡献新的智慧与方案。

综上所述,数字经济作为全球经济的新引擎,其内涵不断丰富,影响日益深远。未来,随着"一带一路"倡议的深入实施,中国与中东欧国家在数字经济领域的协同合作将更加紧密,共同推动全球数字经济的繁荣发展。

二、"一带一路"倡议及其经济效应的研究

自2013年中国提出"一带一路"倡议以来,该倡议便成为全球学术与政策界关注的焦点。国内外学者从不同角度、不同层面对"一带一路"倡议的内涵、意义、实施路径及其经济效应进行了广泛而深入的研究。

国际学术界普遍认为,"一带一路"倡议是中国对外开放战略的重要组成部分,旨在通过政策沟通、设施联通、贸易畅通、资金融通、民心相通,促进共建国家的经济繁荣与区域合作(Wang,2015)。部分学者从地缘政治角度分析,认为该倡议是中国在全球化背景下寻求新的经济增长点、提升国际影响力的重要举措(Fuchs,2016)。此外,还有学者从经济学视角出发,评估了"一带一路"倡议对共建国家经济增长、贸易结构、投资流动等方面的积极影响(Gong & Xu,2017)。他们指出,通过基础设施建设、产业合作、金融支

持等手段,"一带一路"倡议促进了区域经济的互联互通与一体化发展。

中国学者对"一带一路"倡议的研究更加深入细致,不仅关注其战略意义与实施路径,还结合中国自身的发展需求与国际环境变化,提出了诸多建设性意见。一方面,国内学者强调"一带一路"倡议在推动中国经济增长模式转型、优化对外贸易结构、促进国内产业升级等方面的作用(Zhang & Ding,2018)。另一方面,他们也关注到该倡议在实施过程中面临的挑战与风险,如地缘政治冲突、文化差异、融资难等问题,并提出了相应的解决方案与建议(Liu & Li,2019)。

三、中东欧国家数字经济发展研究

在数字经济日益成为全球经济增长新引擎的背景下,相关研究已展现出较为丰富的视角与深度,尤其聚焦于欧盟内部及各国数字经济的迅猛发展。然而,关于中国与中东欧国家间数字经济合作的系统性、深度研究尚显不足,这一领域亟待进一步探索与拓展。近年来,随着"一带一路"倡议的深入实施,双方在这一领域的合作潜力与重要性日益凸显。

Turuk M. (2018) 的研究指出,欧盟作为数字经济的领跑者,其成员国普遍享受到数字技术带来的巨大红利,但值得注意的是,中东欧地区如克罗地亚等国在挖掘数字技术潜力、促进数字经济与商业活动深度融合方面仍有待加强。这一观察为理解中东欧国家数字经济发展的非均衡性提供了重要视角。

孔田平(2020)则强调中东欧国家对工业4.0的高度关注,并预见到数字化技术将成为这些国家经济转型的关键驱动力,对提升经济效率和国际竞争力具有决定性作用。这一论断凸显了中东欧国家数字经济未来发展的广阔前景与战略意义。

李晓钟、毛芳婷(2020)通过构建数字经济发展水平评价指标体系,量化评估了2018年中东欧地区的数字经济表现,结果显示该地区整体发展水平较高且增长态势平稳,为后续研究提供了有力的数据支撑。

杨路明、刘纪宏(2020)进一步细化数字经济的发展评价体系,揭示中东欧国家间在信息通信基础设施、ICT应用水平等方面的显著差异,导致数字经济发展呈现分级化和不平衡的特征。这一发现为制定差异化的合作策略、促进区域协调发展提供了重要参考。

杨子力（2021）基于欧盟数字经济与社会指数的分析，特别指出爱沙尼亚和立陶宛在数字经济领域的卓越表现，远高于其他欧盟国家，包括部分中东欧国家。这一案例不仅展示了数字经济领先国家的成功经验，也为中东欧其他国家在数字经济领域的追赶与超越提供了宝贵的启示。

四、中国与中东欧数字经济合作相关研究

随着全球数字化浪潮的兴起，数字经济已成为推动经济增长的重要力量。中国与中东欧国家在数字经济领域的合作也逐渐成为学术界关注的热点。

国内外学者普遍认为，中国与中东欧国家在数字经济领域具有广阔的合作前景。一方面，中东欧国家正处于经济转型与产业升级的关键时期，对数字技术、电子商务、智慧城市等新型经济形态有着强烈的需求（Smith & Petrov, 2020）。另一方面，中国在数字经济领域积累了丰富的经验和技术优势，具备为中东欧国家提供支持和帮助的能力（Wang & Li, 2021）。因此，双方在数字经济领域的合作具有互补性和互利性。

当前，中国与中东欧国家在数字经济领域的合作主要集中在数字基础设施建设、电子商务、云计算、大数据、人工智能等方面。双方通过政府间合作、企业间合作、项目合作等多种模式推动数字经济合作不断深入。国内外学者对这些合作领域和模式进行了广泛的研究和分析（Zhao & Chen, 2022）。他们指出，中国企业在中东欧国家的数字化转型过程中发挥了重要作用，不仅推动了当地数字经济的发展，还促进了双边贸易和投资的增长。

五、科技创新与资本市场协同发展的理论研究

科技创新与资本市场的协同发展是当前学术界关注的另一重要议题。国内外学者从不同角度对科技创新与资本市场的相互作用进行了深入探讨。

理论研究表明，科技创新是推动经济增长的关键因素之一。通过提高生产

效率、优化资源配置、创造新的市场需求等方式，科技创新能够持续推动经济增长（Solow，1956）。在现代经济体系中，数字经济作为科技创新的重要领域之一，对经济增长的推动作用更加显著（Romer，1986）。国内外学者通过实证研究验证了这一观点，并指出数字经济的发展对经济增长的贡献率逐年上升（Jorgenson & Vu，2018）。

资本市场在科技创新过程中发挥着不可或缺的支持作用。一方面，资本市场为科技创新提供了充足的资金支持，降低了创新风险（Schumpeter，1934）。通过股票发行、债券融资、风险投资等多种方式，资本市场能够将社会闲散资金引导到科技创新领域，促进科技成果的转化和产业化（Gompers & Lerner，2001）。另一方面，资本市场还通过价格发现、资源配置等功能，优化了科技创新的资源配置效率（Aghion & Howitt，1992）。国内外学者通过实证研究发现，资本市场发达程度与科技创新水平之间存在显著的正相关关系（Hall & Lerner，2010）。

研究表明，中国与中东欧国家在科技创新领域的合作日益紧密。双方通过共建科技园区、联合研发项目、人才培养与交流等方式推动科技创新合作不断深入（Huang & Xu，2022）。特别是在数字经济领域，中国与中东欧国家的合作更是取得了显著成效。双方在数字基础设施建设、电子商务、云计算、大数据等方面开展了双方在数字基础设施建设、电子商务、云计算、大数据、人工智能等前沿领域开展了广泛的合作。中国企业在中东欧国家投资建立了多个数据中心、云计算平台和电商平台，不仅提升了当地的信息技术水平，还促进了数字经济的快速增长。同时，中东欧国家也积极引进中国的先进科技成果和人才，加速自身产业结构的升级和转型。

资本市场在中国与中东欧科技创新合作中发挥了重要的支持作用。一方面，中国的风险投资机构和私募股权基金积极投资于中东欧的科技创新项目，为这些项目提供了急需的资金支持。另一方面，中东欧国家也通过完善自身的资本市场体系，吸引更多的中国资本进入其科技创新领域。例如，一些中东欧国家设立了专门的科技创新基金，为科技创新项目提供融资支持，并鼓励中国投资者参与其中。此外，双方还通过金融合作机制，如"一带一路"金融合作论坛等，加强了在资本市场领域的交流与合作。

研究还揭示了中国与中东欧科技创新与资本市场协同发展的成效与挑战。成效方面，双方的合作不仅促进了科技成果的转化和产业化，还带动了双边贸易和投资的增长。同时，科技创新与资本市场的协同发展也促进了双方经济结构的优化和升级。然而，挑战同样不容忽视。例如，双方在科技创新合作中面临着文化差异、技术壁垒、知识产权保护等问题；在资本市场合作中则面临着信息不对称、融资难、汇率风险等挑战。这些挑战需要双方通过加强沟通、完善机制、创新合作模式等方式来共同应对。

六、研究综述

综上所述，国内外对"一带一路"倡议及其经济效应的研究、中国与中东欧数字经济合作的研究、科技创新与资本市场协同发展的理论研究以及中国与中东欧科技创新与资本市场协同发展的实证研究均取得了显著成果，深化了我们对相关问题的理解和认识，还为未来的研究和实践提供了宝贵的参考和借鉴。

从"一带一路"倡议的角度来看，该倡议为中国与中东欧国家的经济合作提供了广阔的平台和机遇。通过加强政策沟通、设施联通、贸易畅通、资金融通和民心相通等方面的合作，双方可以共同推动区域经济的繁荣与发展。特别是在数字经济领域，双方的合作具有巨大的潜力和空间。在数字经济合作方面，中国与中东欧国家已经取得了显著的成效。双方通过共建数字基础设施、推动电子商务发展、加强云计算和大数据合作等方式，促进了数字经济的快速增长。同时，双方还通过科技创新合作推动了产业结构的升级和转型。这些合作不仅为双方带来了实实在在的经济利益，还增强了双方之间的互信和友谊。但是，有关中国—中东欧国家数字经济合作的研究主要是中国和中东欧国家数字经济发展现状的描述与合作前景及合作领域的简单预判，关于中国—中东欧国家数字经济合作系统研究仍然相对缺乏。

本书以中国—中东欧国家数字经济合作为研究对象，研究深化中国—中东欧国家数字经济合作、科技创新与资本市场协同发展，将丰富中国—中东欧国家数字经济合作相关问题研究。

第三节 研究内容与方法

一、研究内容

本书旨在深入探讨中国与中东欧国家在数字经济领域内的合作现状、挑战、机遇及未来发展路径,特别聚焦于科技创新与资本市场的协同发展。研究内容具体分为以下8个部分:

第一章:引言。本章阐述在全球数字化转型背景下,"一带一路"倡议为中国与中东欧国家数字经济合作提供的广阔舞台,以及该研究对于促进双方经济增长、深化互利共赢关系的重要意义。系统梳理国内外关于数字经济、科技创新、资本市场以及"一带一路"倡议下国际合作的研究成果,特别是聚焦于中国与中东欧国家之间的合作案例与理论分析,为本书研究奠定理论基础。明确本书的研究框架、主要研究内容以及采用的研究方法,为后续章节的展开提供清晰的思路。

第二章:中国—中东欧数字经济合作基础。本章详细阐述了双方在数字经济领域的合作成果,包括基础设施建设、电子商务、金融科技、云计算等多个方面,分析合作的主要特点与成效。分析了中国—中东欧数字经济合作机制,探讨双方合作机制的建立与发展,包括政府间对话、企业合作平台、项目对接机制等,分析这些机制对推动合作的作用与影响。研究了中国—中东欧数字经济合作领域,深入剖析双方在数字基础设施建设、数字贸易、数字金融、数字治理等关键领域的合作情况,揭示合作潜力与未来方向。

第三章:数字科技:深化科技创新新篇章。本章分析了中国—中东欧数字科技合作现状,概述双方在数字科技领域的合作成果,如人工智能、大数据、区块链等技术的应用与推广,分析合作模式的创新与实践。阐述了数字科技合作驱动资本市场资源优化,探讨数字科技如何促进资本市场资源的优化配置,包括提高融资效率、降低融资成本、增强风险管理能力等方面。提出了中国—中东欧深化数字科技合作建议,基于现状分析,提出深化双方数字科技合作的策略建议，包括加强技术创新合作、完善知识产权保护体系、推动科技成果转化等。

第四章：数字贸易：拓展贸易合作新领域。本章分析了中国—中东欧数字贸易发展现状，分析双方在数字贸易领域的合作现状与特点，包括跨境电商、数字服务贸易等方面的发展情况。阐述了数字贸易合作助力资本市场风险管理，探讨数字贸易合作如何增强资本市场的风险管理能力，包括提高市场信息透明度、降低交易风险等。提出了中国—中东欧深化数字贸易合作建议，针对存在的问题与挑战，提出深化双方数字贸易合作的政策建议，如完善跨境电商政策体系、加强数字贸易监管合作等。

第五章：数字金融：推动金融合作新动力。本章分析了中国—中东欧数字金融合作现状，描述双方在数字金融领域的合作成果，包括移动支付、数字货币、互联网金融等方面的创新与合作。阐述了数字金融合作强化资本市场融资支持，分析数字金融合作如何强化资本市场的融资支持功能，包括拓宽融资渠道、降低融资成本等方面。提出了中国—中东欧深化数字金融合作建议，基于现状分析，提出深化双方数字金融合作的路径建议，包括加强金融监管合作、推动金融科技创新等。

第六章：科技创新与资本市场的协同路径。本章阐述了政策协同，构建有利于合作的政策环境，探讨如何通过政策协同为科技创新与资本市场的协同发展创造良好的政策环境，包括税收优惠、财政补贴、政策引导等方面。市场协同，促进资本与项目的有效对接，分析如何通过市场机制促进资本与科技创新项目的有效对接，包括建立项目筛选机制、优化资本配置方式等方面。机制协同，建立长效合作机制与平台，提出建立长效合作机制与平台的建议，包括设立联合研究中心、建立产业投资基金、举办科技创新与资本对接会等。人才协同，加强科技创新人才培养与交流，强调人才在科技创新与资本市场协同发展中的关键作用，提出加强人才培养与交流的具体措施，如建立联合培养机制、开展人才交流活动等。

第七章：面临的挑战与对策建议。本章分析了面临挑战与机遇，深入分析中国与中东欧国家在数字经济合作中面临的挑战和机遇，包括文化差异、技术壁垒、法律法规差异等方面。提出了应对策略与建议，针对上述挑战提出具体的应对策略与建议,包括加强政策沟通、完善合作机制、推动技术创新等。指出风险评估与防范,对可能存在的风险进行评估,并提出相应的防范措施,确保双方合作的稳定与可持续。

第八章:结论与展望。本章对本书的主要研究结论进行总结,提炼出中国与中东欧国家在数字经济合作中的关键发现和经验。展望双方未来合作的前景与方向,提出深化合作的战略构想与具体措施,共同开创中国—中东欧数字经济合作的新篇章。

二、研究方法

本书采用了多种研究方法以全面、深入地探讨中国—中东欧在数字经济领域的合作现状与未来趋势。主要研究方法如下。

(一) 文献研究法

文献研究法是本研究的基础性方法,旨在通过广泛搜集、整理和分析国内外相关文献,为本研究的理论框架构建和实证分析提供坚实的理论基础。充分利用了图书馆资源、学术数据库(如 CNKI、JSTOR、Springer 等)以及互联网信息平台,广泛搜集了关于"一带一路"倡议、科技创新、资本市场、数字经济、中国与中东欧合作等主题的国内外研究成果。此外,还借鉴了国际组织和政府机构发布的政策文件、报告和统计数据,如世界银行、国际货币基金组织、联合国贸易和发展会议以及中国和中东欧国家政府的相关政策文件等,以确保研究的时效性和准确性。

(二) 定性分析法

本研究在文献阅读基础上,探究了中国—中东欧国家数字经济合作现状,从现实情况剖析双边数字经济合作的合作基础、内在逻辑及发展趋势。通过各类数据材料深入分析,力求客观、全面地了解双边数字经济合作形势,对中国—中东欧国家在数字经济合作中的各项因素进行了全面而深入的剖析,增强文章可信度。此外,我们还运用了案例分析法,选取了若干具有代表性的合作项目或企业进行深入研究,通过案例分析揭示合作过程中的成功经验与不足之处,为提出针对性的对策建议提供支持。

(三) 定量分析法

本书对中国—中东欧数字经济合作研究进行分领域、分区域进行统计分析和对比分析,进而从宏观上展示中国—中东欧国家在数字科技、数字贸易、数字金融等方面的合作效果。通过构建数学模型和统计分析方法对影响中国—中东欧国家数字经济合作的主要因素进行量化分析。首先,根据文献综述和定性分析的结果,确定了影响中国—中东欧数字经济合作的主要因素,包括技术创新能力、市场开放度、政策支持力度、资本流动性等。其次,选取相关指标构建了综合评价体系,对指标进行降维处理,提取主要解释变量,构建了多元回归模型或面板数据模型等统计模型。采用多种数据来源包括官方统计数据、行业协会报告、企业年报等以确保数据的权威性和准确性。同时还采用了多种数据处理方法如数据清洗、缺失值处理、异常值识别等以确保数据的有效性和可靠性。

第二章

中国—中东欧数字经济合作基础

随着信息技术的飞速发展,数字经济已成为全球经济增长的重要引擎。中国作为数字经济大国,在电子商务、移动支付、云计算、大数据、人工智能等领域具有显著优势。而中东欧国家,虽整体发展水平不一,但在部分领域如信息技术服务、智能制造、智慧城市等方面展现出较强的发展潜力和合作意愿(李晓华,2020)。在此背景下,加强中国—中东欧数字经济合作,不仅有助于双方优势互补、互利共赢,还能为"一带一路"共建国家数字经济协同发展提供示范效应。本章将深入探讨中国—中东欧数字经济合作的基础。全面分析当前中国—中东欧数字经济合作的现状,包括合作的主要领域、已取得的成果以及面临的挑战。聚焦中国—中东欧数字经济合作的机制,详细阐述双方如何通过政策沟通、设施联通、贸易畅通、资金融通和民心相通等机制推动数字经济的深入合作。探讨中国—中东欧数字经济合作的具体领域,以期为中国与中东欧国家在数字经济领域的深度合作提供有益的参考和借鉴。

第一节 中国—中东欧数字经济合作现状

在全球数字经济浪潮的推动下,中国与中东欧国家之间的数字经济合作日益紧密,成为"一带一路"倡议下新的增长点。本节将深入剖析当前中国—中东欧数字经济合作的现状,通过数据分析与典型案例,展现双方合作的广度、深度及面临的挑战与机遇。

一、全球数字经济发展情况

（一）不同类型国家数字经济发展

随着全球政治与经济秩序的大洗牌，新一轮逆全球化的历史车轮已经缓缓向前，严重影响着世界经济贸易格局的走向。而不同发展水平的国家的数字经济发展表现千差万别。全球不同类型国家在数字经济发展上表现出的差异化态势（张辉，2023），这不仅体现在数字经济规模的巨大差距上，还反映在各类型国家数字经济占全球及各自 GDP 比重的不同，如表 2.1 所示。

表 2.1　　　　2021 年全球不同类型国家数字经济发展情况

分类	数字经济规模（万亿美元）	占全球数字经济规模比重	占各自类别 GDP 比重
发达国家	27.6	72.5%	55.7%
发展中国家	10.5	27.5%	29.8%
高收入国家	28.6	75.2%	52%
中高收入国家	8.6	22.6%	34.4%
中低收入国家	0.9	2.2%	18.5%

数据来源：中国信息通信研究院，http://www.caict.ac.cn/kxyj/qwfb/bps/。

由表 2.1 可知，发达国家作为数字经济浪潮的领航者，其数字经济总量已膨胀至 27.6 万亿美元之巨，牢牢占据了全球数字经济版图的 72.5% 份额。数字经济在发达国家 GDP 中的渗透率高达 55.7%，充分印证了数字经济已成为驱动其经济增长的关键引擎。这一成就的背后，是发达国家凭借其雄厚的经济基础、尖端的科技实力以及完善的基础设施体系，为数字经济的蓬勃兴起铺设了坚实的基石。

反观发展中国家，其数字经济规模仅为 10.5 万亿美元，占全球的比例仅为 27.5%，与发达国家存在显著差距。然而，值得注意的是，数字经济在发展中国家 GDP 中的占比已达 29.8%，彰显出其在该领域快速发展的强劲势头和巨大潜力。随着信息技术的日益普及和基础设施建设的持续完善，发展中国家正逐步崛起为数字经济的新增长点。

至于高收入国家,其数字经济规模更是稍胜一筹,达到了 28.6 万亿美元,这主要得益于其成员国中不乏发达国家之助力。该群体在全球数字经济版图中的占比高达 75.2%,彰显了其在全球数字经济中的核心领导地位。同时,高收入国家的数字经济对其 GDP 的贡献率虽略低于发达国家,达到 52%,但仍处高位,充分说明了数字经济对其经济增长的重要推动作用。

中高收入国家则以 8.6 万亿美元的数字经济规模紧随其后,占全球总量的 22.6%。这些国家在数字经济领域展现出蓬勃的发展活力,数字经济对其 GDP 的贡献率已达到 34.4%,预示着其未来增长潜力的巨大。随着经济实力的持续增强和技术水平的不断提升,其数字经济版图有望进一步扩张。

相比之下,中低收入国家在数字经济的征途上则显得步履维艰。其数字经济规模仅为 0.9 万亿美元,占全球比例微小,仅为 2.2%。同时,数字经济在 GDP 中的占比也相对较低,仅为 18.5%,反映出这些国家在数字经济发展上所面临的严峻挑战,如基础设施薄弱、技术落后及人才匮乏等。然而,随着全球数字经济的深度融合与国际合作的不断深化,中低收入国家也有望迎来转机,通过技术引进、人才培养等途径加速数字经济的发展步伐。

由此,全球不同类型国家在数字经济发展上呈现出显著的差异化和不平衡性。发达国家和高收入国家在数字经济领域占据主导地位,而发展中国家和中低收入国家则面临着诸多挑战和机遇。

(二)"一带一路"国家数字经济发展水平区域差异和发展趋势

"一带一路"共建国家的数字经济发展水平呈现出显著的区域差异和持续的增长趋势。不同区域在数字经济方面的表现各不相同,但整体而言,所有区域均表现出稳步上升的发展态势,如表 2.2 所示。

表 2.2   "一带一路"国家数字经济发展水平区域差异和发展趋势

区域	2009 年	2010 年	2011 年	2012 年	2013 年	2014 年	2015 年	2016 年	2017 年	2018 年	2019 年
东南亚	0.3675	0.3813	0.4409	0.4132	0.4233	0.4466	0.4435	0.4509	0.4717	0.4841	0.4965
南亚	0.2216	0.2409	0.2637	0.2869	0.2837	0.2833	0.2734	0.2802	0.3004	0.3079	0.3153
中亚	0.2020	0.1945	0.1914	0.1992	0.2209	0.2684	0.3013	0.3298	0.3285	0.3485	0.3685

续表

区域	2009年	2010年	2011年	2012年	2013年	2014年	2015年	2016年	2017年	2018年	2019年
西亚中东	0.4849	0.5128	0.5519	0.5734	0.5793	0.5766	0.5706	0.5741	0.6062	0.6180	0.6299
中东欧	0.3261	0.3497	0.3697	0.3888	0.3907	0.4107	0.4149	0.4300	0.4482	0.4623	0.4764
蒙俄	0.1977	0.2209	0.2455	0.2699	0.2544	0.2919	0.3439	0.3617	0.3743	0.3968	0.4192

数据来源：依据《全球信息技术报告》相关数据测算所得。

由表2.2可以清晰地看到区域间数字经济发展的差异性及其动态变化。在区域对比的视角下，东南亚与西亚中东地区作为先驱，其数字经济不仅起步较早，且发展水平始终保持在相对高位。以东南亚为例，自2009年起，其数字经济指数由0.3675稳步攀升至2019年的0.4965，这一持续的增长态势彰显了强大的内在动力和稳定性。而西亚中东地区更是从一开始便领跑全球，其数字经济指数长期保持高位运行，截至2019年已高达0.6299，显著超越其他区域。

与此同时，南亚、中亚、中东欧及蒙俄等地区虽然起步较晚，但数字经济的发展速度却不容小觑。以南亚为例，尽管其2009年的数字经济指数仅为0.2216，但经过不懈努力，截至2019年已提升至0.3153，尽管绝对值上仍与东南亚和西亚中东存在差距，但其增长幅度之大，令人瞩目。中亚地区同样不甘落后，其数字经济指数在十年间实现了翻倍增长，由0.2020跃升至0.3685，展现出强劲的增长潜力。

此外，中东欧与蒙俄地区也在数字经济领域取得了显著进步。中东欧地区的数字经济指数由2009年的0.3261稳步增长至2019年的0.4764，这一趋势表明该地区在数字经济领域持续加大投入，并取得了快速发展。蒙俄地区虽然起点较低，但近年来也紧跟时代步伐，加大对数字经济的扶持力度，其数字经济指数从2009年的0.1977逐年攀升至2019年的0.4192，展现出蓬勃的发展活力。

二、中国数字经济发展现状

中国数字经济正处于一个前所未有的快速发展阶段，其崛起轨迹鲜明地展示了从低起点高速增长向高水平稳健增长的转变，不仅优化了供给结构，还实现了动力引擎的根本性变革，即从资源密集型向创新驱动型转变。这一过程为中国的经济和社会发展注入了强劲动力，深刻改变了传统经济形态，推动了经济发展方式的根本性转变。

（一）数字基础设施的飞跃性发展

近年来，中国在数字基础设施建设上取得了举世瞩目的成就。根据最新数据，截至2023年底，中国已建成超过200万个5G基站，覆盖全国所有地级以上城市及重点县镇，成为全球最大的5G网络国家（中国工业和信息化部，2023）。此外，光纤到户（FTTH）普及率持续提升，固定宽带网络实现从十兆到千兆的跨越，用户数量稳步增长，为数字经济提供了坚实的网络基础。特别是党的二十届二中全会后，国家数据局的组建标志着中国数字经济发展迈上了一个新的战略高度，将进一步统筹推进数字中国、数字经济、数字社会的规划与建设。

（二）数字产业化的深入与突破

中国数字产业化进程显著加快，形成了完整的IT产业生态体系。在算力核心产业方面，据《中国算力发展指数白皮书（2023）》显示，2022年我国算力核心产业规模已超过1.8万亿元，年增长率35%，云计算、大数据、边缘计算等新兴领域市场规模持续扩大。同时，国产操作系统、数据库、中间件等基础软件技术不断突破，市场份额逐步扩大，实现了对国际主流产品的有效替代。人工智能产业更是成为中国数字经济的新亮点，据《中国新一代人工智能科技产业发展报告（2024）》显示，截至2023年6月，我国人工智能核心产业规模已突破5000亿元，人工智能企业数量超过4400家，仅次于美国，排名全球第二。智能传感器、智能网联汽车等前沿技术研发与应用取得显著进展，专利申请量稳居全球前列。

（三）产业数字化的全面渗透与深化

随着数字经济与实体经济的深度融合，产业数字化已成为推动中国经济高质量发展的新引擎。据《中国数字经济发展白皮书（2023）》统计，2022年我国产业数字化规模已超过40万亿元，占数字经济总规模的比重提升至85%以上，较上年增长超过15%。在智能制造、智慧农业、智慧金融等多个领域，数字化转型步伐加快，不仅提升了生产效率和服务质量，还催生了新业态、新模式。特别是工业互联网的广泛应用，促进了制造业供应链的数字化、网络化、智能化升级，为经济高质量发展提供了有力支撑。

（四）数字经济国际合作的新篇章

中国积极参与全球数字经济治理与合作，致力于构建开放、公平、非歧视的数字营商环境。自2016年习近平主席在第三届世界互联网大会上提出构建网络空间命运共同体的理念以来，中国持续推动数字经济国际合作，加强与各国在数字技术、电子商务、网络安全等领域的交流与合作。2021年10月30日，习近平总书记在G20领导人第十六次峰会上提出，中国决定申请加入《数字经济伙伴关系协定》（Digital Economy Partnership A-greement，DEPA）。同年11月，中国商务部部长代表中方向DEPA保存方新西兰正式提出申请加入DEPA。2022年8月18日，根据DEPA联合委员会的决定，中国加入DEPA工作组正式成立，全面推进中国加入DEPA的谈判。中国正式申请加入《数字经济伙伴关系协定》（DEPA），展现了中国积极参与全球数字经济规则制定的决心与行动。未来，中国将继续秉持开放合作的理念，加强关键技术攻关与标准制定，推动数字经济国际合作向更高水平迈进。

三、数字经济发展案例分析

数字经济已经成为经济高质量发展的重要支撑，而数字经济的核心要素就是数据。从现实层面来看，新一代信息技术的迅猛发展，数字基础设施的不断完善，为数据演变成新的生产要素提供了客观基础，随着人们对数据要素的认知逐渐深刻、我国社会经济体制日趋完善、发展方式更为科学，数据演化为新的生产要素有其历史必然性（Peipei Qi，2023）。本节基于2014~2021年中国30个省级地区的面板数据，采用熵权法分别构建拟合数据要素和经济高质量发展评价指标,并采用回归模型对数据要素能否促进经济高质量发展进行实证分析。

(一) 模型构建

数据要素作为数字经济时代最重要的生产要素之一,可以通过多种渠道、多种路径、多种业态对经济发展带来典型、直接的乘数或倍增效应。数据要素一般通过与其他要素的结合提高全要素生产率(郭威、杨弘业,2020),为验证数据要素对经济高质量发展的影响,基于上述分析,本书构建基本计量模型如下:

$$Hdev_{it} = \beta_0 + \beta_1 dataf_{it} + \beta_2 techf_{it} + \beta_3 capf_{it} + \beta_4 labf_{it} + \beta_5 Con_{it} + \varepsilon_{it} \quad (2.1)$$

其中,i 表示地区,t 表示时间(年份),Hdev 表示经济高质量发展水平,dataf 表示数据要素,techf 表示技术要素,capf 表示资本要素,labf 表示劳动要素,Con 表示控制变量,ε 表示随机误差项,根据所使用的数据特点,我们将采用固定效应模型进行分析。

(二) 数据来源

本书的数据主要来源于国家统计局、《中国统计年鉴》《中国科技统计年鉴》《中国高技术产业统计年鉴》等相关统计,由于官方数据年鉴和个别指标的报告在 2014 年之前不公布相关数据,本书选取除西藏和港澳台外 30 个省级地区 2014~2021 年的面板数据。

(三) 指标定义

1. 解释变量:构建数据要素发展指标体系

基于数据要素的特殊性和复杂性,选用单个变量难以准确代表数据要素的特征,且单个变量包含的有效信息较少,不能准确衡量数据要素发展水平。因此,本书借鉴已有的研究成果和中国信息通信研究院权威白皮书,基于数据要素投入生产过程最终转化为产出的视角,采用构建指标体系的方法测度数据要素发展水平,作为核心解释变量。首先,与传统生产要素不同,数据的产生应用及价值转化依赖于完善的数字基础设施,数据要素运载环境是数据要素应用及价值转化的基础。因此，本书从数据要素运载环境角度入手，选取互联网宽带接入端口、企业拥有网站数、移动互联网接入流量、移动电话交换机容量、每百人使用计算机数进行测度。其次，数据的价值转化过程渗透在各行各业中，但基于当前的会计核算框架，对于大部分产业来说，难以将数据要素与其他生产要素的价值相分离。因此本章选择了软件业、电商业、电信业、快递业等对数据要素具有高度依赖性的产业产出来间接衡量数据要素价值，选取电信业务总量、软件业务收入、电子商务销售额、信息技术服务收入、快递业务收入指标对数据要素的应用价值进行衡量。具体指标体系如表2.3所示。

表2.3　　　　　　　　数据要素发展水平指标测度体系

二级指标	三级指标	单位	指标属性
数据要素运载环境	互联网宽带接入端口	万个	正向
	企业拥有网站数	个	正向
	移动互联网接入流量	万GB	正向
	移动电话交换机容量	万户	正向
	每百人使用计算机数	台	正向
数据要素应用价值	电信业务总量	亿元	正向
	软件业务收入	万元	正向
	电子商务销售额	亿元	正向
	信息技术服务收入	万元	正向
	快递业务收入	万元	正向

注：对个别年份缺失的数据，采用线性插值法予以补齐。

借鉴杨丽和孙之淳（2015）的做法，采用熵值法（EEM）综合度量相关指标。熵值法是以信息熵大小对指标客观进行赋权、对多指标进行综合评价的方式，信息熵越小则离散程度越大，信息越多则赋予权重越大。

具体步骤如下：

（1）假设有 r 年、n 个省级区域、m 个指标；xijk 表示第 i 年、第 j 地区、第 k 个指标的值；

（2）进行原始数据处理。正向指标归一化处理：x′ijk = xij—xmin/xmax—xmin；

负向指标归一化处理：x′ijk = xmax—xij/xmax—xmin；

(3) 确定指标权重：$y_{ijk} = x'_{ijk} / \sum_i \sum_j x'_{ijk}$；

(4) 确定第 k 项指标熵值：$e_k = -1\ln(rn) \sum_i \sum_j y_{ijk} \ln(y_{ijk})$；

(5) 计算第 k 项指标的信息效用值：$g_k = 1 - e_k$；

(6) 计算指标权重：$w_k = g_k / \sum_k g_k$；

(7) 计算工业大数据发展水平最终得分：$M_{ij} = \sum_k w_k x'_{ijk}$。

根据构建的数据要素评价指标体系，采用熵权法拟合之后得到中国各省级区域的数据要素发展水平得分，表2.4是2014~2021年各省级区域的数据要素发展水平描述性统计表，列示了不同地区数据要素发展水平的均值、标准差、最小值和最大值，根据均值指标排序，结果如表2.4所示。从表2.4中我们可以发现：第一，数据要素存在着明显的区域发展差异，排名前十省份大部分为东部沿海地区，广东、江苏、北京、浙江、上海和山东六省市领跑全国。第二，数据要素存在着明显的集聚式发展格局，其中珠三角地区发展优势明显，广东发展水平遥遥领先于其他省份；长三角区域，江苏、浙江、上海排名位列全国前五。

将测算的"数据要素发展水平"各省级区域发展状况与中国电子信息发展研究院《中国大数据发展水平评估报告》等相对比，结果基本一致，表明以此为代理指标测度数据要素的发展水平是科学、合理的。

表2.4 省级数据要素发展水平（2014~2021年）描述性统计

地区	均值	标准差	最小值	最大值
广东省	0.5307	0.2143	0.2707	0.8131
江苏省	0.3395	0.1125	0.2024	0.4844
北京市	0.3082	0.1328	0.1631	0.5318
浙江省	0.2851	0.1090	0.1486	0.4271
上海市	0.2664	0.0968	0.1525	0.4209
山东省	0.2357	0.0775	0.1349	0.3451
四川省	0.1762	0.0694	0.0961	0.2711
河南省	0.1325	0.0534	0.0674	0.2049
福建省	0.1220	0.0370	0.0738	0.1654

续表

地区	均值	标准差	最小值	最大值
湖北省	0.1150	0.0409	0.0635	0.1671
河北省	0.1145	0.0489	0.0578	0.1819
辽宁省	0.1074	0.0188	0.0846	0.1358
安徽省	0.1031	0.0422	0.0509	0.1597
湖南省	0.0972	0.0450	0.0482	0.1614
陕西省	0.0953	0.0436	0.0427	0.1525
重庆市	0.0812	0.0347	0.0407	0.1276
天津市	0.0755	0.0284	0.0415	0.1174
广西壮族自治区	0.0706	0.0430	0.0255	0.1304
云南省	0.0705	0.0337	0.0351	0.1212
江西省	0.0636	0.0306	0.0258	0.1050
贵州省	0.0600	0.0328	0.0242	0.1087
黑龙江省	0.0533	0.0179	0.0295	0.0781
山西省	0.0502	0.0246	0.0235	0.0839
吉林省	0.0479	0.0167	0.0256	0.0695
内蒙古自治区	0.0478	0.0198	0.0233	0.0737
新疆维吾尔自治区	0.0440	0.0197	0.0230	0.0736
甘肃省	0.0351	0.0190	0.0123	0.0619
海南省	0.0303	0.0103	0.0170	0.0431
宁夏回族自治区	0.0177	0.0078	0.0070	0.0284
青海省	0.0176	0.0086	0.0069	0.0286

2. 被解释变量：构建经济高质量发展指标体系

基于前文分析，从经济高质量发展的内涵出发，构建适合当前国情的高质量发展指标体系，包含创新发展、协调发展、绿色发展、开放发展、共享发展5个维度，共20个指标。为综合评价各省级区域经济高质量发展水平，采用熵值法对上述各项指标数据进行测度（见表2.5），具体步骤同上文。

（1）创新发展注重的是解决发展动力问题，创新是一个民族进步的灵魂，是一个国家兴旺发达的不竭动力，纵观人类发展史，历经数次工业革命，经济社会的每一次进步都离不开创新,创新为经济高质量发展提供重要引擎;(2)协调发展注重的是解决发展不平衡问题,长期以来,由于自然原因、历史原因、政策原因等,我国东部沿海经济发展领先于中西部地区,城乡差异较大,居民收入差距较大,因此统筹区域协调发展,打破城乡二元结构、缩小居民收入差距成为高质量发展的重要特点;(3)绿色发展注重的是解决人与自然和谐问题,人与自然相互依存,相互联系,同时又相互制约,人类的存在和发展要以自然界的存在和发展为前提,这就要求人类在进行社会生产的同时保护好自然环境,尊重自然,与自然和谐共处,把生态文明建设与经济发展摆在同等重要位置,让绿色发展成为高质量发展的普遍形态;(4)开放发展注重的是解决发展内外联动问题,改革开放以来,世界经济格局正在发生深刻变化,各国既需合作共赢又存在激烈竞争,作为世界经济的重要组成部分,我国肩负着更多的国际责任和期待,开放发展成为我国高质量发展的必由之路;(5)共享发展注重的是解决社会公平正义问题。共享发展指的是全民共享、全面共享、共建共享和渐进共享,推进区域协调发展,缩小城乡差异、基本公共服务均等化为保障,最终实现共同富裕,共享发展是高质量发展的根本目的。

表 2.5 中国经济高质量发展指标测度体系

二级指标	三级指标	计量单位	指标属性
创新发展	专利申请受理量	项	正向
	技术市场成交额	亿元	正向
	规模以上工业企业 R&D 人员全时当量	人/年	正向
	规模以上工业企业 R&D 经费	万元	正向
协调发展	城镇单位就业人员平均工资	元	正向
	地方财政税收收入	亿元	正向
	农村和城镇居民可支配收入之比	%	正向
	农村居民人均消费支出占比	%	正向
绿色发展	建成区绿化覆盖率	%	正向
	生活垃圾无害化处理率	%	正向
	工业污染治理完成投资	万元	正向
	人均公园绿地面积	平方米/人	正向

续表

二级指标	三级指标	计量单位	指标属性
开放发展	外商投资企业进出口总额	千美元	正向
	规模以上工业企业新产品出口销售收入	万元	正向
	外商直接投资占GDP比值	%	正向
	境内目的地和货源地进出口总额	千美元	正向
共享发展	每万人拥有卫生技术人员数	人	正向
	每十万人口高等学校平均在校生数	人	正向
	自治组织单位数	个	正向
	城乡居民社会养老保险参保人数	万人	正向

注：对个别年份缺失的数据，采用线性插值法予以补齐。

3. 控制变量

影响经济高质量发展的因素较多，本书分别控制了生产要素层面和要素使用环境层面影响经济高质量发展的主要因素。在生产要素方面，技术要素、资本要素和劳动要素具体衡量主要参考姚芳（2016）及何喜军、魏国丹和张婷婷（2016）的研究成果。在要素使用环境方面，为防止观测因素对结果产生干扰，借鉴邓峰和任转转（2020）及韩先锋、宋文飞和李勃昕（2019）的学术观点，采用市场化水平、金融发展水平、城镇化水平作为控制变量。市场化水平采用非国有企业员工占比、金融发展水平采用金融业增加值与地区生产总值的比值来代表，城镇化水平采用年末城镇人口与总人口之比来衡量。为统一标准，控制变量均采用熵值法进行综合处理。

（四）描述性统计

各变量相关描述性统计结果见表2.6。

表2.6　　　　　　　　主要变量描述性统计

变量	样本量	平均值	标准差	最小值	最大值
Hdev	240	0.135	0.112	0.0199	0.664
dataf	240	0.126	0.131	0.00691	0.813
techf	240	0.0952	0.143	0.000272	0.957
capf	240	0.127	0.124	0.00362	0.725

续表

变量	样本量	平均值	标准差	最小值	最大值
labf	240	0.247	0.170	0.00565	0.841
marl	240	0.131	0.0676	0.00003	0.300
urbl	240	0.126	0.0657	0.00289	0.289
finl	240	0.111	0.0699	0.00004	0.411

(五) 实证结果

为分析数据要素发展水平与经济高质量发展水平的关系，采用 Stata16.0 对本书所测度的数据要素发展指数与经济高质量发展指数绘制散点图和拟合曲线，如图 2.1 所示。

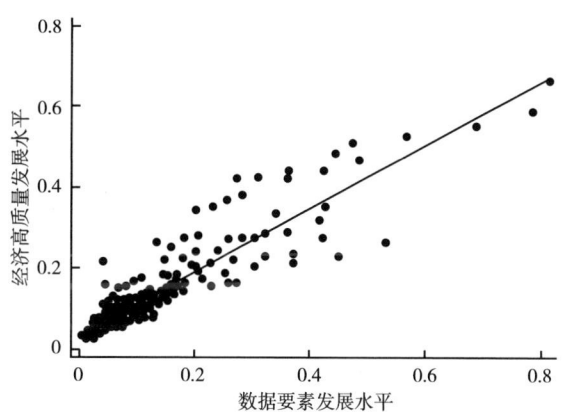

图 2.1 数据要素发展水平与经济高质量发展水平散点图

数据要素发展水平与经济高质量发展水平存在明显的数量关联趋势，随着数据要素发展水平的提高，经济高质量发展水平随之提高，说明两者之间存在正相关。散点图拟合曲斜率为正，同样说明两者存在正相关性。散点图并未发现离群值，说明个别突出值并不影响定性分析结论的准确性。

1. 基本模型回归结果

进行实证检验之前先进行 Hausman 检验，确定应采用固定效应模型还是随机效应模型，如 Hausman 检验显著，则拒绝原假设，采用固定效应模型；反之，采用随机效应模型。通过采用 Stata16.0 对样本数据进行 Hausman 检验，发现 P 值为 0.000，因此，采用固定效应模型展开实证检验研究。此外，为避免变量之间存在多重共线性，对基本计量模型运用逐步回归法，具体回归结果见表 2.7。

表 2.7　　数据要素对经济高质量发展的影响（逐步回归结果）

变量	（1）模型1	（2）模型2	（3）模型3	（4）模型4	（5）模型5	（6）模型6	（7）模型7
dataf	0.382 *** (22.89)	0.244 *** (7.30)	0.160 *** (7.96)	0.162 *** (8.11)	0.159 *** (7.66)	0.128 *** (5.90)	0.134 *** (6.38)
techf		0.183 *** (4.67)	0.0477 ** (1.99)	0.0631 ** (2.54)	0.0666 ** (2.58)	0.0766 *** (3.05)	0.0751 *** (3.09)
capf			0.296 *** (19.92)	0.299 *** (20.21)	0.297 *** (19.78)	0.293 *** (20.02)	0.289 *** (20.44)
labf				-0.0827 ** (-2.18)	-0.0794 ** (-2.06)	-0.0768 ** (-2.06)	-0.0932 ** (-2.57)
marl					0.0177 (0.50)	-0.0129 (-0.37)	-0.0297 (-0.87)
urbl						0.156 *** (3.80)	0.237 *** (5.31)
finl							-0.0702 *** (-3.96)
_cons	0.0863 *** (36.72)	0.0863 *** (38.49)	0.0724 *** (48.62)	0.0908 *** (10.60)	0.0879 *** (8.46)	0.0753 *** (7.11)	0.0790 *** (7.69)
N	240	240	240	240	240	240	240
R-sq	0.715	0.742	0.911	0.913	0.914	0.919	0.925
F	523.9	299.0	710.6	543.8	433.5	387.3	358.1

注："*"表示 $P<0.10$，"**"表示 $P<0.05$，"***"表示 $P<0.01$；括号里的数值为 t 统计量。

从整体变量来看，数据要素在各个条件下，均在1%的显著水平下对经济高质量发展具有促进作用。技术要素、资本要素和劳动要素也均在1%的显著水平下对经济高质量发展有正面影响，说明所选取的变量具有显著的统计学意义。从单个变量来看，模型1为基本模型，模型2、模型3和模型4为加入技术要素、资本要素和劳动要素的模型，结果显示加入传统要素之后一定程度上弱化了数据要素对经济高质量发展的影响系数,但数据要素仍在1%的显著水平下对制造业高质量发展起到促进作用。

2. 内生性讨论

根据基准回归结果显示,数据要素显著推动了经济高质量发展,为了解决内生性问题,本书主要采用解释变量的滞后项作为工具变量来缓解数据要素与经济高质量发展之间可能存在的内生性。理论上,当前的数据要素水平会影响本期经济发展质量,但当前的经济发展状况无法影响前期的数据要素水平。工具变量的回归结果如表2.8所示。

表2.8　　数据要素对经济高质量发展的影响（工具变量回归）

变量	Stage 1	Stage 2
dataf		0.169 *** (3.99)
datal	0.955 *** (12.12)	
techf	0.116 (1.33)	0.0697 (1.11)
capf	−0.00314 (−0.28)	0.286 *** (14.25)
labf	−0.0924 (−0.85)	−0.100 * (−2.26)
marl	0.0781 (1.13)	−0.0531 (−1.61)
urbl	−0.106 (−0.89)	0.220 *** (3.62)
finl	0.132 * (2.47)	−0.0680 ** (−3.09)
N	210	210
Kleibergen – Paap rk LM statistic	12.049 *** (0.0005)	
Cragg – Donald Wald F statistic	418.411	
Kleibergen – Paap rk Wald F statistic	146.814	

Note：Robust t – statistics in parentheses； *** 表示 $p<0.01$， ** 表示 $p<0.05$， * 表示 $p<0.1$。

从表 2.8 的回归结果显示，Kleibergen-Paap rk LM 统计量在 1% 的水平上显著，拒绝了工具变量识别不足的假设，而 Cragg-Donald Wald F 统计量大于 Stock-Yogo 弱工具变量识别 F 检验在 1% 显著性水平上的临界值，表明拒绝弱工具变量的假设，这也就意味着本书选取的工具变量均通过弱工具变量检验和过度识别检验，即本文选取的上述工具变量有效。而数据要素滞后项的回归结果显示数据要素系数均在 1% 的置信度下显著为正，即数据要素对经济高质量发展具有正向促进作用，与基准回归得到的结果基本一致，证实了本书的核心结论仍然成立。

3. 稳健性检验

为了保证文章结论的可靠性，本书采用替换被解释变量的方法进行稳健性检验。本书在基本回归中使用熵权法拟合经济高质量发展指标来表征经济高质量发展水平，在此将被解释变量替换为地区生产总值与第三产业增加值后重新对数据要素应用水平做回归。表 2.9 为本节的稳健性检验结果。通过表 2.9 可以看出，在进行了被解释变量替换操作后，数据要素应用程度的参数拟合值均显著为正，表明在进行了稳健性处理后数据要素对经济高质量发展依然存在显著的促进作用。由此可以看出，本书的核心结论是稳健的。

表 2.9　数据要素对经济高质量发展的影响（稳健性检验）

变量	（1）原被解释变量（经济高质量发展）	（2）替换被解释变量（地区生产总值）	替换被解释变量（第三产业增加值）
dataf	0.134 *** (6.38)	0.136 *** (6.84)	0.249 *** (11.07)
techf	0.0751 *** (3.09)	0.251 *** (10.87)	0.232 *** (8.90)
capf	0.289 *** (20.44)	0.00393 (0.29)	0.00884 (0.58)
labf	-0.0932 ** (-2.57)	-0.0697 ** (-2.02)	-0.0619 (-1.59)
marl	-0.0297 (-0.87)	-0.0874 *** (-2.69)	-0.137 *** (-3.74)
urbl	0.237 *** (5.31)	0.525 *** (12.39)	0.489 *** (10.23)

续表

变量	（1）原被解释变量（经济高质量发展）	（2）替换被解释变量（地区生产总值）	替换被解释变量（第三产业增加值）
finl	-0.0702*** (-3.96)	-0.0504*** (-2.99)	-0.0154 (-0.81)
_cons	0.0790*** (7.69)	0.0340*** (3.48)	0.0258** (2.34)
N	240	240	240
R-sq	0.925	0.926	0.938
F	358.1	365.0	435.5

注：括号内为t统计值；***、**、*分别表示1%、5%、10%的显著性水平。

4. 作用机制检验

根据前文分析，为考察数据要素对经济高质量发展不同维度的影响，本书参考李斌和黄少卿（2021）的机制检验策略，进一步对数据要素影响经济高质量发展的创新效应、协调效应、绿色效应、开放效应和共享效应进行检验。具体做法为将经济高质量发展各维度指标按照熵权法分别进行拟合，再采用固定效应模型展开实证检验研究。本书的作用机制检验结果如表2.10所示。

表2.10　　数据要素对经济高质量发展的影响（作用机制检验）

变量	（1）创新效应	（2）协调效应	（3）绿色效应	（4）开放效应	（5）共享效应
dataf	0.134*** (6.38)	0.550*** (11.71)	0.323** (2.11)	-0.0326 (-1.05)	0.112** (2.41)
techf	0.0751*** (3.09)	-0.0669 (-1.23)	0.207 (1.17)	-0.147*** (-4.11)	-0.0965* (-1.80)
capf	0.289*** (20.44)	0.111*** (3.50)	-0.114 (-1.11)	0.580*** (27.88)	0.0308 (0.98)
labf	-0.0932** (-2.57)	-0.00260 (-0.03)	0.207 (0.78)	-0.179*** (-3.35)	-0.0146 (-0.18)
marl	-0.0297 (-0.87)	0.267*** (3.50)	0.500** (2.01)	-0.102** (-2.02)	0.0617 (0.82)

续表

变量	（1）创新效应	（2）协调效应	（3）绿色效应	（4）开放效应	（5）共享效应
urbl	0.237*** (5.31)	1.349*** (13.55)	-0.363 (-1.12)	0.0806 (1.23)	1.078*** (10.94)
finl	-0.0702*** (-3.96)	-0.0527 (-1.33)	-0.0330 (-0.25)	-0.0692*** (-2.65)	-0.0874** (-2.23)
_cons	0.0790*** (7.69)	0.00755 (0.33)	0.241*** (3.22)	0.0689*** (4.56)	0.151*** (6.64)
N	240	240	240	240	240
R-sq	0.925	0.908	0.105	0.837	0.601
F	358.1	287.0	3.396	148.6	43.69

注：括号内为 t 统计值；***、**、* 分别表示 1%、5%、10% 的显著性水平。
* 表示 $p<0.1$，** 表示 $p<0.05$，*** 表示 $p<0.01$。

根据表 2.10 的结果显示，数据要素在经济高质量发展的不同维度中，对协调发展的影响最为显著，其次绿色发展，再次是创新发展和共享发展，对开放发展的显著水平不高，由此可以看出，数据要素在区域协调，乡村振兴，缩小城乡差距方面的作用效果最为突出，在促进新旧动能转化，强化生态保护方面也有明显效果，对于研发创新和公共服务均等化等方面也有显著贡献，但对于跨境电商和国际贸易的作用效果不明显，这可能是因为，一方面，近年来受宏观经济环境影响，全球经济增长放缓与贸易保护主义叠加，加之新冠疫情影响，使经济全球化进程出现了"开倒车"现象，另一方面，我国产业链和价值链在国际经济体系中仍处于较低位置，自主创新能力不足，高科技领域高度依赖进口，关键核心技术方面存在空心化、短板化、空白化的现象。

由此显示：（1）数据要素在经济高质量增长中发挥着重要的动力作用，数据要素已成为经济可持续增长的重要引擎。（2）数据要素的发展水平具有稳定的增长速度和明显的地区差异，呈现出"东强西弱、南强北弱"的格局。（3）数据要素对经济高质量发展不同维度的影响程度不一致，对协调发展、绿色发展和创新发展的影响较大。

数据要素是数字化转型的基础。齐培培（2023）研究了浙江省 39 家"SRDI"企业为样本，采用模糊集定性比较分析（fsQCA）方法，基于"技术—组织—环境"框架从组态视角研究"SRDI"企业数字化转型路径。研究表明，引致高数字化转型的组态可以分为以下 4 种类型：组织—环境联动型、压力—战略协同型、组织主导型与全要素驱动型；引致低制造过程数字化转型的组态可以分为以下 4 种类型：全要素缺失型、单一技术型、技术偏向型、组织缺失型。数字化战略是企业实现高水平制造过程数字化转型的重要条件，且外部环境影响有助于企业数字化转型升级的实现，其中行业竞争压力更为关键。

四、中东欧国家数字经济发展现状

中东欧国家在数字经济领域的发展正逐步加速，尽管其整体发展水平在欧盟内部仍处于相对较低的位置，但一系列积极的政策措施与基础设施建设正在显著推动这一区域的数字化转型进程。欧盟数字经济与社会指数（DESI）作为评估工具，为我们提供了深入了解中东欧国家数字经济发展状况的重要视角。

（一）中东欧数字经济总体发展水平

在"一带一路"共建国家中，中东欧国家的数字经济发展水平展现出显著的区域差异与不同的发展趋势。该区域国家虽在数字基础设施建设方面普遍较为完善，但在数字治理环境、数字经济发展水平及数字技术应用方面则存在明显的梯度分布，如表 2.11 所示。

表 2.11　　　中东欧国家数字经济发展水平指标排名（均值）

排名	国别	数字经济发展水平	数字治理环境	数字基础设施建设	数字技术应用
1	爱沙尼亚	0.7444	0.5827	0.8260	0.3459
2	立陶宛	0.5666	0.4003	0.8171	0.2796
3	斯洛文尼亚	0.5287	0.2850	0.7186	0.5245
4	捷克	0.5129	0.3085	0.7521	0.4036
5	拉脱维亚	0.4833	0.3097	0.7736	0.3069
6	黑山	0.4454	0.4196	0.6774	0.1408
7	匈牙利	0.4387	0.2733	0.7442	0.3071
8	斯洛伐克	0.4174	0.2523	0.7751	0.2579

续表

排名	国别	数字经济发展水平	数字治理环境	数字基础设施建设	数字技术应用
9	克罗地亚	0.3812	0.2268	0.7205	0.2891
10	波兰	0.3714	0.2007	0.7277	0.3048
11	保加利亚	0.3562	0.2248	0.6978	0.2636
12	罗马尼亚	0.3371	0.2341	0.6317	0.2856
13	阿尔巴尼亚	0.2875	0.2814	0.5785	0.1524
14	塞尔维亚	0.2390	0.1443	0.6321	0.2227
15	波黑	0.2124	0.1792	0.5394	0.2139

数据来源：依据《全球信息技术报告》相关数据整理（部分数据缺失）。

由表2.11可知，爱沙尼亚在区域范围内独树一帜，不仅在数字经济发展水平上独占鳌头，得分高达0.7444，更在数字治理环境（0.5827）与数字基础设施建设（0.8260）上展现出卓越实力，全面引领区域内的数字化发展潮流。其次是立陶宛，尽管其整体数字经济发展水平略逊于爱沙尼亚，以0.5666紧随其后，但在数字基础设施领域却同样达到了高标准，得分0.8171，凸显了该国在基础设施建设方面的强大实力与潜力。

与此同时，斯洛文尼亚、捷克与拉脱维亚等国在数字经济发展上也各有千秋，但表现出较为明显的指标分化。斯洛文尼亚在数字技术应用上表现亮眼，得分0.5245；捷克则在数字基础设施建设上保持领先，得分为0.7521；而拉脱维亚则介于两者之间，各项指标均衡发展，展现了不同的战略侧重点。

相比之下，黑山、匈牙利、斯洛伐克等国在数字经济发展上相对滞后，尤其在数字技术应用与数字治理环境方面存在显著不足。这些国家需加大对技术应用能力的提升与治理环境的优化力度，以全面促进数字经济的发展。罗马尼亚、保加利亚、阿尔巴尼亚、塞尔维亚及波黑等国在各项数字经济指标上均处于较低水平，面临着更为紧迫的发展挑战。这些国家需制定并实施更为全面、系统的数字经济发展战略，强化基础设施建设，提升技术应用能力，并着力优化数字治理环境，以期在数字经济繁荣发展中实现快速崛起。

中东欧国家在"一带一路"国家数字经济发展中呈现出显著的区域差异与不同的发展趋势。领先国家需继续发挥示范作用，推动区域数字经济向更高水平发展；而相对滞后的国家则需加快步伐，加大投入，以缩小与领先国家的差距，共同推动"一带一路"国家数字经济的繁荣与发展。

（二）数字基础设施建设的积极进展

尽管中东欧国家的数字基础设施总体低于欧盟平均水平，但其在全球范围内仍占据一定优势。各国政府通过实施一系列战略项目，如匈牙利的"超速互联网项目（SZIP）"和波兰的"操作程序"计划，显著提升了通信基础设施的全域覆盖水平。根据最新的 DESI 报告（欧盟委员会，2022），中东欧国家在宽带网络覆盖、移动蜂窝订阅率和互联网普及率方面均取得了显著进展。从整体上看（图 2.2），斯洛文尼亚在数字基础设施建设上表现突出，其综合排名甚至高于欧盟平均水平，成为区域内的佼佼者，显示出该国在数字化转型中的领先地位。而罗马尼亚则因多方面因素排名垫底，体现了中东欧国家内部数字经济发展水平的不均衡性（唐婉莹，2023）。

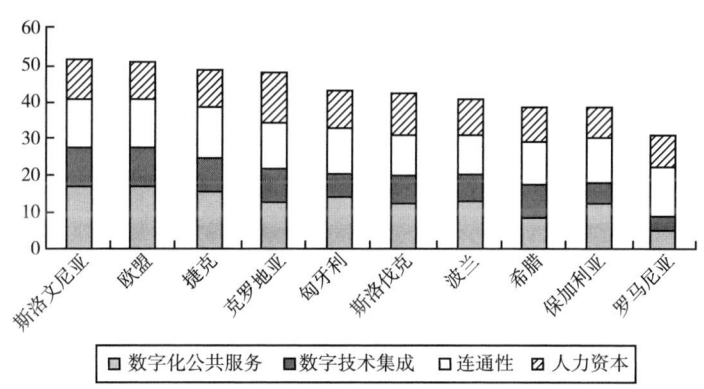

图 2.2　中东欧国家数字经济社会指数 2022（总体）

数据来源：DESI 2022，欧盟委员会。

DESI 的连通性评估重点关注于宽带网络的覆盖程度、使用频率、价格以及其他相关因素，以此来反映各成员国的数字化基础设施水平。中东欧国家数字经济社会指数（连通性）如图 2.3 所示。在 5G 方面，罗马尼亚、匈牙利、斯洛伐克、捷克等中东欧国家已分配 5G 先锋频段的频谱，欧盟十条"5G 数字跨境走廊"有 2 条涉及中东欧国家，分别为"德—捷克走廊"与"希—保—塞走廊"。目前，中东欧国家在 5G 技术发展中，其覆盖率和接入率落后于欧盟其他地区。

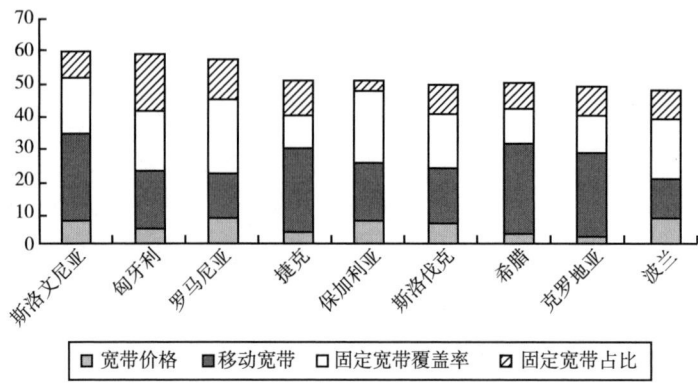

图 2.3　中东欧国家数字经济社会指数（连通性）

数据来源：DESI 2022，欧盟委员会。

尽管在欧盟内部，中东欧国家的整体排名尚未跻身前列，但依据联合国最新发布的电信基础设施发展指数来看，中东欧地区的通信设施建设水平相当不错（见图 2.4）。该区域已有超过 10 个国家的电信基础设施指数超越了中国的水平。根据世界银行数据显示，2023 年中东欧国家的移动蜂窝订阅率和互联网普及率均值分别达到了 128.5% 和 83.6%，显示出该地区在数字连接方面的强劲增长势头。中东欧地区的电信基础设施不仅建设完备，还实现了极为广泛的覆盖，这极大地促进了网络传输的效率，并有效降低了宽带服务的成本。

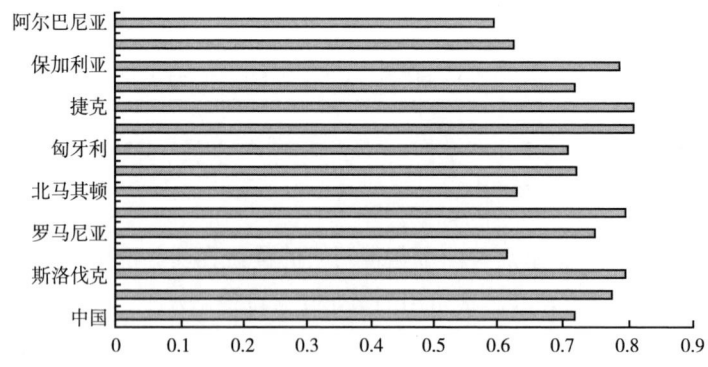

图 2.4　中国和中东欧各国信息通信基础设施指数

数据来源：联合国经济和社会事务部。

国际电信联盟在《ICT 价格变化趋势 2023》报告中指出，中东欧地区的固定和移动宽带费用相对于当地人均国民收入而言，继续保持较低比例，其中波黑、塞尔维亚和北马其顿在这一方面表现尤为突出，为用户提供了更加经济实惠的宽带服务。该地区近一半的国家已经成功部署了30Mbits/s及以上的高速互联网服务，这一里程碑式的成就不仅提升了网络速度，还极大地增强了数据传输的安全性和可靠性，为区域内外的数据交流提供了坚实的保障。

（三）中东欧各国工业4.0战略

中东欧国家从总体上看仍属工业4.0的追赶者，许多欧洲发达国家出台了推动制造业创新发展的战略，以确保其经济的竞争力（孔田平，2020）。如德国的工业4.0平台、法国的未来工业联盟、意大利的工业4.0、瑞典的制造2030、西班牙的互联工业4.0以及英国的高附加值制造。产业政策在欧盟成员国日益获得重视，各国强调技术、技能和基础设施，为创新研发提供激励，并建立政府、企业、科研和教育机构之间的合作平台。中东欧国家也不甘人后，纷纷制定自己的工业4.0战略。

保加利亚：2017年提出其工业4.0构想，即保加利亚工业的数字转型构想（2017~2030年）。其重点为推动创新和技术扩散，密切科学与工业之间的关系，加强技能和能力建设。该构想的目的是为保加利亚经济在中长期（2017~2030年）的现代化、自动化和竞争地位创造先决条件。构想阐述的愿景是，到2030年，通过从工业4.0引进产品、技术、业务模式和流程，保加利亚将成为公认的数字经济的区域中心。保加利亚也出台了企业数字化、出口导向和竞争力构想。

克罗地亚：2014年克罗地亚通过2014~2020年鼓励创新战略。2016年，克罗地亚通过2016~2020年智能专业化战略。该战略的重点为健康与生活质量、能源和可持续环境、交通与移动、安全和食品及生物经济。

捷克：2016年出台工业4.0国家倡议。该倡议由捷克工贸部协调，以应对工业4.0的挑战。捷克倡议事实上为政府与产业互动平台，其关注重点是数据和通信设施、教育和技能、灵活劳动力市场和全球供应链。2017年2月，捷克政府通过了社会4.0联盟，目的在于推动国家的数字化转型，其主要支柱包括连通性和移动性、教育和劳动力市场、电子政务、安全、工业、企业家精神和竞争力。

匈牙利：2016年匈牙利科学院计算机科学与控制所和匈牙利经济部联合

提出国家工业 4.0 技术平台战略倡议。其目标是紧随第四次工业革命的步伐,实现匈牙利制造业和工业的转型。该平台为政府与产业的互动平台,重点为数字技术、工业的数字转型、技能和出口增长。该倡议是基于 2016 年经济部通过的匈牙利再工业化战略"伊里尼计划"。"伊里尼计划"规定了匈牙利重点发展的七大产业:汽车制造、专业机械设备制造、保健业和旅游业、食品工业、绿色经济、信息通信工业和国防工业。匈牙利政府提出了雄心勃勃的目标:到 2020 年,将工业在 GDP 中的比重提高到 30%。

立陶宛:在经济部的领导下,立陶宛成立了工业 4.0 国家工业数字化平台。该平台由国家竞争力委员会、国家竞争力协调小组和工作小组(包括数字制造工作小组、促进服务数字化工作小组、人力资源工作小组、标准化和法规工作小组以及网络安全工作小组)构成,是产业、政府和学术机构之间的互动平台,关注的重点为技术、基础设施和数字技能。

波兰:未来工业平台是 2016 年波兰负责任的发展计划(莫拉维茨基计划)的组成部分。莫拉维茨基计划强调波兰的再工业化,认为波兰再工业化面临机遇,特别是数字产品模型和数字供应链的更多的应用(第四次工业革命以及智能工厂)。未来工业平台的目标是整合对工业 4.0 感兴趣的利益相关方,推动波兰工业的数字转型。波兰希望通过知识转移、认识提高以及数字转型的扶持措施,实现上述目标。

罗马尼亚:2015 年罗马尼亚通过了 2020 数字议程国家战略。该战略确定了工作的重点领域:电子政务、交互操作、网络安全、云计算和社交媒体;教育、文化和医疗领域的信息通信技术;电子商务中的信息通信技术以及信息通信技术领域的研究、发展和创新;宽带和数字基础设施服务。

斯洛伐克:2016 年斯洛伐克提出了智能工业倡议,并建立了智能工业平台。智能工业倡议的重点是加强与产业之间的研发合作,推动先进技术的应用。该平台是政府与产业互动平台,强调技术采用、研发、教育、技能和智能制造意识。

斯洛文尼亚:2016 年斯洛文尼亚建立了数字联盟,以推动 2020 数字斯洛文尼亚战略的落实。斯洛文尼亚数字联盟汇集了来自贸易、工业、研发、民间、社会和公共部门的主要利益相关方。该联盟是一个协调和协商的非歧视性开放论坛,其宗旨是促进数字经济的发展,创造数字就业机会以及利用 ICT 和互联网带来的机会。斯洛文尼亚数字联盟的目标是促进信息通信技术的应用,提高特定人群的数字素养和数字能力,开发数字内容和服务增加电子服务(如电子政务、电子银行和电子医疗)的应用。

(四)政策驱动与农村数字鸿沟的缩小

中东欧各国政府普遍认识到数字经济的重要性,纷纷出台相关政策以推动数字经济的发展。保加利亚的"数字化转型"计划、塞尔维亚的《网络发展计划》等,均旨在加速农村地区的宽带网络建设,缩小城乡之间的数字鸿沟。斯洛文尼亚和克罗地亚等国则通过增加对千兆宽带网络的投资,进一步提升其数字基础设施的竞争力。此外,西巴尔干地区自 2021 年 7 月 1 日起取消移动网络漫游费的举措,不仅降低了用户的通信成本,还促进了区域内的互联互通,为数字经济的发展提供了更加便捷的环境。

(五)5G 技术与数字经济合作的潜力

随着 5G 技术的不断发展,中东欧国家正积极投入 5G 频段的招标工作,以期抓住 5G 带来的商业机遇。希腊、罗马尼亚、捷克、保加利亚、塞尔维亚等国已建立或正在试运行 5G 商用网络,展现出其在 5G 技术应用方面的积极态度。这些努力不仅提升了中东欧国家的数字基础设施水平,还为未来与中国在数字经济领域的合作提供了广阔空间。中国与中东欧国家在数字经济领域的合作潜力巨大。双方在政策对接、技术转移、市场拓展等方面具有诸多共同点与互补性。随着"一带一路"倡议的深入实施,中国与中东欧国家在数字经济领域的合作将更加紧密,共同推动区域乃至全球数字经济的发展。

第二节 中国—中东欧数字经济合作机制

一、数字经济发展战略对接不断推进

在全球化与数字化浪潮的推动下,中国与中东欧国家在数字经济领域的合

作日益紧密，双方均将数字化建设提升至国家战略高度。中国自 2016 年起，通过发布《国家信息化发展战略纲要》和《"十三五"国家信息化规划》，明确了信息化发展的方向和路径。进入新时代，2023 年中央政府又发布了《数字中国建设整体布局规划》及《党和国家机构改革方案》，强调组建国家数据局，以统筹推进数字中国、数字经济、数字社会的全面发展，标志着中国在数字化建设上迈出了新步伐。

中东欧国家方面，面对全球数字经济快速发展的趋势，也纷纷出台相关政策与计划。例如，保加利亚于近年来推出重大工业数字化转型计划，旨在通过数字化转型提升制造业竞争力；克罗地亚在《2030 年国家发展战略》中明确将数字经济作为重点发展领域；罗马尼亚则早在 2016 年就发表了数字罗马尼亚宣言，展现了其在数字经济领域的前瞻布局。此外，中东欧国家，尤其是克罗地亚，在数字货币推广方面采取了积极行动，为中国与中东欧在数字货币领域的合作提供了新机遇。

值得注意的是，2022 年浙江省两会针对中国—中东欧国家经贸合作示范区建设提出了多项有力建议，涵盖小微经济发展、制造业数字化赋能、高校创新创业教育等方面，进一步体现了中国在地方层面推动与中东欧数字经济合作的决心与行动。这些战略对接不仅为双边数字经济合作开辟了新空间，也为双方经济增长注入了新动力。

二、合作机制不断完善

2012 年 4 月 26 日，中国—中东欧国家合作宣告成立，是中国与中东欧国家共同设计和推进的跨区域合作机制。它既是中国与中东欧国家发展双边关系的一种形式，也是促进中欧关系不断发展深化的重要举措，是中国与欧盟合作机制的重要组成部分，是中国和中东欧国家增进友谊、扩大合作、共谋发展的重要平台。中国与中东欧国家合作机制，在主体上形成了政府主导、民间参与的模式；在渠道上形成了从中央到地方、从官方到民间，涵盖诸多领域的多元沟通交流方式；在内容上涵盖了贸易、投资、基础设施建设、金融、教育、文化等多个领域。随着数字"一带一路"建设推进，中国更加注重合作机制的构建。2017年12月，中国同多国共同发起《"一带一路"数字经济国际合作倡议》，截至2022年7月，中国已与17个国家签署"数字丝绸之路"合作谅解备忘录，与23个国家建立"丝路电商"双边合作机制。同时通过"一带一路"积极对接各国数字经济发展战略和规划。随着"一带一路"倡议的深入实施，中国与中东欧国家的合作机制不断完善，为数字经济合作提供了坚实的制度保障。

（一）政治互信与合作框架的建立

自2015年起，中欧在高层经贸对话框架下成立了中欧数字经济和网络安全专家工作组，就数据隐私保护、数字化转型等议题展开深入协商。2016年，中国国家网信办与欧委会建立对话与合作平台，进一步强化了双方在网络安全领域的合作。随着合作关系的不断加强，中国—中东欧合作机制的未来发展得到了更加紧密的政治支持。2019年，中国—中东欧区块链卓越中心在北京成立，标志着双方在区块链等新技术领域的合作迈上新台阶。该中心致力于将区块链技术应用于能源、金融、航空航天等产业，促进尖端技术发展与数字经济升级。

（二）贸易合作与数字产品贸易的增长

在贸易领域，中国与中东欧国家的合作成果显著。2022年，双方贸易总额突破1187亿美元，较2012年增长约96%，年均增长率达到8.4%，远超同期中欧贸易的整体增幅。这一增长不仅体现在传统商品贸易上，更体现在数字产品贸易的快速增长上。根据最新数据，中国和中东欧国家的数字产品贸易额已从2015年的1.67亿美元增长至2022年的数十亿美元（具体数据需参考最新统计），显示出双方在数字经济领域的深度合作与广阔前景。

为进一步推动双边贸易合作，中国与中东欧国家已成功举办多届经贸论坛和经贸促进部长级会议，为双方企业提供了交流合作的平台。同时，宁波等地举办的中国中东欧国家投资贸易博览会及升级后的中国中东欧国家博览会，更是为双方经贸合作注入了新的活力。

（三）数字经济合作的深化

在数字经济领域，中欧双方通过高层对话、合作园区建设等多种形式深化合作。2020年9月，双方举行数字领域高层对话，就通信技术、电信和信息化等领域的合作进行深入探讨，并致力于构建有效的中欧信息技术、电信和信息化对话机制。2021年，"双区联动"《中欧商贸物流合作园区》在赣州国际陆港签约，标志着双方在跨境电商、数字口岸和数字园区建设等方面迈出重要一步。这些合作不仅促进了跨境电子商务的发展，也推动了中欧贸易的便捷化和数字化转型。

三、合作内容日益丰富

除数字贸易层面的合作外，中国与中东欧国家在跨境电商、智慧城市、5G技术等多个领域也展开了广泛合作。

（一）跨境电商合作

自2017年起，中国与中东欧国家在跨境电商领域展开了一系列合作。中国与匈牙利签署电子商务合作备忘录，建立了双边电子商务合作机制；随着《中国—中东欧国家合作杜布罗夫尼克纲要》的签署，双方在双边电子商务和智慧城市建设方面的合作进一步加深。目前，中国与阿尔巴尼亚、匈牙利、黑山、塞尔维亚、斯洛文尼亚等中东欧国家建立了电子商务合作伙伴关系，并开展了一系列深入交流与合作。宁波等地举办的博览会更是为中东欧国家提供了全方位的贸易对接机会，利用直播带货等新兴渠道打开中国跨境电子商务市场。

（二）数字技术服务与智慧城市建设

中国企业积极参与中东欧市场的数字化建设，通过两种主要模式提供数字技术服务。一是与中东欧本土企业合作，间接提供数字技术服务和解决方案。例如，在智慧城市项目中，中国科技企业携手中东欧的市政管理部门和信息技术企业，共同规划并实施智能交通系统、智能能源管理、公共安全监控等智慧应用，有效提升城市运行效率和居民生活质量。通过技术转让、人才培训和联合研发等方式，中国企业在这一过程中不仅助力中东欧国家实现数字化转型，也促进了双方在技术领域的深度融合与共同进步。二是直接投资设立研发中心或分支机构，直接为中东欧市场提供定制化的数字技术服务。这些机构不仅关注技术创新和产品研发，还积极参与当地社区建设，通过举办技术论坛、创新大赛等活动，激发中东欧本土的创新活力，培养数字技术人才，构建良好的创新创业生态。同时，它们也作为桥梁，促进中欧双方在技术标准、政策法规等方面的沟通与协作，推动形成更加开放、包容、合作的数字治理体系。

（三）5G 技术与未来通信合作

随着 5G 技术的快速发展，中国与中东欧国家在 5G 网络建设、应用推广及未来通信技术研发等方面的合作也日益紧密。双方通过签署合作协议、共建联合实验室、开展技术交流等方式，共同探索 5G 在智能制造、远程医疗、智慧城市、自动驾驶等领域的创新应用，推动数字经济与实体经济深度融合。中国企业在 5G 设备供应、网络建设、运维服务等方面具备丰富经验和技术优势，为中东欧国家快速部署 5G 网络、抢占未来通信制高点提供了有力支持。

此外，双方还就 6G 等未来通信技术的研究与开发进行前瞻性探讨，共同推动全球通信技术标准的制定与演进，为构建人类命运共同体贡献力量。通过加强在数字贸易、跨境电商、智慧城市建设、5G 技术等多个领域的合作，中国与中东欧国家正携手打造互利共赢的数字经济合作新局面，为世界经济的复苏与增长注入新动力。

第三节　中国—中东欧数字经济合作领域

近年来，中国与中东欧国家在数字经济合作领域展现出日益紧密的互动与深度融合，共同推动全球数字经济版图的重塑。双方合作不仅限于单一领域的浅尝辄止，而是形成了全方位、多层次、宽领域的合作格局。这种合作不仅促进了双方数字技术的交流与共享，还加速了数字经济在全球范围内的普及与发展，成为国际经济合作的新亮点。

一、数字科技领域合作

在数字科技合作方面，中国与中东欧国家致力于前沿技术的联合研发和创新应用。双方通过建立联合实验室、技术创新中心等合作平台，共同开展人工智能、大数据、云计算、区块链等领域的科研攻关，推动科技成果的转化与产业化。这种合作模式不仅提升了双方的技术创新能力，还促进了技术标准的互认与统一，为数字经济的可持续发展奠定了坚实基础。同时，双方还加强了在数字人才培养与交流方面的合作，通过设立奖学金、交换生项目等举措，培养具有国际视野和创新能力的高端数字人才，为数字科技合作提供源源不断的人才支持。

（一）前沿技术的联合研发与创新应用

1. 合作平台与科研攻关

近年来，中国与中东欧国家在数字科技领域的合作不断深化，双方通过建立联合实验室、技术创新中心等合作平台，共同开展前沿技术的研发。例如，2022 年中国与波兰共同成立了"人工智能与大数据联合实验室"，专注于机器学习、数据挖掘等领域的科研攻关。据不完全统计，近五年来，双方在此类合作平台上共同发表了超过 200 篇高质量科研论文，申请了 50 余项国际专利。

这种合作模式不仅提升了双方的技术创新能力，还促进了技术标准的互认与统一。2023 年，中国与匈牙利就云计算服务标准达成一致，为两国云计算产业的互操作性和市场准入提供了便利，预计这将带动双方云计算市场规模增长 15% 以上。

2. 科技成果的转化与产业化

在科技成果的转化与产业化方面，中国与中东欧国家也取得了显著成效。以中国与捷克为例，2021 年双方合作开发的智能物流系统在中捷工业园区成功应用，通过大数据分析和物联网技术，实现了物流效率提升 30%，成本降低 20%。这一成功案例迅速在中东欧地区推广，带动了当地物流行业的数字化转型。

据统计，过去三年中，中国与中东欧国家在数字科技领域的合作项目已累计创造直接经济效益超过 10 亿美元，并间接带动相关产业增长超过 50%。

（二）数字人才培养与交流合作

1. 奖学金与交换生项目

为培养具有国际视野和创新能力的高端数字人才，中国与中东欧国家加强了人才培养与交流方面的合作。2022 年，中国政府设立了"中东欧数字人才奖学金计划"，每年资助 100 名中东欧学生来华学习人工智能、大数据等前沿技术。同时，中东欧国家也提供了相应的交换生项目，如波兰的"未来科技领袖"项目，每年接纳 30 名中国学生赴波深造。

这些项目不仅促进了学生之间的学术交流，还为双方企业输送了大量具备跨文化沟通能力的高端数字人才。据统计，参与这些项目的毕业生中，有超过 70% 的学生在毕业后选择在中东欧或中国的数字科技领域就业。

2. 学术合作与人才交流

除学生层面的交流，中国与中东欧国家还在学术合作方面取得了重要进展。2023 年，中国科学院与斯洛伐克科学院共同举办"数字科技前沿论坛"，吸引了来自双方的 200 余名顶尖学者参加，就人工智能伦理、区块链应用等议题进行深入探讨。

此外，双方还通过互派访问学者、联合举办学术研讨会等方式，不断加强在数字科技领域的人才交流与合作。据统计，近三年来，双方共互派访问学者超过 500 人次，联合举办 30 余场国际学术研讨会，极大地推动了双方在数字科技领域的学术进步和人才发展。

二、数字贸易领域合作

数字贸易合作是中国与中东欧国家数字经济合作的另一大重点。双方通过签署贸易协定、建立跨境电商综合试验区等方式，推动数字贸易的快速发展。在跨境电商领域，中国企业的先进经验和成熟模式被引入中东欧国家，助力当地企业拓展国际市场，实现贸易额的快速增长。同时，双方还加强了在支付结算、物流配送、关税减免等配套服务方面的合作,为数字贸易的顺畅进行提供了有力保障。此外,双方还共同探索数字贸易规则与标准的制定,推动建立公平、开放、透明的数字贸易体系,为数字经济合作的长远发展奠定制度基础。

(一)贸易协定与试验区建立

1. 贸易协定签署与跨境电商发展

双方通过签署一系列贸易协定,为数字贸易的快速发展奠定了坚实基础。例如,2022年中国与匈牙利签署了《关于电子商务合作的谅解备忘录》,明确了双方在跨境电商、电子支付、物流配送等领域的合作框架。数据显示,该协定签署后一年内,中国与匈牙利之间的跨境电商交易额增长了45%。

在跨境电商领域,中国企业的先进经验和成熟模式被积极引入中东欧国家。以阿里巴巴集团为例,该公司与波兰合作建立了"中欧跨境电商平台",通过提供一站式电商解决方案,帮助波兰企业拓展国际市场。据统计,该平台上线后一年内,成功助力超过500家波兰企业进入中国市场,实现贸易额翻番。

2. 跨境电商综合试验区的建立与成效

为进一步推动数字贸易的发展,中国与中东欧国家还共同建立跨境电商综合试验区。以中国与捷克为例,2023年双方在布拉格共同设立"中捷跨境电商综合试验区",通过优化通关流程、提供税收优惠等措施,吸引了大量中国电商企业入驻。数据显示,该试验区成立后半年内,中捷之间的跨境电商交易额增长了30%。

跨境电商综合试验区的建立不仅促进贸易额的快速增长,还带动当地就业和产业升级。以布拉格试验区为例,该试验区直接带动当地物流、仓储、支付等相关产业的发展,创造数千个就业岗位。

(二)配套服务与规则标准合作

1. 支付结算、物流配送与关税减免

在数字贸易的配套服务方面,中国与中东欧国家加强支付结算、物流配送、关税减免等方面的合作。例如,2023年中国与斯洛伐克签署了《关于支付与清算合作的协议》,推动了两国支付系统的互联互通。同时,双方还合作建立多个物流配送中心,提高了跨境物流的效率和便捷性。在关税减免方面,中国与中东欧国家通过谈判达成多项关税优惠措施,降低跨境电商的运营成本。

这些配套服务的完善为数字贸易的顺畅进行提供了有力保障。据统计,近三年来,中国与中东欧国家之间的跨境支付交易额增长50%,物流配送时间缩短了20%,关税成本降低了15%。

2. 数字贸易规则与标准的共同探索

除具体的合作措施外,中国与中东欧国家还共同探索数字贸易规则与标准的制定。2023年双方在北京共同举办"数字贸易规则与标准国际论坛",就数据流动、隐私保护、知识产权保护等议题进行深入讨论。此次论坛为双方建立公平、开放、透明的数字贸易体系奠定了理论基础。

在规则与标准的制定过程中,中国与中东欧国家注重借鉴国际最佳实践并结合自身实际情况进行创新。例如,双方在数据流动方面提出"安全可控的数据流动框架",既保障了数据安全又促进了数据的跨境利用。这一创新性的规则框架为其他国家和地区提供有益的借鉴。

三、数字金融领域合作

数字金融合作则是中国与中东欧国家数字经济合作的新兴领域。双方利用金融科技手段推动金融服务的创新与发展,共同应对传统金融体系面临的挑战。在支付清算领域,双方推动支付系统的互联互通,实现跨境支付的便捷化与高效化;在信贷融资领域,双方利用大数据、人工智能等技术手段优化信贷流程,降低融资成本,提高融资效率;在风险管理领域,双方加强合作,共同应对网络攻击、数据泄露等风险挑战,保障金融系统的安全稳定。此外,双方还关注数字货币的发展趋势,共同研究数字货币的发行、流通与监管问题,为数字货币在全球范围内的普及与应用贡献力量。通过这些合作举措,中国与中东欧国家在数字金融领域取得显著成果,为双方金融业的协同发展注入新的动力。

（一）支付清算与信贷融资创新

1. 支付清算的互联互通

数字金融合作中，支付清算领域的互联互通是中国与中东欧国家合作的重点。近年来，双方致力于推动支付系统的兼容与对接，以实现跨境支付的便捷化与高效化。例如，2023年中国银联与波兰支付服务提供商Przelewy24达成合作协议，使得中国游客在波兰能够直接使用银联卡进行支付，极大地提升了支付便利性。据统计，该协议实施后，中国游客在波兰的消费额增长了20%。

此外，双方还在移动支付领域展开深入合作。以中国与匈牙利为例，两国共同开发"一键支付"应用，通过整合双方的移动支付平台，实现了手机扫码支付的互联互通。这一创新举措不仅促进了双边贸易，还带动了当地移动支付市场的快速发展。

2. 信贷融资的流程优化与成本降低

在信贷融资领域，中国与中东欧国家利用大数据、人工智能等技术手段优化信贷流程，降低融资成本，提高融资效率。例如，中国银行与捷克一家金融科技公司合作，共同开发一款基于大数据分析的信贷风险评估模型。该模型通过实时分析企业的经营数据，能够更准确地评估信贷风险，从而降低贷款违约率，提高融资效率（Fan et al.，2023）。据统计，采用该模型后，中捷之间的贸易融资额增长30%，融资成本降低15%。

同时，双方还在探索利用区块链技术实现跨境融资的创新模式。2023年，中国与斯洛伐克共同完成了首笔基于区块链的跨境融资交易，通过区块链技术的去中心化、不可篡改等特性，确保了融资过程的透明度和安全性，为双方企业提供了更为便捷、低成本的融资渠道。

（二）风险管理与数字货币发展

1. 风险管理合作

在风险管理领域，中国与中东欧国家加强合作，共同应对网络攻击、数据泄露等风险挑战。2023年，双方在北京共同举办"数字金融风险管理国际研讨会"，就金融网络安全、数据保护等议题进行深入交流。会后，双方达成多项合作意向，包括共同建立金融网络安全应急响应机制、开展联合演练等。这些合作举措有效提升双方金融系统的安全稳定性。

以中国与波兰为例，两国金融监管部门共同建立一个跨境金融网络安全监测平台，通过实时共享网络安全信息，及时发现并处置潜在的网络攻击威胁。该平台自运行以来，已成功拦截多起针对双方金融机构的网络攻击事件，保障金融业务的正常运行。

2. 数字货币发展

除了上述合作领域外，中国与中东欧国家还共同关注数字货币的发展趋势，并就数字货币的发行、流通与监管问题展开研究。2023年，中国人民银行与匈牙利国家银行签署《关于数字货币合作的谅解备忘录》，明确了双方在数字货币领域的合作框架和研究方向。

以中国与克罗地亚为例，两国正在共同探索基于区块链的数字货币跨境支付应用。通过这一应用，双方能够实现数字货币的即时结算和跨境流通，为国际贸易提供更加便捷、低成本的支付手段。这一创新举措不仅有望推动双方贸易的进一步发展，还为数字货币在全球范围内的普及与应用提供了有益的探索经验。

中国与中东欧国家在数字经济合作领域展现出了广泛而深入的合作态势。无论是在前沿技术的联合研发、数字贸易的快速发展，还是在数字金融的创新突破上，双方都取得了显著成果，并为彼此的经济发展注入了新的活力。这些合作不仅促进了技术标准的互认与统一，推动了贸易额的快速增长，还提升了金融服务的便捷性与安全性，为双方构建了一个更加公平、开放、透明的数字经济环境。展望未来，随着双方合作的不断深化与拓展，中国与中东欧国家在数字经济领域的合作将迎来更加广阔的发展前景，为全球数字经济的繁荣与发展作出更大贡献。

第三章

数字科技：深化科技创新新篇章

在数字经济浪潮的汹涌澎湃中，数字科技正以前所未有的力量，引领着全球科技创新进入一个崭新的篇章。作为新时代的核心引擎，它不仅重塑了人类社会的经济版图，更在每一个细微之处深刻影响着我们的生活方式与思维模式。数字科技不仅加速了传统产业的深刻转型，使其焕发新生，还催生了诸如云计算、大数据、人工智能等新兴业态的蓬勃兴起，为全球经济注入了无限活力与可能。在这一背景下，中国与"一带一路"共建国家的合作，不仅为双方带来了互利共赢的发展机遇，更为全球数字经济的繁荣注入了强劲动力。本章将聚焦于数字科技如何深化中国与中东欧之间的科技创新合作，分析当前中国—中东欧数字科技合作的现状，剖析数字科技在推动科技创新方面的最新成果与前沿趋势，揭示其在促进产业升级、优化经济结构与资本市场、提升国际竞争力等方面的巨大潜力。同时，探讨中国与中东欧国家如何以数字科技为桥梁，深化合作，共同应对全球化挑战，把握发展机遇，携手开创科技创新的新篇章。

第一节 中国—中东欧数字科技合作现状

一、全球数字科技发展趋势

在全球化的浩瀚浪潮中，数字科技以其无与伦比的力量，不仅深刻重构了全球经济版图，更成为推动社会结构与文化形态全面转型升级的核心驱动力。这一趋势以前所未有的广度和深度，加速了全球互联互通的进程，使世界更加紧密相连。互联网技术的飞速发展，如同一条坚实的数字纽带，将全球各地紧密相连，为国际贸易的数字化转型奠定了坚实基础。这一转型不仅促进了经济活动的全球化与高效化，更引领着全球经济向更加开放、智能的新时代迈进。在这一背景下，大数据、云计算、人工智能与区块链等前沿数字技术犹如四驾马车，共同驱动着全球经济的繁荣与发展。

大数据，被誉为新时代的"石油"，其海量的数据资源经过深度挖掘与分析，释放出巨大的价值潜力（TE智库，2024）。它赋能政府决策，使之更加精准高效；支撑企业运营，助力其实现精细化管理；并推动个性化服务的普及，提升民众生活质量。大数据的应用，已成为推动社会治理与经济运行模式智慧化转型的重要力量。

云计算技术，则以其弹性扩展的计算能力与资源池化模式，极大地降低了技术应用的门槛与成本（沙与沫，2023）。它促进了数字技术的广泛普及与深度融合，加速了数字经济的全球化进程。云计算不仅为跨国企业提供了灵活高效的IT解决方案，还为全球范围内的创新合作搭建了宽广的平台，使得科技交流与合作跨越国界，更加便捷高效。

人工智能，作为智能时代的标志性技术，正以前所未有的速度拓展其应用领域。从智能制造到智慧医疗，从自动驾驶到智能教育，人工智能技术的广泛应用正深刻改变着人类社会的生产方式与生活方式（"科普中国"科学百科词条编写与应用工作项目，2024）。它极大地提升了生产效率与生活品质，同时也引发了关于伦理、隐私保护及就业结构变化等复杂议题的广泛讨论（谢洪明，陈亮和杨英楠，2019）。全球社会正共同努力，探索建立与之相适应的法律法规与伦理框架。

区块链技术，则以其去中心化、透明度高、不可篡改的特性，为数字经济的安全性与可信度树立了新的标杆。在金融、供应链管理、版权保护等多个领域，区块链技术正逐步构建起一个更加公平、可信的数字经济生态系统（中国科学院信息工程研究所，2024）。它不仅有助于打破传统行业壁垒，促进全球资源的优化配置与共享（陈先意，王康，丁思哲和付章杰，2024），还为构建全球数字经济信任体系奠定了坚实基础。

然而,数字科技的迅猛发展亦伴随着一系列复杂的社会挑战与伦理问题。数据隐私泄露、网络安全威胁、算法偏见等问题日益凸显,对个人权益、社会稳定乃至国际秩序构成了潜在风险(王平辉;裴红斌,2022)。同时,技术迭代带来的就业结构变迁与人才需求重塑,对劳动力市场造成了深远影响。

随着互联网技术的普及与内外部环境的深刻变化,贸易数字化已成为国际贸易不可逆转的新趋势,为中国乃至全球商贸流通业的数字化转型提供了宝贵经验与参考(高凌云和樊玉,2020)。全球化背景下的数字科技发展趋势呈现出技术融合加速、应用场景不断拓展、社会影响日益深远的态势。面对数字科技的发展趋势,国际社会需携手并进,深化合作,共同应对挑战,把握机遇。一方面,应加大技术研发与创新力度,推动数字科技持续进步;另一方面,需完善法律法规与监管体系,强化数字伦理建设,确保技术健康发展与社会和谐稳定。同时,加强国际数字基础设施建设与合作,提升全球数字技术普及率与应用水平,为数字经济的繁荣发展奠定坚实基础(陈伟雄,李宝银和杨婷,2023)。通过这些举措,我们方能共同书写数字科技引领下的全球发展新篇章。

二、合作背景与意义

中国与中东欧国家在数字科技领域的合作,不仅是双方基于共同发展愿景的必然选择,更是推动全球数字经济繁荣、构建人类命运共同体的关键一环。随着全球化的深入发展,数字科技已成为推动经济社会变革的重要力量。大数据、云计算、人工智能与区块链等前沿技术的不断涌现,不仅极大地提升了政府决策的效率与科学性,还为企业运营带来了前所未有的智能化与精细化水平,同时深刻影响着民众的生活。在2023年第三届"一带一路"国际合作高峰论坛的开幕式上,国家主席习近平指出"继续实施'一带一路'科技创新行动计划""推动科技创新"。党的二十大报告在论述推进高水平对外开放时指出"推动共建'一带一路'高质量发展"。推进中国与共建"一带一路"国家的数字科技合作,是落实"一带一路"高质量发展的重要举措,也是推进高水平对外开放的新机遇(姚鸟儿,2024)。

第一，数字经济正在成为重组全球要素资源的关键力量。中国信息通信研究院发布的《全球数字经济白皮书（2023年）》显示，2022年，美国、中国、德国、日本、韩国5个世界主要国家的数字经济总量为31万亿美元，数字经济占GDP比重为58%。2016~2022年，中国数字经济规模增加4.1万亿美元，年均复合增长14.2%。数字科技作为实现数字经济的手段，是重要的生产力要素之一，对社会经济的发展具有全面性和基础性影响。中国不断推动数字经济领域国际规则的重塑，促进全球数字规则向基于人类整体利益的方向发展。共建"一带一路"国家迫切需要数字经济等新科技革命带来的契机发展经济。

第二，数字科技正在推动中国科技产业向价值链高端跃升。《2022年全国科技经费投入统计公报》显示，2022年全国共投入研究与试验发展（R&D）经费30782.9亿元，比上年增加2826.6亿元，增长10.1%；研究与试验发展（R&D）经费投入强度（与国内生产总值之比）为2.54%，比上年提高0.11个百分点。中国数字基础设施建设水平已全球领先，积累了丰富的数字基础设施建设经验，为共建"一带一路"国家高质量循环畅通提供支撑，是新一轮科技创新的主要参与者和引领者。

第三，共建"一带一路"国家正在加速推进数字基础设施建设。数字基础设施可推动信息传播、提供生产辅助，进一步提高生产效率和质量，提升产能转换速度，优化和升级产业结构。"一带一路"合作伙伴着力适应以数字经济为引领的产业变革，加快数字经济发展，刺激经济可持续发展。中国为共建"一带一路"国家提供数字技术和通信技术产品与服务呈逐渐上涨趋势。

因此，中国与中东欧国家的数字科技合作应运而生，成为双方共同应对全球性挑战、把握发展机遇的重要平台。

中国在数字经济发展方面已走在世界前列，拥有强大的技术实力与丰富的应用场景（石勇，2022）。从智慧城市到智能制造，从金融科技到医疗健康，中国数字科技的广泛应用与快速发展，为全球数字经济的繁荣贡献了中国智慧与中国方案。而中东欧地区，作为欧洲的重要组成部分，正处于数字化转型的关键时期，对数字技术的吸收与创新展现出巨大潜力（孔田平，2020，2022）。双方的合作，正是基于这样的背景与需求，旨在实现优势互补，共同推动数字科技的进步与发展。

加强中国—中东欧数字科技合作，对双方及全球数字科技创新具有重要意义。首先，这种合作有助于促进双方在数字经济领域的深度融合与协同发展，加快推动数字科技在各领域的融合应用，促进双方经济社会的数字化发展。通过技术交流与人才合作，双方可以共同探索数字科技的新应用、新模式，为各自的经济增长注入新的动力。其次，中国与中东欧国家的数字科技合作，还有望带动整个欧亚大陆乃至全球数字科技的创新与进步。双方的合作成果将不仅局限于各自国内市场的应用与推广，更将通过国际贸易与投资渠道，影响并推动全球数字科技的创新与发展。这种跨国界的合作与交流，将为全球数字经济的繁荣与发展注入新的活力与动力。最后，中国与中东欧国家的数字科技合作，是构建人类命运共同体理念在数字科技领域的生动实践。双方通过共同应对全球性挑战、分享发展成果，展现了各国在全球化时代携手合作、共谋发展的决心与智慧。这种合作不仅有助于增进双方人民之间的友谊与互信，更为全球治理体系的完善与发展提供了有益的探索与借鉴。

面对全球化背景下的数字科技发展趋势，各国需加强国际合作，共同应对挑战，把握机遇。中国与中东欧国家应继续深化数字科技领域的合作与交流，推动双方在技术创新、人才培养、市场开拓等方面的深度合作。同时，双方还应积极探索数字科技在可持续发展、环境保护等全球性问题中的应用与解决方案，为构建人类命运共同体贡献更多智慧与力量。"一带一路"倡议的深入实施为中国与中东欧国家的数字科技合作提供了更为广阔的空间与机遇。双方应充分利用这一平台，加强在跨境电商、数字金融、智慧城市等领域的合作与交流，推动双方数字经济的高质量发展。通过共同努力与不懈探索，中国与中东欧国家定能在数字科技领域取得更加丰硕的成果与更加美好的未来。

三、合作框架与机制

（一）合作框架的奠定与演进

一是合作起点与背景。在全球化浪潮的推动下，数字科技已成为驱动经济社会发展的关键力量。中国与中东欧国家之间的数字科技合作，正是这一时代背景下应运而生的重要实践。双方的合作起点可追溯到2013年"一带一路"

倡议的提出，这一倡议不仅为中国与中东欧国家搭建了合作的桥梁，也为双方在数字科技领域的深度合作奠定了坚实基础。中东欧国家以其独特的地理位置和丰富的创新资源，成为中国拓展国际合作的重要伙伴（Uhlarova，2019）。

二是合作机制的建立与深化。自2012年中国—中东欧国家"16 + 1"合作机制正式确立以来，双方关系迈入了一个崭新的合作纪元（Dorina，2017）。在这一框架下，科技创新合作迅速崛起为核心领域，特别是在数字科技领域，双方凭借各自的优势，携手开辟科技创新合作的新航道。中国以其在电子商务、移动支付、云计算等领域的深厚积累为基石，而中东欧国家则在网络安全、智能制造等特定领域展现出独特竞争力（卢潇潇和梁颖，2020）。这种政策与战略的紧密对接，极大地推动了双方在共享经济、智慧城市建设及数字基础设施构建等多个维度的深度协作。尤为值得一提的是，2016年中国—中东欧国家创新合作大会机制的启动，不仅搭建了数字科技合作的桥梁，还加速了科技成果的共享与转化进程，为双方合作注入了强劲动力（中国金融出版社，2021）。

三是倡议与政策的推动。随着"一带一路"倡议的深入拓展，中国与中东欧国家在数字科技领域的合作日益深化。中国政府积极构建"数字丝绸之路"及"互联网 +"行动计划等政策框架，显著加速了数字技术的国际交流与合作。中东欧国家同样敏锐捕捉到数字经济对现代经济转型升级的关键作用，纷纷出台国家战略，如波兰的"数字化波兰"蓝图与捷克的"工业4.0"战略（周亭和王润珏，2017），这些战略不仅强化了各国自身的数字实力，也为区域乃至全球合作奠定了坚实基础。特别是《"一带一路"数字经济国际合作倡议》[①] 的提出，进一步激发了中国与中东欧国家在数字经济领域的合作潜力。中国秉持开放合作的精神，致力于促进数字经济领域的高层次国际合作，为沿线国家携手探索数字经济新蓝海提供了坚实支撑（李猛和翟莹，2023）。此外，"中国—中东欧国家科技创新伙伴计划"的正式启航，更是为双方数字科技合作注入了强劲新动力，该计划涵盖科技创新政策对话、技术转移平台搭建、联合实验室创建等多个维度，全面深化了合作内涵（忻红和李振奇，2021）。

[①] 中华人民共和国国家互联网信息办公室．（2018）．《"一带一路"数字经济国际合作倡议》发布．https://www.cac.gov.cn/2018 – 05/11/c_1122775756.htm．

(二) 合作机制的构建与运行

一是多层次合作机制的建立。中国与中东欧国家依托"16＋1合作"框架，建立了多层次的数字科技合作机制。这一机制涵盖了政府间对话、企业合作、学术交流等多个层面，为双方数字科技合作提供了全方位的支持和保障。通过定期举办合作论坛、研讨会等活动，双方政府和企业能够及时了解对方的科技政策和市场需求，为合作项目的顺利开展奠定了坚实基础（Dorina，2017；陈新，2019）。此外，中国与中东欧国家的数字科技合作还得到了多边合作机制的支持。在《区域全面经济伙伴关系协定》（RCEP）等框架下，双方可以依托更加广阔的市场和更加完善的合作机制，推动数字科技领域的深度合作（沈铭辉和郭明英，2021）。同时，中国还积极参与全球科技创新治理体系的建设，与中东欧国家一道为全球科技创新合作贡献智慧和力量。

二是合作平台的搭建与运营。为了促进双方数字科技合作的深入发展，中国与中东欧国家共同打造了一系列合作平台。其中，"中国—中东欧国家高校联合会"的成立，为双方高等教育和科技合作搭建了重要桥梁。此外，"中国—中东欧国家技术转移中心网站暨'云对接平台'"的上线，更是为双方科技实体提供了在线对接和互动的系统，促进了科技创新合作需求的高效匹配（龙静，2020）。双方还共建了一批联合实验室和研究中心，如中国—中东欧高校联合会农业与生命科学合作共同体等，这些平台在推动科研成果转化、人才培养和技术交流方面发挥了重要作用（袁志琴，2023）。

三是合作园区的建设与成效。为了促进双方产业协同以及创新生态的构建，中国与中东欧国家共建了多个合作园区。这些园区不仅为双方企业提供了良好的投资环境和发展平台，还促进了双方在技术研发、市场开拓等方面的深度合作。例如，"中国—中东欧国际产业合作园"等园区的建设，进一步推动了双方在数字科技领域的合作与发展（袁志琴，2023）。

四是协议与倡议的保障与支持。为了保障双方数字科技合作的顺利进行，中国与中东欧国家签署了一系列重要文件。其中，《中欧科技合作协议》作为双方加强科技合作的重要里程碑，为双方在人工智能、物联网、生物医药等领域的合作提供了法律和政策保障（高洁和刘立，2017）。此外，"中国—中东欧国家科技创新伙伴计划"等倡议的提出和实施，更是为双方在数字科技领域的合作提供了全方位的支持和保障（忻红和李振奇，2021）。

四、关键技术领域合作

在全球化与数字化浪潮的强劲推动下，中国与中东欧国家在关键技术领域的合作已步入全新纪元，携手在互联网、AI、大数据、5G、物联网及云计算等前沿领域深耕细作，共同绘制数字化转型的壮阔蓝图（孙玉琴和卫慧妮，2022）。此次合作不仅深化了技术交融，更在经济、文化等层面构建了深度互信与共赢的桥梁，有效应对全球科技与经济变革的挑战。从合作趋势来看，人工智能、大数据与5G技术尤为耀眼，中东欧的研发底蕴与中国的应用创新完美融合，如波兰、匈牙利智慧城市的成功实践，彰显了中国智能方案与标准的国际影响力，大幅提升了城市管理效率。同时，数字基础设施建设合作如火如荼，华为、中兴等企业成为中东欧数字化进程的重要推手，引领网络架构升级。电子商务与数字货币领域的紧密合作，不仅拓宽了市场边界，还预示着区域金融服务的新一轮数字化转型。而教育合作与人才培养的持续加强，则为双方数字科技的长期发展奠定了坚实的人才基础，共同开创合作新篇章。

（一）互联网与信息技术合作：构建数字桥梁

随着互联网技术的疾速演进，中国与中东欧国家的互联网合作愈发紧密，双方携手共建互联网基础设施，驱动数字经济发展，并深化网络安全合作，稳固构建数字合作桥梁。中国企业在其中表现活跃，华为在匈牙利首创欧洲5G网络智慧铁路港（韩萌和姜峰，2023），同时于保加利亚实施网络升级，大幅扩展网络覆盖并加速数据传输，为数字经济的稳固增长打下基石（曹鸿星和艾昱，2024）。此外，华为与保加利亚电信共建云中心，不仅支撑数字经济蓬勃发展，还促进了双方在互联网治理、数据安全等关键领域的协同对话与合作，共同抵御互联网领域的挑战与风险（田晓军，2017）。

由卢布尔雅那大学、中国科学院、曙光计算机及斯洛文尼亚Arctur公司合作共建斯洛文尼亚—中国高性能计算联合虚拟实验室，极大地推动了数字科技和工业应用的研究与发展。通过整合多方资源、实验室为两国在高性能计算领域的合作提供坚实平台，推动技术创新与产业升级（中国—中东欧国家创新合作研究中心，2023）。

（二）大数据、人工智能与区块链合作：激发创新活力

人工智能与大数据，作为数字时代的核心引擎，正以前所未有的力量重塑各行业发展蓝图。中国与中东欧国家在此领域的合作硕果累累，双方依托联合研发、技术互鉴、人才培育等路径，共促 AI 与大数据技术的革新与应用。宏观政策层面，国务院《"十四五"数字经济发展规划》（2021）强调国际合作，特别是"数字丝绸之路"的构建，为中国—中东欧数字经济合作指明了方向。同年，《2021年中国—中东欧国家合作北京活动计划》应运而生，塞尔维亚与黑山等国对共建智慧城市中心的积极态度，标志着双方合作意愿的深化。腾讯与爱沙尼亚的智慧城市合作典范，通过大数据分析优化城市管理，高效低耗，为中东欧国家树立了技术合作的现代化标杆。华为在匈牙利布达佩斯的海外首个数据中心，不仅满足了当地数据服务的需求，也有助于提升中东欧地区的数字服务水平（威廉，2016）。

区块链技术和量子计算，作为当前科技前沿的代表，正在重新定义数字经济的基础设施和运作方式。中国与中东欧国家在区块链领域的合作主要集中在增强数据安全、提高供应链透明度及促进金融服务创新上。通过建立基于区块链的跨境支付系统，不仅降低了交易成本，还提高了支付的安全性和效率。在供应链管理方面，区块链技术的应用使得商品从生产到交付的每一个环节都变得可追踪和透明，极大地提升了供应链的管理效率和减少了欺诈行为（孔田平，2020；龙静，2020）。中欧班列国际物流运输平台面对金融配套与贸易障碍挑战，创新引入区块链技术。四川自贸试验区推出的中欧班列多式联运"一单制"跨境区块链平台，有效整合了复杂多变的物流、金融环节。该平台利用区块链去中心化、数据不可篡改的特性，实现物流数据全程透明、互信共享，赋予"一单制"物权凭证功能。此举不仅简化了跨境结算、融资流程，降低了中小企业融资成本，还解决了单证交易难题，提升了多式联运的组织效率与协同性。平台通过技术赋能与制度创新，为国际铁路联运提供了全新的金

融与物流服务解决方案,促进了中欧贸易的便捷化与高效化(陈云,卢春房,盛黎明和刘延宏,2020)。

量子计算作为一项可能引领未来计算技术的前沿科学,是全球科技竞争的制高点之一。在推动"数字丝绸之路"与"数字三海倡议"的深度对接中,中国与中东欧国家携手共进,聚焦于量子计算等前沿科技领域的合作。自2017年"21世纪数字丝绸之路"倡议提出以来,中国不仅致力于跨境电商、智慧城市等数字经济的蓬勃发展,更在量子计算等尖端科技上寻求突破,旨在缩小与伙伴国家的"数字鸿沟"。同时,"三海倡议"成员国积极响应,通过"三海数字高速公路"等计划,强化数据流通能力,为量子计算等高科技应用奠定基础。2018年,波兰邮政与中国邮政的合作协议签订,标志着双方在电子商务物流领域的合作深化,也为量子计算等技术的未来应用合作开辟了广阔前景,共同促进双方在数字时代的全球竞争力提升(宫高杰和王雪,2024)。

(三) 5G与物联网合作:开启万物互联新时代

5G与物联网技术的深度融合,正疾速开启万物互联的新纪元,为中国与中东欧国家的合作注入澎湃动力。双方合作在这一领域展现出勃勃生机,共建5G网络基石,驱动物联网技术革新。华为、中兴等中国企业活跃于中东欧,筑造高速、可靠的5G网络,赋能区域通信飞跃。同时,双方深化产业协同,探索5G+物联网在智慧城市、智能制造、智能交通等领域的广泛应用,携手推动产业升级与数字化转型,共绘数字经济合作新蓝图[中国国际问题研究院(中国);外交事务与贸易研究所—IFAT(匈牙利),2023]。

中兴通讯在匈牙利与斯洛伐克部署的5G基站,不仅革新了当地通信体验,更为智能制造、远程教育等前沿应用铺设了高速通道(曹鸿星和艾昱,2024)。未来,物联网技术将广泛渗透至智能交通、智慧能源等关键领域,显著提升能源利用效率与交通管理智能化水平,为中东欧国家的经济发展与技术革新插上翅膀(吴吉义,李文娟,曹健,钱诗友和张启飞,2021)。

(四) 云计算与数字服务合作:赋能数字化转型

云计算与数字服务,作为数字经济腾飞的坚实基石,正加速推动全球数字化转型进程，中国与中东欧国家的合作亦在此背景下取得显著成效。阿里云深度布局中东欧，紧跟工业4.0浪潮，为中小企业转型赋能，通过数据中心建设、云计算及物联网技术推广，激发区域经济新活力。ABC Data携手阿里云，为波兰、捷克等八国提供涵盖弹性计算、IoT、大数据等全方位云服务（猎云网，2018），保加利亚数据中心的建立更强化了跨国数据流通与业务扩展能力。在土耳其，阿里云物联网服务助力企业智能化升级；捷克智能数据中心则以大数据服务为企业决策插上智慧翅膀（DTC Start顾问，2024）。这一系列举措不仅强化了云计算解决方案的高效与安全性，更以智能技术引领产业升级，共赴数字经济新纪元。

电子商务与在线支付领域，双方合作亦日益紧密。中国—中东欧电商对话机制催化了跨境电商的飞跃式增长，中东欧商品通过阿里巴巴、京东等平台涌入中国市场（国际在线，2021）。支付宝等中国支付工具的国际化步伐，则进一步便捷了中东欧消费者的支付体验，深化了电商合作的广度与深度，为数字经济发展注入强劲动力（孙玉琴和卫慧妮，2022）。

五、典型合作案例

第一，电商平台引领中匈数字经济新篇章。中国与中东欧国家的数字科技合作中，阿里巴巴与拼多多的成功故事尤为引人注目。阿里巴巴旗下全球速卖通凭借其商品丰富度、购物便捷性及强大的供应链体系，迅速赢得了匈牙利市场的青睐，覆盖率高达44%的居民（雨果网，2022）。而拼多多Temu则以惊人的速度扩张，第一季度订单量突破150万单，交易额近5.77亿欧元，占全球销售额的7%（AC国际咨询北京分行—博宇恒业，2024）。两大平台的崛起不仅重塑了匈牙利的电商生态，还深化了中匈数字经济合作，推动更多中国品牌走向世界舞台。同时，支付宝与当地银行的合作，进一步提升了支付体验，为消费者带来前所未有的便捷（孙玉琴和卫慧妮，2022）。

第二，中斯科技合作，信息技术与通信领域的璀璨明珠。天津市与斯洛文尼亚在信息技术与通信领域的合作同样令人瞩目。自2018年科技创新合作对接以来，双方科研机构在AI、大数据等领域共研共创，持续深化科技交流，为产业升级注入了强劲动力（中国—中东欧国家创新合作研究中心，2023）。中斯高性能计算联合实验室的成立，更是中欧科技合作的里程碑，它不仅促进了 E 级计算技术的跨国融合，还搭建了一个高效的交流平台，显著提升了中国在欧洲高性能计算领域的影响力。

第三，华为"未来种子"，播种希望，收获数字人才。华为"未来种子"项目自 2014 年在波兰启动以来，已辐射至中东欧多国，五年间培育了超过 1.5 万名通信技术人才，为区域数字经济转型提供了坚实的人才支撑（龙静，2020）。通过智慧城市峰会等平台，华为进一步深化了与中东欧国家在智慧城市、智慧交通等领域的合作，推动地区向更加智能、可持续的方向发展。

第四，中罗多元创新平台，携手共创科技未来。中国与罗马尼亚共建的多元创新平台，涵盖了农业、医疗康复、建筑工程等多个领域，如"中罗智能康复机器人联合实验室"与"现代建筑工程装备与技术国际联合实验室"。这些平台不仅拓宽了科研合作的边界，更为两国科技合作与人才培养的长远发展奠定了坚实基础。这些合作实例充分展示了中国与中东欧国家在数字科技领域合作的广度与深度，共同绘制了科技创新与数字经济发展的宏伟蓝图。

展望未来，中国与中东欧国家在关键技术领域的合作将持续深化。双方将秉持开放共赢原则，拓宽合作疆域，提升合作层次。在政策对接、技术交流、人才流动等多维度合作的推动下，双方将共同促进技术创新与应用，为构建人类命运共同体贡献科技智慧。区块链、量子计算等前沿技术将携手探索，应用于供应链管理、商品追溯等领域，提升透明度与安全性。智能制造领域则将借助中国智能技术实现中东欧制造业的自动化智能化升级，解决劳动力挑战。电子商务合作将融合双方优势，开拓新市场，实现经济互补。绿色能源与智慧城市亦是合作亮点，通过智慧能源解决方案促进可持续发展，提升城市竞争力，共筑绿色未来。同时通过第三方市场合作、共建数字经济园区及产业集群，以及构建科研合作网络，中国与中东欧国家在数字科技关键技术领域的合作展现出强大的生命力和广阔的发展前景。

六、合作面临的挑战

在推进中国与中东欧国家数字科技合作的征途中，尽管双方已取得显著成果，但仍需正视并克服一系列挑战。技术标准与法规的差异、资金与人才流动的障碍，以及安全与隐私保护的难题，如同三座大山，横亘在深化合作的道路上。唯有通过加强沟通、创新合作模式、构建互信机制，才能跨越这些障碍，共同开创数字科技合作的新篇章，推动双方在高科技领域的持续繁荣与发展。

（一）地缘格局与国际环境

国际环境因地缘格局深刻变迁与大国博弈加剧而趋于复杂，美国、欧盟与中国的多边互动，正深刻影响着中东欧地区的发展轨迹，国际合作不确定性显著增强。一方面，近两年美国在中东欧地区的介入加深，试图拉拢中东欧国家加入其对华战略博弈，对中国与该地区的合作构成外部挑战。另一方面，欧盟对中国的疑虑并未减少，导致合作壁垒不断升高。部分欧洲政客、智库和媒体不能正视中国的发展崛起，频频制造中欧之间的误解，甚至给中国与中东欧国家的合作贴上了诸如"破坏欧盟规则""导致债务陷阱""破坏生态环境"等负面标签（鞠维伟和顾虹飞，2022）。

（二）互联互通与中欧博弈

2019年欧盟发布的《欧盟—中国：战略展望》文件，明确了中欧互联互通合作的原则与标准，强调可持续性、透明度及公平竞争，同时警惕中国带来的挑战与威胁。此后，中欧合作在互联互通领域遭遇显著障碍，中国企业竞标欧盟项目难度加大。2021年欧盟推出的"全球门户"战略，进一步彰显了其争夺互联互通规则主导权的意图，通过加大融资支持，在数字、能源、交通等多领域布局，并将价值观作为合作先决条件，排斥异见伙伴。此外，欧盟将"全球门户"战略扩展至印太，重点携手东盟，承诺巨额投资深化多领域合作（刘作奎，2022）。在互联互通安全化趋势下，中国合作倡议面临欧盟严格的安全审查，中欧合作面临新的挑战与冲击。

（三）技术标准与法规鸿沟

合作中，技术标准与法规的差异性成为一大障碍。中东欧国家，特别是欧盟成员国，遵循严格的 GDPR 等数据保护法规，而中国则以《网络安全法》为基石，两者在细节与执行上存在显著差异（孙陈铭，2023）。这要求双方在跨国数据服务与智能产品合作中，需额外投入以跨越法律与技术标准的鸿沟，无疑增加了合作的复杂性与成本（蔡跃洲和马文君，2021）。

（四）资金与人才流通瓶颈

资金与人才流动不畅，是另一大制约合作深入发展的因素。经济体量与金融市场发展水平的差异，导致资金流动受限；而科研经费使用规则的差异，进一步加大了项目执行的难度。同时，语言、文化障碍、签证政策以及工作生活环境差异，阻碍了人才的自由流动，影响了资源优化配置与技术知识的高效共享（侯建国，2023）。

（五）安全与隐私保护挑战

在数字科技合作中，安全与隐私保护是双方共同关注的焦点。跨境数据流动的安全合规性、新兴技术（如5G、AI）带来的网络攻击风险及算法透明度问题，均构成严峻挑战。构建互信的安全框架与数据保护机制，成为保障合作顺利进行的当务之急（李宜展等，2024；王莹，2023）。

第二节 数字科技合作驱动资本市场资源优化

近年来，中国与中东欧国家在数字科技前沿领域的合作愈发紧密，双方携手搭建起技术创新与经济发展的桥梁，不仅加速科技创新的迭代升级，更深刻触动各自及区域经济的全面转型与升级。这一战略性的合作态势，已悄然转变为激活资本市场活力、促进资源跨国界高效流动与精准配置的强劲动力。双方通过数字科技成果的共享与转化，不仅实现了技术与资本的无缝对接与深度融合，还共同绘制了一幅以科技创新为核心驱动力，资本市场资源优化配置为经纬线的全球经济繁荣新画卷（万劲波和赵兰香，2016）。

一、资本流动与资源配置

在当今全球化日益加深的经济格局中，资本市场正以前所未有的重要性，在推动技术创新与国际合作方面发挥关键作用。特别是针对中国与中东欧国家在数字科技关键领域的深度合作，资本市场凭借其多元化的融资渠道与金融创新支持，成为加速双方科技合作进程的重要推手（闫瑞峰，2022）。这一合作不仅促进了资本市场资源的跨国界高效流动与优化配置，还依托风险投资、私募股权、政府基金等多元化融资工具，为数字科技项目的创新与发展提供了坚实的支撑。作为全球第二大风险投资市场，风险投资者在投资后对中国投资组合公司创新的作用，研究发现，有女性风投董事的公司在管理层短视、资本市场压力和产品市场竞争对创新活动的负面影响较小（Fan et al.，2023）。通过资金引导、跨国并购与合作以及创新创业生态的构建，中国与中东欧国家在数字科技关键技术领域不仅推动了双方的科技进步和经济发展，也为全球数字科技创新贡献了力量。

（一）金融科技创新助推资源优化

金融科技（FinTech）作为中国与中东欧国家数字科技合作的坚实载体与核心驱动力，不仅是合作内容中不可或缺的一环，更是深刻推动着资本市场的资源优化进程。它不仅显著提升了金融服务的效率与便捷性，还创新性地开辟了多样化的投资与融资渠道，为科技合作项目的顺利实施提供了强大的资金与机制保障（林春和文小鸥，2024；周铭山和范琳琳，2023）。资本市场凭借其丰富的融资工具与持续的金融创新，在中国与中东欧国家的数字科技合作中占据了举足轻重的地位，通过风险投资、私募股权以及科技金融应用等多种方式，加速了双方在高科技领域的深度合作，共同推动了科技创新与经济发展的双赢局面（林春和文小鸥，2024）。

在金融科技的具体应用中，区块链技术以其高度的透明性与安全性，成为跨国交易与投资中的理想平台。在中国与中东欧国家的合作中，区块链技术不仅确保了项目资金流动的清晰透明与绝对安全，还为知识产权的保护提供了强有力的技术支持,为科研项目的成功商业化奠定了坚实的基础(龙静,2020)。此外,数字货币与电子支付系统的普及,也为双边贸易与投资带来了前所未有的便捷与高效。中国的支付巨头如支付宝、微信支付等在中东欧市场的成功拓展,不仅为当地消费者与中国企业之间的交易提供了灵活的支付方式,还为这些国家的金融系统注入了新的活力与创新元素,进一步促进了双边贸易的繁荣发展(邹统钎等,2018)。另外,众筹平台的兴起,通过互联网促使项目发起人直接面向广大公众筹集资金,有效降低了融资成本并加快了融资速度,为中小型科技项目开辟了新的融资天地。对于涉及数字化、智能化技术的软硬件开发项目而言,众筹平台更是成为吸引中国与中东欧市场投资者的重要渠道,为科技创新的持续发展注入了强劲动力(龙静,2020)。

(二) 多渠道助推科技创新与产业化

在数字科技领域,传统的融资方式往往难以满足新兴科技公司的高投入、长周期需求。

首先,风险投资与私募股权基金凭借其敏锐的市场洞察力和专业的行业知识,不仅为初创企业提供了急需的资金支持,更通过其网络资源和战略指导,助力企业突破技术瓶颈,加速科技成果的商业化进程,成为科技创新不可或缺的催化剂(Fan et al., 2023)。在中国与中东欧的合作案例中,风险投资基金对阿里巴巴和拼多多在匈牙利的电子商务平台的早期投资,极大地推动了这些平台在区域市场的快速崛起与拓展。

其次,政府基金和产业引导基金通过直接投资或风险补偿等方式,降低了私人投资者进入高科技领域的门槛和风险,激发了社会资本的投资热情,发挥着至关重要的导向作用(潘功君,2020;张艳,2020)。特别是像"一带一路"倡议下的丝路基金等,更是成为推动区域合作、促进技术创新的重要力量(王亮,2024)。此外,产业引导基金专注于特定科技领域或产业链,通过投资于具有成长潜力的初创企业或项目,推动技术成果的快速商业化。中国与波兰合作的高科技投资基金,便是聚焦于人工智能、大数据等前沿技术领域,致力于推动双方在技术研发和市场应用方面的合作。这种"以投带引"的方式,不仅促进了产业升级,还吸引了更多社会资本和企业的加入,形成了良好的创新生态。

再次，跨国并购与合作成为资源优化配置和产业升级的高效手段。中国科技企业通过并购或参股中东欧的科技公司，不仅能够快速获得先进技术和管理经验，还能拓展其在欧洲的市场份额。同时，中东欧国家也通过与中国企业的合作，获得了宝贵的资金支持和市场机会，实现了互利共赢。以斯洛文尼亚为例，其"数字化斯洛文尼亚2030"战略与中国数字经济战略的相互呼应，为两国在数字科技领域的深度合作提供了广阔空间（中国—中东欧国家创新合作研究中心，2023）。双方在数字基础设施、企业数字化转型及公共服务数字化等方面的合作，不仅促进了技术和资本的有效流动，还提升了双方企业的国际竞争力，实现了科创资源的全球优化配置（迟婧茹等，2024）。

最后，证券市场作为科技企业融资的另一重要渠道，通过资本市场公开发行股票等方式，为企业提供了更广阔的融资平台和更高的资金利用效率。这不仅有助于企业扩大规模、提升技术实力，还通过资本市场的严格监管和公众监督，促使企业保持持续创新的动力，加速科技成果的市场化应用。

二、创新生态构建与成果转化

在全球化与数字化的双重浪潮之下，构建包括孵化器、加速器与科技园区的开放共享、协同高效的创新创业生态系统已成为推动科技进步与经济发展的核心战略。它们不仅是孕育高科技企业的温床，更是催化技术创新、促进产业升级及深化国际合作的关键舞台。通过优化资源配置、强化主体互动，这些创新集群将不断激发创新活力、推动产业升级、促进经济发展，为构建开放共享、协同高效的创新生态系统奠定坚实基础。

第一，建立孵化机构，提供创意萌芽温床。孵化器作为创新创业生态的起点，为初创企业提供了必要的物理空间、基础设施以及专业的指导服务。在中国与中东欧国家的合作中，孵化器不仅扮演着孵化新项目的角色，更成为双方技术交流与合作的桥梁。通过设立联合孵化器，两国企业可以共享资源、互通有无，加速科技成果的转化与应用。自2015年中匈签署"一带一路"谅解备忘录奠定合作基础以来，双方合作不断深化，成立《中国（重庆）—匈牙利技术转移中心（布达佩斯办公室）》（中国—中东欧国家创新合作研究中心，2023）。2022年初，双方再签创新合作协议，聚焦信息技术、人工智能等领域，不仅构建了联合创新创业平台，还深化了孵化器间的合作，为投资探索与市场拓展创造了宝贵机会，进一步巩固了两国在创新与经济发展上的战略联盟（Bakondi，2021）。在中匈科技园内，孵化器为初创企业提供资金、法律等一站式服务，并推动中国资本与匈牙利创新项目对接，共促企业成长。

第二，设立科技园区，创新集群典范。中国与中东欧国家的多个合作框架下，携手在多个合作平台下，共同策划并建设了一系列数字经济园区，这些园区集研发、生产、销售于一体，构筑了优越的创新土壤与政策支撑体系，有效促进了相关产业集群的蓬勃兴起。双方不仅在科研领域构建了广泛的合作网络，更是通过资源共享、平台共建与人才共育，显著增强了科技创新能力。以保加利亚的某个数字经济园区为例，该地区已形成了以信息技术、智能硬件制造和创新服务为核心的产业集群。集群内企业间的紧密合作，不仅加速了新技术的研发和应用，也促进了当地人才的培养和就业。中国与罗马尼亚等国的科研合作亦成果丰硕，共建了农业科技园、智能康复机器人实验室等多个创新平台，展现了在科技合作领域的务实成果与广泛布局，促进了科技资源的优化配置与创新能力的飞跃（中国—中东欧国家创新合作研究中心，2023）。

第三，创新生态体系，构建多方主体互动模式。在创新创业生态系统中，企业、高校、研究机构与政府等主体各司其职、紧密合作，共同推动数字科技的创新与应用。企业作为创新的主体，通过市场需求导向推动技术研发与产品迭代；高校与研究机构则提供理论支撑与技术支持，为企业创新提供源源不断的智力资源；政府则通过制定政策、优化环境等方式为创新创业提供有力保障。此外，各方主体还通过项目合作、人才交流、信息共享等多种方式加强互动与合作，形成了良好的创新生态循环。

三、经济增长与产业升级

数字技术作为产业转型的催化剂，正深刻改变着制造业、农业、医疗及文化旅游等多个领域。

制造业领域，中国与中东欧国家依托物联网（IoT）、大数据分析及人工智能（AI）等先进技术，推动传统制造业向智慧工厂转型，实现了生产效率与产品质量的双重飞跃，同时促进了绿色生产与环境保护（孔田平，2022）。尽管中东欧国家在数字经济基础上相对薄弱，但借助欧盟的数字化转型浪潮，部分国家已展现出强劲的发展势头，并正积极应对网络基础、技能、资本及技术等方面的挑战，力求通过优化政策环境、强化人才培养与留用，加速与西欧的趋同进程（张辉和张明哲，2023）。

农业领域，中东欧国家充分利用卫星遥感、地理信息系统（GIS）、气象数据分析及土壤监测等现代信息技术，实现了农业生产的精准化与高效化。以精准农业为例，农业科技企业与科研机构合作，研发智能化农业装备和农业物联网系统，实现了对农业生产环境的实时监测和精准调控。波兰和捷克等国积极推广基于北斗卫星系统的精准农业实践，利用北斗高精度定位技术在农田整地、播种、施肥、除草和收获等各个环节进行精准作业，显著提高了农业生产效率和资源利用率。通过这些措施，各国不仅提高了农产品的产量和质量，还减少了化肥和农药的使用量，保护了生态环境，推动了农业的绿色可持续发展（刘海启，2019）。

医疗健康领域，人工智能技术的迅猛渗透成为合作新亮点。中国 AI 辅助诊断系统的高效运作，让医疗影像分析步入快车道，精准度与速度并重。而中东欧国家如匈牙利，携手华为等科技企业，探索智能医疗新路径，优化资源配置，推动医疗服务向数字化转型迈进。这些合作实例彰显了 AI 在医疗健康领域的无限潜能与广阔应用前景，为中国与中东欧国家的数字经济合作注入了新的活力。[数字中东欧经贸促进中心，2023；中国国际问题研究院（中国）；外交事务与贸易研究所—IFAT（匈牙利），2023]。

文化旅游领域，虚拟现实（VR）与增强现实（AR）技术的深度融合，让历史遗迹与文化景点在虚拟维度中焕发生机，极大地丰富了旅游体验的互动层次与趣味性，同时也为文化遗产的保护开辟了新路径。保加利亚在文旅行业的数字化转型中表现尤为突出，其利用信息技术的力量，全面升级旅游体验，引领了"智慧旅游"的新风尚。由于华为等科技巨头的加入，为保加利亚的数字化转型注入了强劲动力。通过旅游景点的数字化管理与云平台的部署，华为助力保加利亚构建"智慧国家"与"智慧城市"的宏伟蓝图。这一创新举措,让游客能够轻松通过在线平台获取详尽的旅游资讯,一键预订门票与酒店,实现旅游行程的智能化、个性化规划。同时,保加利亚还巧妙运用大数据分析技术,深入洞察游客行为偏好,从而实施精准营销策略,推广更符合游客需求的旅游产品及活动,极大地提升了旅游服务的个性化与满意度,为旅游业的可持续发展奠定了坚实基础,推动了旅游产业的全面升级与繁荣。

第三节 深化中国—中东欧数字科技合作建议

在深化中国—中东欧数字科技合作的进程中,双方已取得显著成果,为进一步释放合作潜力,双方需强化政策沟通与协调,通过高层对话机制共谋合作蓝图,减少法规壁垒,为数字科技企业搭建更加宽广的合作舞台。同时,推动技术标准互认与统一,构建数字科技领域的"通用语言",促进技术无缝对接与产品市场准入,提升双方在全球数字经济体系中的竞争力。拓宽融资渠道,鼓励金融创新,为数字科技项目注入强大资本动力;加强人才交流与培训,促进知识流动与技术转移,为合作注入源源不断的创新活力。面对网络安全与隐私保护的新挑战,双方应携手建立更加坚固的防护网,共同应对网络威胁,保障数据安全,为数字科技合作营造安全可信的环境。这些举措将为中国—中东欧数字科技合作注入新的活力,推动双方合作迈向更高水平,共同开创数字科技合作新篇章。

一、加强政策沟通与协调

加强政策沟通与协调是中国与中东欧国家在深化数字科技合作中不可或缺的一环。通过建立稳定高效的沟通协调机制、深化政策和法律支持以及协同推进数字基础设施建设等措施,双方将能够更有效地应对合作中的挑战与机遇,推动数字科技合作不断迈向新高度。

第一,建立稳定高效的沟通协调机制。双方应携手强化双边及多边沟通平台，确保信息共享的即时性、问题解决的高效性及策略调整的灵活性，为合作奠定坚实的组织基础，保障合作的连续性和成果的有效性。设立常态化的合作对话平台，如"中国—中东欧数字科技合作论坛"，定期举办会议，就数字科技领域的最新进展、合作需求及挑战进行深入交流。构建跨商务、科技、产业、金融等多领域的综合合作机制，围绕创新链全链条，开展全方位的政策对话与协同，旨在不仅促进科研合作的深化，更着眼于科技成果的产业对接、金融支持的引入及市场转化的加速，实现科技价值向市场价值的最大化转化（张海燕和徐蕾，2021）。成立由政府、科研机构和企业代表组成的联合指导委员会，负责协调统筹规划与执行合作项目，确保合作项目的顺利实施和高效推进。过跨部门协同机制，促进科技、资金、市场等关键要素的深度融合与优化配置，打造开放创新的生态系统，加速创新链、产业链、价值链与资金链的深度融合与相互支撑，推动形成中国与中东欧国家间科技与产业深度融合的新格局。此外，探索建立数字项目对接机制与国际数字产业园区合作模式，推动数字产业实体化、规模化发展，为中东欧国家注入经济发展新活力，共同培育数字经济新增长点，实现互利共赢的可持续发展目标（陈健，2021）。

第二，协同构建新型数字基础设施。数字基础设施是数字经济发展的基石。中国与中东欧国家应加强在数字基础设施建设方面的合作，共同推进关键技术的研发与应用，推动以信息化为导向的新型数字基础设施合作建设，加强信息化、数字化经济合作，实现网络和通信的互联互通。探讨合作建设跨境数据中心、优化国际互联网带宽资源，提高数据传输效率和质量。在技术研发和创新方面加强前瞻性和引导性，共同推进5G网络、数据中心、物联网等新型基础设施的部署和应用，以进一步加强新型基础设施的建设，同时加强与传统基础设施的协调，为数字科技合作提供坚实的物质基础（陈健，2021）。设立专项基金支持落后国家基础设施升级，促进区域数字平衡发展。同时，明确目标、时间表，确保合作高效透明，提升互联互通，为数字贸易、智慧城市等新兴业态的发展提供有力支撑（郭晓莹，2022）。

第三，深化政策和法律支持。为营造有利的数字科技合作生态，中国与中东欧国家需进一步深化政策与法律层面的协同，共同研究并出台一系列优惠政策，如税收优惠、资金扶持等，从而降低合作成本，激发创新潜能。双方应加强知识产权保护合作，构建高效侵权应对机制，确保合作双方的合法权益得到充分保障。同时，通过签署双边或多边协议，明确投资保护、数据流通、隐私保护等核心领域的权利与义务框架，为合作提供清晰、稳定的法律预期与制度支撑（郭华东等，2023；王亮，2024）。此外，为加速合作试点示范项目的实施，双方应强化政策沟通与协调，建立合作项目审批的绿色通道，简化流程，提高效率，并配套金融、外汇、保险等方面的政策支持，包括优惠贷款、科技金融扶持及财政补贴等措施。同时，加强信息互通与共享，及时应对合作中遇到的挑战，共同优化合作环境，为合作项目的成功落地与持续深化奠定坚实基础（吴泽林，2017）。

二、推动技术标准互认与统一

在深化中国—中东欧数字科技合作的背景下，推动技术标准的互认与统一是确保双方技术无缝对接、促进产品市场准入、提升国际竞争力的关键一环。通过构建共同认可的技术标准体系，双方不仅能加速技术交流与融合，还能为全球数字科技领域贡献更多中国—中东欧智慧与方案。

第一，加强国际标准化合作，共推技术标准国际化。面对全球化市场的激烈竞争，中国与中东欧国家应携手并进，在国际标准化舞台上发挥更大作用。双方应积极参与国际电信联盟（ITU）、国际标准化组织（ISO）等权威机构的活动，共同推动数字科技领域国际标准的制定与修订。通过共享技术成果、协调标准立场，双方可以合力打造具有全球影响力的技术标准，为国际市场树立新的标杆。这不仅有助于提升中国和中东欧国家技术的国际认可度和竞争力，还能为双方企业拓展海外市场提供有力支撑。

第二，建立区域标准互认机制，促进贸易便利化。在推动国际标准制定的同时，中国与中东欧国家还应重视区域层面的标准互认工作。双方可以探索建立区域性的标准互认机制，对数字科技领域的核心技术和产品进行标准化评价，实现双方市场标准的无缝对接。这将极大地简化贸易程序，降低贸易成本，促进双方在数字科技产品、服务及解决方案上的相互认可与流通。此外，区域标准互认还有助于构建更加开放、公平、透明的市场环境，为双方企业提供更加广阔的发展空间。

第三,推动数字标准化合作,创新数字治理标准。深化现有合作机制,共同探索跨境数据流动认证标准的制定,共同构建一个更加安全、高效、互信的数字合作环境,开创合作创新数字治理新篇章。具体来说,促进数字化机制与标准的协同进化,制定适应中东欧各国独特国情的数字化伦理框架与价值导向,并强化工业大数据的共享机制,构建高效运行的数字知识产权服务生态系统。建设"知识产权合作共同体",聚焦数据跨境流通标准的研发,倡导并实施一种更加开放、共享且智能的"开源"标准化模式,以激发全球创新活力。通过数字知识产权服务平台的深化建设,加速知识产权的转化与应用,增进中国与中东欧国家市场的互联互通,同时依托"一带一路"倡议下的知识产权合作框架,实现共赢发展。此外,积极利用亚太经济合作组织的制度优势,与欧盟就《通用数据保护条例》进行对话协调,完善大数据开放与共享的标准架构(郭华东等,2023)。

三、拓宽融资渠道与人才交流

在中国与中东欧国家深化数字科技合作的进程中,拓宽融资渠道与促进人才交流是推动合作持续深化、实现互利共赢的两大关键要素。通过创新融资机制与加强人才互动,双方能够共同解锁数字科技合作的新潜力,为双方经济发展注入强劲动力。

第一,创新融资机制,拓宽融资渠道。为加速数字科技创新步伐,各国应共同创新融资机制并广泛拓宽融资渠道。建议借鉴国际科技组织的成功资金筹措模式,创立合作引导基金,依托具体项目或服务,实施市场化运作以筹集资金,确保数字科技领域获得长期稳定的资金支持。鉴于数字科技项目普遍具有高投入与高风险特性,中国与中东欧国家应携手探索多元化融资路径,精准对接不同发展阶段及规模企业的资金需求。各国应根据项目特性,灵活采用多样化的资金筹集策略,吸引政府、科研机构、企业、国际科技组织及基金会等多方参与,共同设立专项基金(王亮,2024)。在此基础上,应鼓励科技金融创新,比如推出专项贷款、风险投资基金等金融产品,为数字科技项目提供定制化、高效的融资解决方案。同时，深化资本市场合作，助力符合条件的数字科技企业通过上市融资、债券发行等途径吸引社会资本，进一步壮大数字科技产业生态。此外，实施财政补贴、税收减免等激励政策，有效减轻企业融资负担，激发市场创新活力，共同推动数字科技领域的繁荣发展。

第二，强化特色科技人才交流，促进知识共享机制。深化人才交流与合作，加强特色优势领域科技人才交流机制建设，合作培养具有国际视野和创新能力的数字科技人才。一方面，在具备竞争优势的双边科技创新合作特色领域建立专项人才交流机制，通过访问学者、培养培训等形式加强人才交流，促进在特定领域的科技创新合作。同时，加强科技政策的决策或服务人员人才交流，促进双边科技合作机制与项目的对接（张海燕和徐蕾，2021）。另一方面，构建多层次的数字化培训体系，鼓励中国科技企业在共建国家设立数字办学机构和职业培训基地，为相关企业提供信贷优惠、税收减免等措施，提高企业参与数字化能力建设的积极性，形成以中国企业为主导的区域产业链，带动共建国家企业参与国际分工与区域能力建设（郭华东等，2023）。此外，双方还可以鼓励企业设立联合研发中心或实验室，吸引全球顶尖人才参与数字科技的研发与应用，推动知识共享与技术转移。

第三，构建合作平台，促进产学研深度融合。为了更好地拓宽融资渠道与促进人才交流，中国与中东欧国家应共同构建数字科技合作平台。推进建设包括数字科技产业园区、孵化器、加速器等科研合作平台，为双方企业提供集研发、孵化、融资、市场推广于一体的全方位服务。积极引导中国科研机构与共建国家联合开展核心技术攻关、创新研发与技术合作等，建立政策性和资金性的共研、共享的数字技术合作体系。通过平台的搭建与运营，双方可以汇聚更多优质资源，促进产学研深度融合，加速科技成果的转化与应用。同时，合作平台还可以作为展示双方数字科技成果的重要窗口，吸引更多国内外投资者与合作伙伴的关注与参与。

四、推动创新突破与深度合作

在深化中国—中东欧数字科技合作的征途中，推动科技创新突破与扩大合作试点示范项目并举，是具体深化合作的策略，亦是验证合作模式、积累宝贵经验的关键路径。通过构建数字科技创新共同体，聚焦并拓展具有标杆效应的合作项目，双方可以探索出更加高效、可行的合作模式，为全面深化数字科技合作奠定坚实基础。

第一，加强技术合作，构建数字科技创新共同体。为加强技术合作，高效构建数字科技创新共同体，各国应紧密围绕双方发展需求，精准选定合作领域，并聚焦于关键方向，汇聚优势资源，共同开展数字科技的联合研发与成果转化工作，形成数字科技创新合力。鉴于中国在科技创新领域的显著优势，提议由中国引领该共同体建设，旨在将中国丰富的经验与强大力量有效转化为支持中东欧国家数字技术创新的动力，携手促进沿线国家经济的共同繁荣与发展（郭华东等，2023）。在此基础上，推动数字科技与经济的深度融合，强化与共建国家在大数据、云计算、智慧城市等前沿领域的合作，集中力量进行科技难题的攻克与创新突破，以加速科技成果的转化与应用。建立数字科技创新研究院等专门机构，配套设立成果转化平台，以知识产权、创新创业合作为渠道加强成果转化（张海燕和徐蕾，2021）。同时，推动数字科技与产业、金融的深度融合，通过培育新兴产业、创新业态与新型模式，促进创新资源的优化配置与科技成果的规模化应用，为区域经济发展注入强劲动力。此外，为加速数字科技创新生态的成熟，各国应共同设立数字科技创新研究院所发展基金，专项支持中东欧国家相关研究院所的建设与发展，从而全面促进中东欧国家数字科技创新共同体的构建与繁荣（陈健，2021）。

第二，设立示范项目，打造合作标杆。携手培育一批具有较强的代表性、创新性和可复制性的示范项目，充分展示双方数字科技合作的成果与亮点。发挥各国企业的技术和管理优势，重点围绕跨境电商、通信网络等领域，加快5G、云计算、数据中心等技术相关的数字基础设施技术合作，建设数字科技研发中心、创新实验室、产业孵化器等合作平台与示范项目（陈健，2021）。推动战略性工业互联网合作，推动数据中心的建设，主动"上云""上链"，加强人工智能基础研究和前沿技术研究的科技合作（郭华东等，2023）。通过示范项目的成功实施，双方可以积累宝贵经验，形成可推广的合作模式，为其他领域的合作提供借鉴与参考。同时，示范项目的成功也将为双方企业带来实实在在的经济效益，激发更多企业参与合作的积极性与主动性。

第三，构建多元化交流框架，强化专业互动平台。深化科技创新合作网络内的沟通机制，高效整合各参与机构的专家智慧，通过灵活多样的合作模式推动项目协同，主动寻求与全球科技社群、行业联盟等建立长期稳定的合作桥梁。不仅要加强理论探讨，更要通过举办国际科技论坛、设立交流奖学金促进人员互访、开发多元化能力提升课程、组织创新挑战赛、实施跨国技术援助等实质性举措，将合作理念转化为实际能力建设的动力（王亮，2024）。同时，借鉴多边合作平台的成功经验，构建充满活力的科技创新合作生态系统，聚焦并深化双方的高质量创新合作。鼓励与现有国际科技组织携手或独立发起新型专业联盟，吸引更多市场力量参与共建。同时，积极拥抱人工智能、大数据、云计算、物联网、区块链等前沿技术，打造一个既高效又安全的数字化创新环境，为科技创新合作注入新活力。

五、强化网络安全与隐私保护合作

在中国与中东欧国家深化数字科技合作的背景下，网络安全与隐私保护已成为不可忽视的重要议题。随着数字技术的广泛应用，网络安全威胁日益复杂多变，隐私泄露风险也随之增加。因此，强化网络安全与隐私保护合作，不仅是保障双方数字科技合作健康发展的重要基石，也是维护国家安全、社会稳定和人民权益的必然要求。

第一，建立合作机制，加强政策对话。中国与中东欧国家应建立网络安全与隐私保护合作机制，定期举行高级别对话会议，就网络安全政策、法律法规、技术标准等议题进行深入交流。通过政策对话，双方可以增进相互理解和信任，共同探索符合双方利益的网络安全与隐私保护合作路径。同时，双方还可以就跨国网络安全事件应急响应、信息共享等方面加强合作，提升联合应对网络安全威胁的能力。

第二，推进技术合作，提升防护能力。技术是保障网络安全与隐私保护的关键。中国与中东欧国家应充分利用各自在网络安全技术领域的优势资源，开展技术合作与交流。双方可以共同研发网络安全防护技术、隐私保护技术等，提升网络安全防护能力和隐私保护水平。此外,双方还可以加强网络安全人才培养与交流,共同培养具有国际视野和专业技能的网络安全人才,为网络安全与隐私保护提供有力的人才支撑。

第三,加强法律法规建设,完善监管体系。法律法规是保障网络安全与隐私保护的重要基础。中国与中东欧国家应加强法律法规建设,完善网络安全与隐私保护相关法律法规体系。双方可以相互借鉴在网络安全立法、执法、司法等方面的成功经验,共同推动形成更加完善的网络安全与隐私保护法律体系。同时,双方还应加强监管合作,共同打击网络犯罪活动,维护网络空间的安全与秩序。通过建立健全的监管体系,为双方数字科技合作的深入发展创造更加安全、可信的环境。

第四章

数字贸易：拓展贸易合作新领域

数字贸易是数字经济在国际贸易中最直接的表现，包含数字化的商品和服务贸易交易。1998年5月，世贸组织（WTO）第二届部长级会议通过"全球电子商务宣言"首次尝试协商管理电子商务事项，制订全面的工作计划，审查与全球电子商务有关的所有贸易相关问题（靳思远，2023）。此后由于WTO各方分歧严重，直到2017年，71个WTO成员才同意就电子商务贸易相关方面展开谈判，启动电子商务"联合宣言倡议"（JSI）。2021年12月14日，日本、澳大利亚和新加坡作为JSI联合召集国发布最新的联合声明，在总结实质性进展的同时，强调全球数字贸易规则的重要性，倡导更多发展中国家参与谈判。本章将深入探讨数字贸易如何拓展中国与中东欧之间的贸易合作新领域全面分析当前中国—中东欧数字贸易的发展现状，包括规模、结构和主要合作伙伴以及面临的挑战和机遇阐述数字贸易合作如何助力资本市场风险管理，通过数字化手段提升贸易效率，降低交易成本，从而优化资本市场的资源配置和风险分散能力。提出深化中国—中东欧数字贸易合作的具体建议，旨在推动双方在数字贸易领域的更深层次合作，共同拓展贸易合作新领域。

第一节 中国—中东欧数字贸易发展现状

近年来，随着大数据、5G、人工智能（AI）、物联网（IoT）及工业互联网等前沿数字技术的迅猛发展与广泛应用，这些技术深刻渗透并重塑了传统产业的运作模式,促使全球产业结构经历了一场前所未有的深度变革。数字经济,作为这一变革的核心驱动力,不仅成为经济增长的新引擎,还显著加速了数字技术与国际贸易的深度融合,极大地推动了数字贸易的蓬勃兴起。最新数据显示,数字贸易以其边际成本接近零、非竞争性强及高抗冲击能力的独特优势,在全球经济增速放缓的宏观背景下,依然展现出强劲的逆势增长态势,预示着其将成为未来全球贸易的主流模式(世界经济论坛,2023)。

一、数字贸易内涵

为了应对各国和行业组织对数字贸易数据标准和统计精度的需求,在2017年,以经合组织(OECD)、世贸组织(WTO)和国际货币基金组织(IMF)下属的机构间国际贸易统计工作队成立了一个专家组,着手研究数字贸易指标框架。2020年研究团队联合出版了一本手册:《测量数字贸易手册,第1版》,该手册仅仅是一个概念性框架(其概念框架图如图4.1所示),不是数字贸易的最终定论,并且寄希望于随着新的国际经验的出现而不断更新。客观来讲,相关统计标准可以以该框架进行参考,国家间也可就该框架下的数字体系标准进行协商讨论,以达成相关数字协议。目前多数学者也都是基于此框架来研究数字贸易。

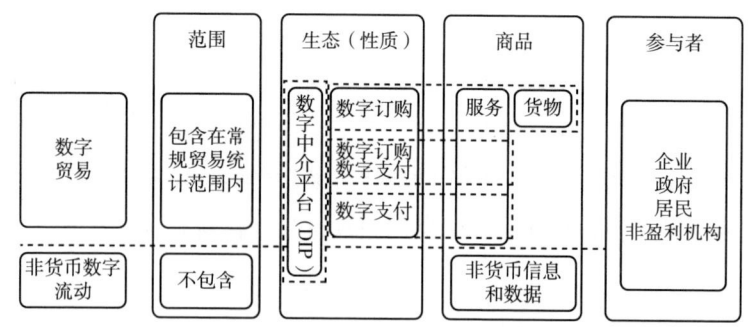

图4.1 数字贸易概念框架图

资料来源:OECD、WTO和IMF。

首先,《测量数字贸易手册》认为,目前对于非货币支持的贸易进行估算存在巨大困难,在统计方式上存在不足,对非货币信息的交换难以衡量,并且关于非货币流动的确切术语的审议仍在继续,因此这类内容并未划进该机构对数字贸易的定义。另外,OECD—WTO—IMF 认为数据和广告是数字中介平台运行的重要部分,依靠其实现运转,此外各国当前的商业统计登记册中对数字中介平台(DIP)的准确识别存在困难,以《测量数字贸易手册》作为参考,计算数字贸易规模的具体统计数据还未形成,需进一步研究该数字贸易框架的整体效果。因此 OECD、WTO 和 IMF 提议,在测度数字订购贸易上,可通过企业调查、家庭调查、调查信用卡数据、调查第三方支付平台数据、调查微量贸易、调查海关贸易统计、调查数据链接和私有数据源,来提高对数字订购贸易测度的准确性,在通常情况下也可考虑采用部分国家公布的宏观的跨境电商数据,但其适用度明显不足。

其次,对于通过数字交付的贸易,OECD 强调了估算数字贸易存在重叠度的问题。相关定义引用了 UNCTAD 的"可数字化服务"概念,因此仅指可数字化的服务贸易,在大多数国家,对数字交付贸易的估计在现阶段似乎最为可行,大多数可以数字交付的产品确实是数字交付的。估算数字贸易的一个非常特殊的挑战就在于涉及数字订购和数字交付之间的重叠,而数字订购和数字交付之间并不需要必然的连接关系,目前各国的统计方法可能会使用广泛的宏观方法(包括重叠),去记录数字订购或数字交付的贸易。因此第 1 版手册明确指出,为了缓解重叠带来的计量挑战,认定只有服务(而不是商品)才能数字化交付,故该手册认为以密切相关的信息通信技术(ICT)服务贸易概念所涵盖的服务范围为统计起点,可基本估算数字交付贸易。

最后,OECD – WTO – IMF 指出,对数字贸易测度的研究还需深入。一方面,国家或企业需根据实际情况制定策略,引导数字化生产和贸易的健康发展,同时做好数字风险控制,完成既定目标。另一方面,人们目前似乎对相关商品和服务的界限有些混沌不清,这是数字化造成的影响,此外,市场中数字贸易服务类型及相关规则也难以明确和统一,这对企业准入市场和数字化市场经济健康发展具有较大限制作用。因此规范数字贸易测度显得愈发重要。

当前,尽管国际上对数字贸易的界定尚未形成统一标准,但其内涵在学术研究与政策实践中正逐步清晰和完善。基于近年来多项研究成果(蓝庆新、窦凯,2019;沙拉法诺夫、白树强,2018),本书进一步拓展了数字贸易的定义范畴,认为其不仅涵盖利用数字技术促进贸易便利化的所有环节,如数字结算、数字交付和数字订购等,还包括将数据和数字内容直接作为交易标的的跨境贸易活动。在这一框架下,数据作为核心生产要素,数字服务贸易则构成了数字贸易的重要组成部分。

二、数字贸易合作机遇

在中国,与"一带一路"倡议共建国家的数字贸易合作,特别是与中东欧国家之间的合作,被视为构建"数字丝绸之路"的关键环节。中东欧地区作为"一带一路"的重要节点,覆盖了约 1/4 的共建国家,且在欧盟 27 个成员国中占比超过 2/5,其地理位置独特,被视为连接东西、沟通南北的桥梁,对于畅通欧洲市场具有不可替代的作用。然而,尽管中东欧国家在转型后经济取得了一定增长,但由于历史遗留问题如战争和国家分裂等,其经济发展水平仍相对滞后于西欧,特别是在商业数字化和电子商务领域,差距尤为明显(欧洲投资银行,2022)。面对这一挑战与机遇并存的局面,中国与中东欧国家均将数字化建设置于国家战略的高度,视为推动经济发展的新动能。双方通过加强政策沟通、设施联通、贸易畅通、资金融通和民心相通,积极探索数字贸易合作的新模式、新路径。这不仅为中国与中东欧国家之间的双边数字贸易开辟了广阔的发展空间,也契合了中国利用国际大循环促进国内大循环效率与水平提升的战略构想(中国外交部,2021)。

三、中国—中东欧数字贸易规模分析

(一)数字贸易总体规模与增长率分析

近十年来,得益于国际经济环境的总体稳定和中国开放包容的国际合作态度,中国与中东欧国家的经济合作不断扩展,在数字贸易领域的合作成效显著(孙玉琴,2022)。如图 4.2 所示,2008~2020 年,中国与中东欧国家双边数字贸易额总体稳步增长,2013 年双边数字贸易额便突破了 5 亿美元,达到 5.1541 亿美元;2014 年双边数字贸易额突破了 7 亿美元,达到了 7.6463 亿美元,处于高速增长时期。而到了 2019 年,中国与中东欧国家数字贸易额更是达到了 13.2425 亿美元,是 2008 年双边数字贸易额的 5.3 倍,增长量超过 10 亿美元。

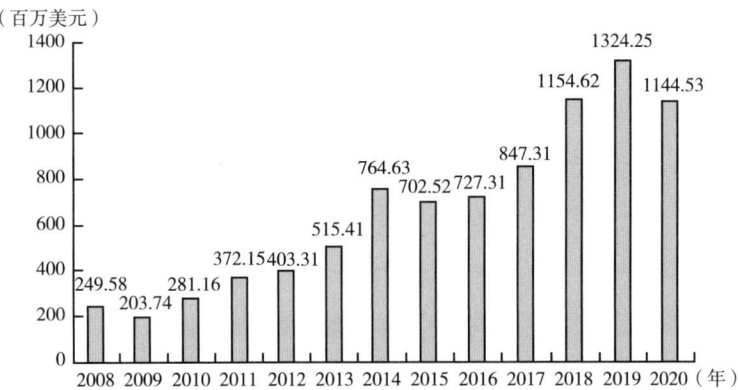

图 4.2　2008~2020 年中国与中东欧国家双边数字贸易总额

数据来源:根据 WTO 数据库整理所得(部分数据存在缺失)。

从时间轴视角审视,2009 年全球经济遭遇寒流,导致双边国家间的数字贸易额显著回落,较 2008 年缩减了 0.46 亿美元,年度降幅高达 18.37%(见图 4.3)。在此背景下,中国经济却展现出强劲复苏势头,与中东欧国家的数字贸易非但未受影响,反而开启了超过 30% 的高速增长通道,持续两年之久,截至 2011 年,双边数字贸易增量逼近 1 亿美元大关。

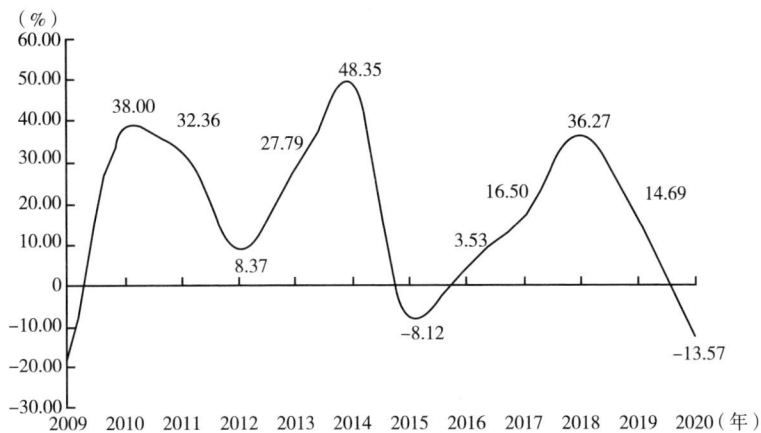

图 4.3　2009~2020 年中国与中东欧国家数字贸易额增长率变化

数据来源:根据 WTO 数据库整理所得。

然而，2012年欧洲债务危机阴影逐渐扩大，波及整个欧洲大陆，贸易与投资活力受限，数字贸易合作增长动力减弱，双边数字贸易增长率放缓至8.37%，仅新增约0.3亿美元。随后两年间，随着双边贸易逐步回暖，中国与中东欧的合作机制稳健前行，"一带一路"倡议的全球化影响力日益凸显，双方数字贸易再次步入快车道，截至2014年达到48.35%的增长新高。2015年的欧洲难民危机又为区域政治经济环境蒙上阴影，经济挑战加剧，中国与中东欧国家的数字贸易首次出现负增长。但凭借双方合作领域的持续深化，"16+1合作"机制的日益完善，以及信息通信技术的迅猛发展，2016~2018年，双边数字贸易额持续增长，增速逐步扩大，截至2018年增长率跃升至36%以上，全年贸易额同比增幅超过3亿美元。但好景不长，2019年欧债危机阴霾再现，叠加2020年全球新冠疫情的猛烈冲击，中国与中东欧国家的双边数字贸易增长步伐明显放缓，并在2020年再次遭遇显著负增长。展望未来，鉴于国际政治经济环境的复杂多变，中国与中东欧国家之间的数字贸易合作仍将面临诸多未知与挑战。

另一方面，中国与中东欧国家之间的数字贸易差额在2014年形成了一个明显的转折点，将过去13年的发展历程划分为两个截然不同的阶段，前六年与后七年，在数字贸易顺差与逆差的表现上呈现出显著差异。如表4.1及图4.4所示，2008~2009年，中国对中东欧国家的数字贸易顺差显著扩大，突破1亿美元大关，达到1.04亿美元，标志着中国向该地区数字贸易出口的持续增强。随着数字贸易结构的不断优化调整，中国对中东欧地区原本较高的贸易顺差状况得到了一定程度的缓解。随着"16+1合作"机制的不断深化，至2013年，中国对中东欧国家的数字贸易顺差达到了新的高度，累计达1.2575亿美元，顺差额占出口总额的比例接近四成，显示出双方合作的紧密与深化。然而，从2014年起，情况发生了逆转，中国对中东欧国家的数字产品需求激增，导致当年数字贸易逆差首次超过1亿美元，进口增长率更是飙升至123.65%（图4.4），标志着双边数字贸易关系进入了一个全新的发展阶段。

表4.1　　2008~2020年中国对中东欧国家数字贸易进出口额　　（单位：百万美元）

年份	出口数额	进口数额	数字顺差额
2008	169.12	80.46	88.66
2009	154.05	49.69	104.35

续表

年份	出口数额	进口数额	数字顺差额
2010	169.76	111.41	58.35
2011	229.03	143.12	85.91
2012	243.36	159.95	83.41
2013	320.58	194.83	125.75
2014	328.90	435.73	-106.84
2015	390.89	311.63	79.25
2016	340.39	386.92	-46.53
2017	393.60	453.71	-60.10
2018	531.25	623.37	-92.12
2019	633.81	690.44	-56.63
2020	574.74	569.79	4.95

数据来源：WTO 数据库。

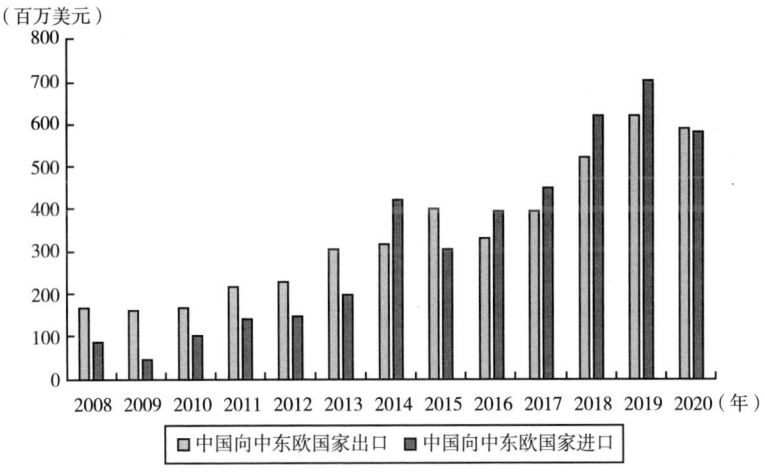

图 4.4　2008~2020 年中国与中东欧国家数字贸易进出口额

数据来源：WTO 数据库。

另外，尽管 2015 年见证了数字贸易顺差的一次性逆转，但近年来，中国在数字贸易领域总体上维持着一种低程度的逆差状态。进一步观察，从数字贸易进出口的增长轨迹与速度来看，相较于进口端，中国对中东欧国家的数字贸易出口增长展现出了较小的波动性和较高的稳定性，这充分反映了中国在数字出口领域的结构既稳固又成熟。然而,2020年突如其来的新冠肺炎疫情,对全球经济造成了严重冲击,也显著影响了中国与中东欧国家之间的数字贸易。具体而言,双边数字贸易的进出口额均经历了较大幅度的下滑,特别是欧洲地区疫情的肆虐,极大地限制了当地经济发展,导致中国自中东欧国家的数字贸易进口减少了约17%,凸显了其对数字贸易领域的深刻影响。

(二) 分国别和区域的数字贸易规模分析

中国与中东欧国家在数字贸易领域的合作成就斐然,从具体国家层面剖析,中国与各中东欧国家的合作深度和广度则展现出显著的差异性。以2020年数据为例,依据双边数字贸易进出口总额进行降序排列,结果见表4.2。在中东欧地区的17个国家中,中国与捷克、波兰、匈牙利三国的双边数字贸易总额最为突出,分别占据了中东欧17国总额的29.43%、22.78%和15.66%,三者合计占比高达67.87%,充分彰显了它们作为中国在该地区最具标志性的数字贸易伙伴地位。进一步扩大视野,中国与捷克、波兰、匈牙利、塞尔维亚及希腊这五个国家的数字贸易占比更是达到了惊人的80.79%,几乎囊括了中国与中东欧国家数字贸易合作的核心部分,凸显了这些国家在中国中东欧数字贸易战略中的重要性和影响力。

表4.2　　　　2020年中国与中东欧国家数字贸易进出口情况　　(单位:百万美元)

中东欧17国	中国对其出口	出口占中东欧国家总出口份额(%)	中国从其进口	进口占中东欧国家总进口份额(%)	双边进出口总额	单一国家总额占中东欧国家份额(%)
捷克	110.56	19.24	226.34	39.72	336.90	29.43
波兰	169.10	29.42	91.60	16.07	260.70	22.78
匈牙利	87.17	15.17	92.06	16.16	179.23	15.66
塞尔维亚	59.26	10.31	15.96	2.80	75.21	6.57
希腊	60.26	10.48	12.43	2.18	72.68	6.35
罗马尼亚	23.70	4.12	42.89	7.53	66.59	5.82
斯洛文尼亚	13.31	2.32	30.31	5.32	43.62	3.81
立陶宛	7.01	1.22	16.17	2.84	23.18	2.03

续表

中东欧17国	中国对其出口	出口占中东欧国家总出口份额（%）	中国从其进口	进口占中东欧国家总进口份额（%）	双边进出口总额	单一国家总额占中东欧国家份额（%）
斯洛伐克	9.57	1.67	9.69	1.70	19.26	1.68
拉脱维亚	5.00	0.87	9.28	1.63	14.28	1.25
黑山	10.00	1.74	3.00	0.53	13.00	1.14
爱沙尼亚	8.68	1.51	3.80	0.67	12.48	1.09
克罗地亚	6.93	1.21	2.72	0.48	9.65	0.84
保加利亚	3.19	0.56	7.58	1.33	10.78	0.94
北马其顿	0.00	0.00	4.00	0.70	4.00	0.35
波黑	1.00	0.17	2.00	0.35	3.00	0.26
阿尔巴尼亚	0.00	0.00	0.00	0.00	0.00	0.00

数据来源：WTO数据库（部分数据存在缺失）。

在2020年的统计中，捷克成为了中国在中东欧地区最为重要的数字贸易伙伴国，双边数字贸易总额攀升至3.37亿美元，其占比近乎达到30%的显著水平，同时也是中国在该地区最大的数字产品与服务进口来源国，中国从捷克进口的数字贸易额高达2.26亿美元，占比接近四成。波兰紧随其后，位列中国在中东欧的第二大数字贸易伙伴，双边贸易总额达到2.61亿美元，尤为值得一提的是，波兰是中国数字出口的最大受益者之一，中国对波兰的数字出口额达到1.69亿美元，占中国对中东欧17国数字出口总额的29.42%。相比之下，北马其顿、波黑与阿尔巴尼亚则成为中国在中东欧地区数字贸易的最小合作伙伴，与这三国的数字贸易往来极为有限，尤其是中国对北马其顿几乎无出口记录，对阿尔巴尼亚也未发生任何数字贸易的进出口活动。

鉴于中东欧地区独特的地理位置——北临波罗的海，南接亚得里亚海、地中海与黑海，加之区域内国家间复杂的政治经济关系与显著的地缘政治差异，深入分区域探讨中国与中东欧国家的数字贸易额显得尤为必要。为此，我们将中东欧17国细分为波罗的海沿岸三国、维谢格拉德集团四国、东南欧五国以及西巴尔干地区五国四大板块，具体分类见表4.3。

表 4.3　　　　2008~2020 年中国与中东欧区域数字贸易总额情况 （单位：百万美元）

年份	波罗的海沿岸三国		维谢格拉德集团四国		东南欧五国		西巴尔干地区五国	
	总额	占比（%）	总额	占比（%）	总额	占比（%）	总额	占比（%）
2008	14.18	5.68	121.94	48.86	103.25	41.37	10.21	4.09
2009	6.70	3.29	98.98	48.58	87.11	42.75	10.95	5.38
2010	10.28	3.66	203.71	72.45	46.50	16.54	20.66	7.35
2011	15.45	4.15	248.13	66.67	86.72	23.30	21.85	5.87
2012	13.62	3.38	237.99	59.01	109.09	27.05	42.61	10.56
2013	16.40	3.18	368.67	71.53	103.33	20.05	27.00	5.24
2014	32.69	4.28	559.47	73.17	142.22	18.60	30.25	3.96
2015	20.09	2.86	491.90	70.02	114.28	16.27	76.26	10.85
2016	27.90	3.84	543.14	74.68	121.30	16.68	34.97	4.81
2017	36.49	4.31	623.27	73.56	138.29	16.32	49.25	5.81
2018	31.34	2.71	893.97	77.43	171.51	14.85	57.81	5.01
2019	34.59	2.61	992.96	74.98	198.17	14.96	98.54	7.44
2020	49.95	4.36	796.05	69.55	203.31	17.76	95.21	8.32

数据来源：WTO 数据库。

波罗的海三国，即立陶宛、拉脱维亚与爱沙尼亚，坐落于波罗的海之滨，其国土面积相对较小，经济总量有限，且当前在数字基础设施建设方面尚显不足。尽管这三国与欧洲市场深度融合，但由于地理位置、市场结构、政治因素等多重原因，它们与中国之间的数字贸易合作规模目前仍处于较低水平，双边数字贸易额在中国与中东欧国家整体数字贸易中的占比长期维持在大约 4% 的水平。然而，值得注意的是，2020 年这一数字贸易规模实现了显著增长，增幅达到了 44.42%，显示出积极的增长态势。随着波罗的海三国在计算机与通信技术领域的不断进步，以及国内政治经济环境的持续优化，为中国与这三国深化数字贸易合作提供了广阔的空间和巨大的潜力。

维谢格拉德集团，这一重要的区域合作组织于 1991 年在匈牙利历史悠久的维谢格拉德城堡宣告成立，成员包括捷克、波兰、匈牙利及斯洛伐克四国。历经多年发展，该集团已成为中东欧地区不可或缺的合作力量，尤其在捷克、波兰和匈牙利三国，其数字基础设施建设领先，经济发展势头强劲。

在数字贸易领域,维谢格拉德集团四国与中国的合作规模蔚为可观,长期以来,它们与中国在中东欧地区的数字贸易总量中占据了约70%的份额,这一比例在2018年更是攀升至77.43%的高点。具体数据显示,2019年双方数字贸易额接近10亿美元大关,这一数字是2008年同期双边数字贸易额的8.14倍,彰显了合作增长的迅猛势头。即便面对2020年全球疫情的严峻挑战,中国与维谢格拉德集团四国的数字贸易合作依然展现出强大的韧性和活力,双边数字贸易额稳定在近8亿美元的水平,占比依旧高达约70%。从现实来看,中国与维谢格拉德集团四国的数字贸易合作仍存在着巨大的可能。

东南欧地区,由罗马尼亚、保加利亚、斯洛文尼亚、克罗地亚及希腊五国构成,尽管近十多年来中国与这五国的经济贸易合作持续深化,但在数字贸易领域的合作步伐却显得相对滞后。回顾历史数据,2008~2009年,中国与东南欧五国以及维谢格拉德集团四国的数字贸易规模均徘徊在1亿美元左右,且占比相近。然而,随后的十年中,中国与东南欧五国的数字贸易虽有增长,但规模始终维持在1亿~2亿美元,其占比也稳定在15%~20%的区间内,未能实现突破性飞跃。直到2019年,随着希腊正式加入"16+1合作"框架,中希两国的数字合作迎来了新的契机,进一步推动了中国与东南欧整体数字贸易关系的升温。面对2020年全球新冠疫情的严峻考验,中国与东南欧五国的数字贸易展现出强大的韧性和活力,贸易额逆势上扬,首次突破2亿美元大关,双边数字贸易规模占比也达到了六年来的最高水平——17.76%。更令人鼓舞的是,这一增长趋势已持续六年,双边数字贸易规模增速始终保持正增长,预示着未来合作的广阔前景和无限可能。

西巴尔干地区,坐落于巴尔干半岛的西部,是亚欧大陆上一个重要的战略交会点,涵盖了波黑、阿尔巴尼亚、北马其顿、黑山和塞尔维亚五个国家。这些国家目前均未成为欧盟成员国,其地区政治生态错综复杂,长期受困于宗教分歧、领土争端等矛盾与冲突,导致地缘局势持续动荡不安。在文化特色方面,西巴尔干五国以丰富的酿酒传统著称,酒厂星罗棋布,成为该地区独特的风景线。然而,在基础设施建设与数字经济发展上,这些国家则相对滞后,信息和通信技术发展不够充分,限制了其现代化进程。具体到与中国的数字贸易合作,尽管近年来有所尝试,但总体而言,双方在该领域的合作仍然较为有限。数据显示，尽管在 2015 年中国对西巴尔干五国的双边数字贸易增长率达到了惊人的 152.09%，显示出强劲的增长潜力，但到了 2020 年，双边数字贸易额仍未能突破 1 亿美元大关，表明合作深度和广度仍有待加强。

（三）中国—中东欧国家数字产品贸易规模分析

2019 年，联合国贸发会议（UNCTAD）在 HS－6 分位编码基础上识别了 49 种数字产品（盛斌、高疆，2020），即本质为数字内容的有形货物。基于此定义，本书整理计算了 2015~2020 年中国与中东欧国家的数字产品贸易额（见表 4.4），并据此计算了 2020 年中国与中东欧各国数字产品贸易额在中国与中东欧国家数字产品贸易总额中的占比（见图 4.5）。

表 4.4　　　　2015~2020 年中国与中东欧国家数字产品贸易额　　（单位：美元）

国家	2015 年	2016 年	2017 年	2018 年	2019 年	2020 年
阿尔巴尼亚	1349757	1696933	1043676	377232	417017	163562
保加利亚	4048166	3751959	3276149	4473700	8602599	5588635
克罗地亚	2971614	2045359	2504571	3344522	4428752	1742639
捷克	16831523	17670401	19745303	23889064	31718754	11627248
爱沙尼亚	1687568	1742161	2317420	1588496	2170930	18479365
匈牙利	55934963	9222787	10780007	12893055	14250505	8888799
拉脱维亚	2280652	1907088	2679099	3206485	3585899	1323926
立陶宛	3496263	3070908	3627973	3987646	3499382	2017924
黑山	116865	79758	87950	83149	166972	46657
波兰	48098250	85530489	376455928	313436258	384125564	36214356
罗马尼亚	7582607	6653117	7474596	9330407	18396154	14796447
塞尔维亚	1350607	757328	1463992	2175249	2917875	2293942
波黑	232473	301934	334958	371454	596481	807272
斯洛伐克	3191302	12879848	7080769	20807540	65249825	2544448
斯洛文尼亚	3173974	4008841	3760439	4866274	7684341	3505628
北马其顿	248650	196815	199056	1020471	1059793	192536
希腊	14408498	14491770	13675827	17199317	26663022	15422092
中东欧合计	167003732	166007496	456507713	423050319	575533865	125655476

数据来源：中国海关总署（部分货物数据缺失）。

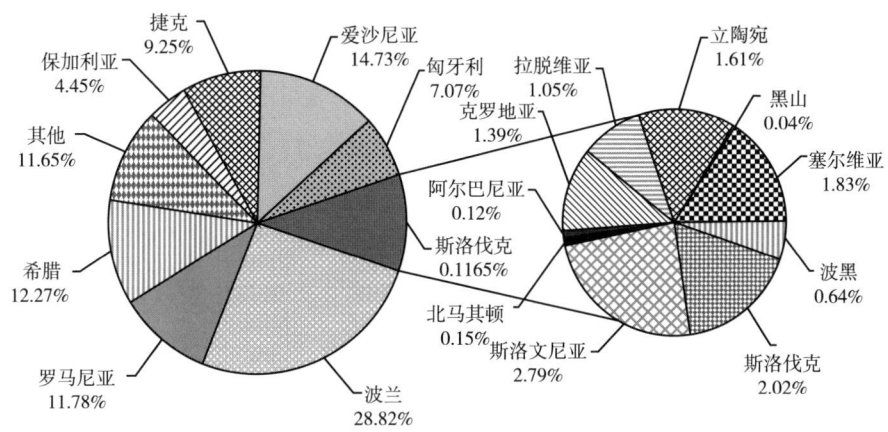

图 4.5 2020 年各国在中国与中东欧国家数字贸易额中占比

数据来源：中国海关总署（部分货物数据缺失）。

从数字产品贸易额的绝对值变化（见表4.4）来分析，可以观察到，2015～2019年中国与中东欧国家之间的数字产品贸易规模总体上保持了一个积极的增长轨迹，除了2020年因新冠疫情的突发影响出现了波动。具体而言，2015年双方的双边数字产品贸易额起始于1.67亿美元，而到了2019年，这一数值已显著增长至5.76亿美元，实现了约3.4倍的增长幅度。从国家层面的构成来看，2020年的特殊情况是，除了波黑之外，中国与中东欧其他国家的双边数字产品贸易额均出现了相对于2019年的明显下降，这反映了疫情对全球贸易的普遍冲击。而在2019年之前，除阿尔巴尼亚和匈牙利外，中国与中东欧其他国家的数字产品贸易普遍展现出良好的增长态势，但各国之间的增长幅度不尽相同。特别值得一提的是，斯洛伐克在此期间表现尤为突出，其与中国的双边数字产品贸易额在2019年达到了2015年的20倍之多，成为增长最快的国家。波兰和北马其顿紧随其后，分别以7倍和4倍的增长率紧随其后。此外，保加利亚、罗马尼亚、塞尔维亚、波黑和斯洛文尼亚与中国的双边数字产品贸易额在2015～2019年也实现了超过100%的显著增长。捷克、拉脱维亚和希腊的增长也颇为可观，均超过了50%的涨幅。尽管克罗地亚、爱沙尼亚、立陶宛和黑山等国的增幅相对较小，但在疫情前五年内，它们的数字产品双边贸易额仍保持了整体增长的趋势。

在全球及中国数字贸易领域持续繁荣、展现出蓬勃生命力的背景下，中国与中东欧国家之间的数字产品双边贸易额占中国整体数字产品贸易总量的比例，却依旧维持在一个相对低位。依据最新数据（国家统计局及UNCTAD报告，2023），如图4.5所示，尽管这一比例已从2015年的0.58%稳步提升至2019年的2.11%，显示出一定的增长潜力，但若排除2020年因特殊事件导致的波动（数据未计入比较），该比例在五年内虽呈上升趋势（其间仅2018年略有回调），其绝对数值仍然偏低。这表明，尽管中国与中东欧国家在数字贸易领域取得了显著的增长成就，中东欧地区目前尚未能成为中国数字贸易版图中举足轻重的合作伙伴。这一现状既反映了双方在该领域合作尚存较大的拓展空间，也预示着未来加强合作、深化交流的广阔前景。

值得关注的是，尽管面临了包括2018年全球经济小幅波动以及2020年新冠疫情全球大流行等外部挑战，中国与中东欧国家的数字贸易总量在过去五年间依然实现了稳定增长，彰显了双方合作关系的坚韧与广阔的发展潜力。然而，尽管增长势头强劲，该区域在中国数字产品贸易中的绝对占比仍处于较低水平，中东欧尚未成为中国数字贸易的核心市场之一。

从双边的数字产品贸易总额的市场构成来看，中国与中东欧各国的贸易紧密度存在显著不均衡现象。波兰作为领头羊，在中国与中东欧地区的数字贸易中占据了重要地位，2020年其贸易额占比高达28.82%。紧随其后的是爱沙尼亚、希腊、罗马尼亚、捷克、匈牙利和保加利亚，这六国共同贡献了中国与中东欧数字贸易总额的59.53%，凸显了它们在该区域贸易中的核心地位。相比之下，其余十个中东欧国家的数字产品贸易额占比较低，仅为11.65%，显示出明显的市场分布不均。与大多数国家相比，阿尔巴尼亚、北马其顿、波黑和黑山等国的贸易额占比尤为有限，尤其是黑山，其与中国的双边数字产品贸易额几乎可以忽略不计，仅占总额的0.04%，与波兰、捷克等经济规模较大的国家形成鲜明对比。

这种市场结构的不平衡，不仅映射出中东欧地区内部国家间经济发展的差异性，也为中国企业在未来市场布局中提供了宝贵的战略参考。随着"一带一路"倡议的深化推进及全球数字经济的快速崛起，中国有望通过加强政策对接、促进基础设施互联互通、优化贸易环境、拓宽融资渠道以及深化人文交流,进一步激发与中东欧国家在数字产品贸易领域的合作潜力,逐步提升该区域在中国整体数字贸易版图中的份额与重要性。

四、中国—中东欧国家数字贸易结构分析

(一) 总体结构分析

2008~2020年,中国与中东欧国家的双边数字贸易中,保险和养老金服务(SF)以及技术、贸易相关和其他商业服务(SJ3)两大领域持续占据显著地位。具体而言,到2020年,保险和养老金服务的双边贸易额达到1.16亿美元,而技术、贸易相关和其他商业服务的贸易额更是高达3.33亿美元,后者在当年双边数字贸易中的占比达到了29.07%(如表4.5所示),成为双边合作的最大组成部分,且增长趋势稳健,长期保持积极态势。

相比之下,金融服务(SG)和个人、文化和娱乐服务(SK)领域的数字贸易额则长期处于较低水平。截至2020年,双边金融服务贸易额尚不足4000万美元,而个人、文化和娱乐服务的贸易额更是仅有约1500万美元,显示出这两个领域在数字贸易合作上的巨大提升空间,亟待双方加强合作力度。

值得注意的是,近十几年来,中国与中东欧国家在知识产权使用费(SH)领域的数字贸易取得了显著进展。2018年,双边知识产权使用费贸易额激增至1.17亿美元,几乎是2017年的两倍。到了2019年,这一数字更是逼近2亿美元大关,其占双边数字贸易总额的比例也从2008年的2.95%大幅上升至2019年的15.01%。这一成就预示着双方在特许经营许可、专利申请及所有权、商标和版权著作等知识产权领域的合作正不断深化,并有望在未来继续加强,进一步推动双边数字贸易的多元化和高质量发展。

表4.5   2008~2020年中国与中东欧国家按结构划分的
数字贸易总额   (单位:百万美元)

年份	SF	SG	SH	SI	SJ1	SJ2	SJ3	SJ4
2008	86.67	15.27	7.35	36.90	9.00	23.00	68.00	3.54
2009	74.28	5.89	5.54	18.53	8.20	25.50	64.00	1.80
2010	46.62	20.67	8.82	27.49	5.72	43.90	121.93	8.67

续表

年份	SF	SG	SH	SI	SJ1	SJ2	SJ3	SJ4
2011	75.24	23.50	12.34	44.78	11.90	46.19	143.87	14.74
2012	63.85	20.30	27.86	38.25	11.38	51.59	177.16	13.57
2013	67.26	36.85	37.51	80.50	17.01	103.57	159.36	14.02
2014	73.08	29.92	69.86	84.79	206.25	112.61	178.41	11.17
2015	72.65	25.31	81.35	112.94	109.36	105.65	177.10	19.21
2016	74.25	41.27	65.72	100.80	138.29	124.74	154.50	28.62
2017	98.15	54.30	63.07	130.87	123.62	140.03	206.70	32.36
2018	101.76	54.93	117.07	164.59	206.47	181.50	295.51	33.68
2019	112.73	33.24	198.79	201.46	218.84	197.22	336.97	26.14
2020	116.48	37.74	120.78	195.97	146.07	181.00	332.73	15.43

数据来源：WTO 数据库。

（二）通信技术合作

中国与中东欧国家在通信技术（ICT）领域的合作也取得了显著成就。2015 年，涵盖通信服务、计算机服务及信息服务在内的 ICT 数字贸易规模首次跨越 1 亿美元门槛，达到 1.13 亿美元，随后在四年内迅速增长，截至 2019 年已激增至 2.01 亿美元，几乎翻了一番。到 2020 年，该领域的规模占比更是攀升至 17.12%，创下历史新高，彰显了双方在此领域的紧密合作与强劲增长动力。

特别值得一提的是，研发服务（SJ1）自 2014 年起便在中国与中东欧国家的数字贸易合作中占据重要地位。当年，双边研发服务贸易额高达 2.06 亿美元，规模占比达到 26.97%，为双方合作贡献巨大。尽管随后几年有所波动，但至 2019 年，该数字再次回升至 2.19 亿美元，规模占比为 16.53%，预示着研发服务领域的合作将持续成为中国与中东欧数字交流合作的核心之一，并为双边数字贸易的繁荣发展提供重要支撑。

与此同时，随着双方在法律、会计、管理咨询、公共关系服务以及广告、市场研究等领域的合作不断深化，专业和管理咨询服务（SJ2）的数字贸易合作也呈现出逐步扩大和崛起的态势。截至 2019 年，该领域的双边数字贸易额已接近 2 亿美元，同样创下历史新高。其规模占比也从 2008 年的 9.22% 稳步增长至 2020 年的 15.81%，这一显著增长得益于双方在多个专业服务领域内的广泛合作与不断拓展。这些成就不仅体现了中国与中东欧国家在专业和管理咨询服务领域的深厚合作基础，也为双方未来的合作开辟了更加广阔的空间。

（三）进出口结构分析

从中国与中东欧国家数字贸易的进出口结构看，不同服务类别在进出口两端存在的差异性。从出口角度来看，2008~2020年，中国对中东欧国家出口的数字服务中，技术、贸易相关及其他商业服务（SJ3）始终占据主导地位，其2020年的占比达到了35.04%，创下了近年来的新高。与此同时，保险和养老金服务（SF）的出口占比则经历了显著下滑，从2008年的约50%降至2011年的约20%，并在此后保持相对稳定但有所波动的态势。在同一时期，专业和管理咨询服务（SJ2）的出口占比与保险和养老金服务相近，而金融服务（SG）及个人、文化和娱乐服务（SK）的出口占比则相对较低，尤其是后者，2020年仅占0.65%。近五年来，中国对中东欧国家出口的数字服务结构整体呈现小幅波动的稳定状态。

反观进口方面，中国与中东欧国家在数字服务进口结构上的波动则更为显著。特别是在2016年之前，中国自中东欧国家进口的数字服务结构占比经历了较大幅度的变化，如技术、贸易相关及其他商业服务（SJ3）在2012年占比高达52.62%，而研发服务（SJ1）则在2014年攀升至46.19%。然而，自2016年起，各数字服务类别的进口占比逐渐趋于平稳波动。以2020年为例，知识产权使用费（SH）、通信、计算机和信息服务（SI）、研发服务（SJ1）、专业和管理咨询服务（SJ2）以及技术、贸易相关及其他商业服务（SJ3）的进口占比均维持在20%左右的水平，显示出较为均衡的分布。相比之下，金融服务（SG）、个人、文化和娱乐服务（SK）及保险和养老金服务（SF）的进口占比则极低，分别仅为3.56%、2.06%和1.62%，反映出这些领域在双边数字贸易中的非核心地位。

根据上述分析，从整体上看，随着时间的推移，中国与中东欧国家在数字贸易各领域的合作在不断优化，结构波动趋缓，数字服务进出口调整加快，双边数字贸易结构正不断完善，这对中国和中东欧各国的数字经济持续健康发展至关重要。

五、数字贸易潜力分析

(一)基于双边数字贸易结合度指数的现实基础

本章采用贸易结合度指数和贸易互补性指数进行定量分析,能更好地分析和评估中国与中东欧国家在数字贸易各领域的合作现状,进而为加强双边数字交流合作、充分利用双边优势与潜力提供更多的依据。贸易结合度指数(TCD)也称贸易强度指数,其反映的是两国在贸易方面的相互依存程度,TCD 越大,表明两国贸易联系越紧密。具体计算公式如下:

$$TCD_{ij} = \frac{Aij/Ai}{Bj/Bw} \tag{4.1}$$

其中,Aij 表示 i 国向 j 国出口的贸易额,Ai 和 Bj 分别表示 i 国出口和 j 国进口的贸易总额,Bw 表示世界进口的贸易总额。TCD_{ij} 数值越高,两国的贸易联系也越来越密切;如果 $TCD_{ij}=1$,说明两国贸易关系为平均水平。

由表 4.6 可知,中国与中东欧 17 国在数字贸易领域的合作格局呈现出显著的疏密不均现象。2008~2020 年这一时间段内,黑山、塞尔维亚及希腊在与中国的数字合作中表现出较强的紧密性,而立陶宛、北马其顿、克罗地亚等国则与中国在数字领域的合作显得尤为不足,双方关系相对疏离。总体而言,双边数字贸易的结合度较低,尚未突破 0.2 的门槛,这在一定程度上反映了双方在数字服务合作与交流上的不足,以及贸易联系的松散。这一现象可能受到地理位置及政治环境等多重因素的影响,特别是中东欧国家与欧盟之间更为紧密的联系可能对其与中国的数字贸易合作构成了一定的制约。

从各个国家具体分析看,中国对黑山的数字贸易结合度达到了最高点,贸易强度常年稳定在 1 左右,2015 年更是高达 1.34,显示出双方极为紧密的贸易关系。尽管近年来这种紧密程度有所缓和,但贸易强度仍保持在 0.9 附近的波动范围内,证明了中黑两国在数字贸易领域的合作始终稳固且持续。相比之下,中国对捷克和希腊的贸易强度却出现了下滑趋势,暗示着这两国与中国的贸易关系正逐渐变得不那么紧密,亟须双方加强合作以挽回局势。特别值得一提的是,中国对保加利亚的贸易强度从 2014 年的 0.41 骤降至 2020 年的 0.03,

表明双边贸易关系显著疏远。

在中东欧地区，捷克、波兰、匈牙利、塞尔维亚和希腊虽然在中国双边数字贸易合作总量中名列前茅，但整体来看，中国与这些国家的贸易关系仍然较为疏散。这再次印证了中国与中东欧国家间的数字贸易合作尚未达到应有的深度和广度，显示出巨大的合作潜力亟待挖掘。未来，在坚持互利共赢的原则下，双方应共同努力，深化数字领域的合作，以期实现共赢发展。

表4.6　2008~2020年中国与中东欧17国的数字贸易结合度指数（TCD）

国家＼年份	2008	2009	2010	2011	2012	2013	2014	2015	2016	2017	2018	2019	2020
捷克	0.14	0.13	0.19	0.22	0.19	0.26	0.21	0.30	0.24	0.26	0.27	0.23	0.21
波兰	0.11	0.08	0.12	0.14	0.10	0.10	0.07	0.08	0.11	0.11	0.15	0.20	0.15
匈牙利	0.03	0.05	0.06	0.05	0.05	0.22	0.15	0.24	0.23	0.29	0.22	0.22	0.17
塞尔维亚	0.03	0.05	0.21	0.11	0.51	0.07	0.14	0.88	0.12	0.22	0.12	0.40	0.46
希腊	0.41	0.36	0.14	0.12	0.26	0.31	0.22	0.28	0.30	0.26	0.23	0.30	0.28
罗马尼亚	0.12	0.09	0.02	0.05	0.06	0.03	0.05	0.02	0.03	0.04	0.06	0.05	0.05
斯洛文尼亚	0.02	0.03	0.03	0.11	0.06	0.07	0.09	0.12	0.09	0.09	0.08	0.12	0.09
立陶宛	0.06	0.07	0.07	0.00	0.03	0.04	0.06	0.05	0.05	0.05	0.05	\	0.07
斯洛伐克	0.00	0.00	0.00	0.15	0.00	0.00	0.00	0.05	0.05	0.00	0.00	0.00	0.05
拉脱维亚	0.00	0.00	0.05	0.88	0.11	0.00	0.00	0.01	0.03	0.05	0.04	0.12	0.05
黑山	0.82	0.98	0.87	0.07	0.95	1.05	0.74	1.34	1.05	1.08	0.96	0.86	0.92
爱沙尼亚	0.05	0.10	0.14	0.07	0.07	0.01	0.00	0.15	0.29	0.21	0.15	0.13	0.05
克罗地亚	0.00	0.00	\	\	0.05	0.02	0.02	0.02	0.01	0.06	0.09	0.07	0.06
保加利亚	0.00	0.00	0.07	0.02	0.27	0.19	0.41	0.25	0.32	0.11	0.05	0.03	0.03
北马其顿	0.00	0.00	0.00	0.00	0.00	0.07	0.06	0.06	0.13	0.00	0.00	0.04	0.00
波黑	0.00	0.46	0.26	0.10	0.24	0.20	0.35	0.58	0.57	0.38	0.34	0.44	0.11
阿尔巴尼亚	0.13	0.11	0.09	0.11	0.12	0.18	0.13	0.12	0.14	0.26	0.13	0.00	0.00
中东欧17国	0.11	0.10	0.11	0.11	0.13	0.15	0.13	0.18	0.15	0.16	0.16	0.18	0.15

数据来源：根据WTO和世界银行相关数据计算所得。

（二）基于双边数字贸易互补性指数的现实基础

贸易互补性指数可以用来评估国别或区域间的贸易互补指数。计算公式为：

$$C_{ij} = \sum TCI_{ij}^k * \frac{Wk}{W} \tag{4.2}$$

其中 $TCI_{ij}^k = RCA_{xi}^k * RCA_{mj}^k$，是 i，j 两国间单个产品的贸易互补性指数，另有：

$$RCA_{xi}^k = \frac{Xki/Xi}{Wk/W} \tag{4.3}$$

$$RCA_{mj}^k = \frac{Mkj/Mj}{Wk/W} \tag{4.4}$$

在上述公式中，RCA_{xi}^k 和 RCA_{mj}^k 分别表示用出口和进口来衡量两国在产品 k 上的显性比较优势和显性比较劣势，数值越大，所具有的显性比较优势或劣势就越大。其中，X 和 M 分别表示出口和进口，W 表示世界出口总额，k 表示产品种类，i 和 j 表示国家。Xki 和 Wk 分别表示 i 国 k 产品的出口额和世界在 k 产品的出口额；Mkj 表示 j 国 k 产品的进口总额；Xi 和 Mj 分别表示 i 国出口总额和 j 国进口总额。一般来说，如果 $TCI_{ij}^k > 1$，说明两国在产品 k 上具有贸易互补性；数值越大，互补性越强；反之互补性越弱。换而言之，两国之间进出口产品相似度越高，那么其数值越大。

以 2020 年为例，计算出双边各国分类别的数字贸易互补性指数，如表 4.7 所示。

表 4.7　　2020 年中国对中东欧各国的数字贸易互补性指数

类别 国家	SF	SG	SH	SI	SJ	SK	综合
捷克	1.30	0.04	0.47	1.88	1.39	0.37	1.13
波兰	0.78	0.04	0.57	1.86	1.41	0.32	1.12
匈牙利	0.39	0.04	0.44	1.39	1.69	0.56	1.11
塞尔维亚	0.50	0.06	0.48	1.69	1.47	0.56	1.10
希腊	5.11	0.05	0.27	1.54	0.93	0.80	1.02
罗马尼亚	0.47	0.02	0.35	2.52	1.48	0.09	1.25
斯洛文尼亚	0.79	0.04	0.32	1.77	1.61	0.45	1.16
立陶宛	0.36	0.06	0.14	1.93	1.72	0.33	1.20
斯洛伐克	0.61	0.05	0.52	1.98	1.42	0.25	1.14
拉脱维亚	0.06	0.10	0.07	1.54	1.86	0.11	1.15

续表

类别 国家	SF	SG	SH	SI	SJ	SK	综合
黑山	0.00	0.03	0.07	2.00	1.64	1.49	1.18
爱沙尼亚	0.14	0.03	0.05	5.22	0.73	0.21	1.49
克罗地亚	0.60	0.12	0.51	1.67	1.23	0.80	1.01
保加利亚	2.44	0.11	0.42	1.99	1.05	0.18	1.06
北马其顿	0.24	0.04	1.16	1.30	1.23	0.55	0.97
波黑	0.74	0.28	0.28	2.37	0.74	0.38	0.96
阿尔巴尼亚	1.71	0.05	0.54	2.10	1.14	0.42	1.10
中东欧17国	0.96	0.04	0.44	2.00	1.40	0.37	1.14

数据来源：通过数据计算整理所得。

由表4.7可知，首先，从全局视角审视，2020年中国与中东欧17国的贸易互补性展现出一定的同质性，其互补性指数普遍落在1~1.2的区间内。具体而言，中国与爱沙尼亚之间的贸易互补性最为显著，指数高达1.49，显示出强劲的合作潜力；而与波黑的贸易互补性则相对较弱，指数仅为0.96。综合考量，所有国家的平均贸易互补性指数为1.14，其中有7个国家的互补性指数达到了或超越了这一平均水平，体现了中国与中东欧国家间贸易合作的多样性和差异性。

其次，深入数字服务类别分析，不同领域呈现出不同的互补性特征。在保险和养老金服务（SF）领域，中国对黑山和拉脱维亚的贸易互补性几乎可以忽略不计，但对其他国家的互补性均保持一定水平，尤其是对希腊的互补性极为突出，指数飙升至5.11，显示出双方在该领域的深度合作。相比之下，在通信、计算机和信息服务（SI）以及其他商业服务（SJ）方面，中国对中东欧17国的贸易互补性普遍较强，指数多集中于1.5~2，反映了双方在高科技及商业服务领域的广泛合作基础。

最后，在知识产权使用费（SH）领域，中国对爱沙尼亚、黑山和拉脱维亚的贸易互补性显得尤为薄弱，最低指数仅为0.05，而对其他国家的互补性也大多徘徊在0.5左右，揭示了知识产权合作上的挑战与机遇并存。在个人、文化和娱乐服务（SK）领域，尽管中国对罗马尼亚和拉脱维亚的贸易互补性较低，但对其他中东欧国家仍展现出一定的互补性，预示着文化娱乐产业合作的可能性。值得注意的是，金融服务（SG）领域呈现出与其他数字类别截然不同的互补性特点。中国对所有中东欧国家的金融服务贸易互补性均极为微弱，指数几乎全部低于0.1，这既反映了金融服务领域的特殊性，也提示了未来加强金融合作、提升互补性的重要性和紧迫性。

（三）数字贸易潜力分析

研究者在分析双边贸易潜力时，大多都采用引力模型，并将其与指数法等相结合来分析贸易潜力问题。在进行实证分析时，常从国际竞争角度和企业微观角度来探讨国家或区域之间的贸易关系。Tinber-gen（1962）和 Poyhonen（1963）论述了双边贸易量与各经济体的经济规模呈现出正向关系，而与各经济体的地理距离呈现出负向关系。李秀敏等（2006）采用引力模型分析了东北亚各主要国家的双边贸易开展情况，并证明了双边经济体的GDP、人口和空间距离是影响双边贸易量的主要因素；贺平峰等（2013）论述了双边贸易体的经济规模、空间距离等因素对双边贸易额呈现出不同的影响程度。

作为"一带一路"重要的节点，浙江省与中东欧各国的贸易量在逐年递增，贸易密集度及互补性在不断提升，经济体经济规模和人口增长是浙江省与中东欧国家贸易发展的主要驱动因素；浙江省对中东欧各国的贸易效率普遍不高，与大多数中东欧国家的贸易属于潜力增长型（姚鸟儿，2018）。

吴肖肖（2022）通过构建随机前沿引力模型，分别从出口，进口和双边贸易模型进行了研究，从实证上检验并测算了双边国家的数字贸易效率和贸易潜力。通过上述研究，得出以下结论：

1. 中国与中东欧国家数字贸易规模很小

双边数字贸易的一个显著特征是其规模相对较小，这一现状不仅体现在双边总体数字贸易层面，也深刻反映在各细分结构领域的合作中，凸显当前双边数字合作尚存不足的问题。此外，中东欧地区小国的固有特点，如人口基数小、领土面积有限，无疑进一步制约了双方在数字领域合作的深度与广度。具体而言，根据数字贸易统计数据，2020年双边数字贸易的总额仅为11.4亿美元，这一数字与中国在全球数字服务市场中的庞大体量形成了鲜明对比——中国当年对世界数字服务的进出口总额高达2718.1亿美元，其中出口就达到了1543.7亿美元，差距之大，不言而喻。

从国家层面分析，中国与中东欧国家的数字合作中，捷克、波兰和匈牙利位列前三，显示出较为积极的合作态势。然而，与阿尔巴尼亚、波黑和北马其顿等国的双边数字贸易则显得极为有限，这种地区性的数字贸易差异十分显著，反映了合作机会与条件在不同国家间的不均衡分布。进一步从数字服务的结构来看，双边数字贸易主要集中在通信、计算机和信息服务（SI）以及其他商业服务（SJ）两大领域，显示出这些领域在双边合作中的主导地位。相比之下，金融服务（SG）和个人、文化和娱乐服务（SK）等领域的合作则相对较少，表明双方在这些高附加值服务领域的合作尚待进一步拓展与深化。

2. 中国与中东欧国家的数字贸易关系呈现弱结合性和较强互补性

在2020年，中国与中东欧国家的数字贸易结合度指数揭示一个显著现象：有10个国家的该指数低于0.1，其中与阿尔巴尼亚和北马其顿之间的数字贸易几乎处于停滞状态，显示出明显的贸易疏离。然而，从更宏观的视角来看，中国与中东欧国家在数字贸易领域的互补性整体上却展现出较强的态势，特别是在通信、计算机和信息服务（SI）以及其他商业服务（SJ）这两个关键领域，双方互补性尤为突出。

这一互补性特征预示着巨大的合作潜力，为中国与中东欧国家在未来深化双边数字贸易、强化数字经济领域的合作奠定了坚实基础。随着双方对数字经济合作的日益重视和不断探索，这些潜力有望被逐步释放，推动双方贸易关系迈向更高层次，实现互利共赢的发展目标。

3. 贸易非效率因素对双边数字合作影响很大

本节构建的随机前沿引力模型，其研究结果表明，一系列因素显著促进了双边数字交流的增强。具体而言，双边国家的经济规模、互联网基础设施的完善程度、人口规模的增长、贸易自由化水平的提升以及"一带一路"倡议相关文件的签署，均对双边数字交流产生了积极且显著的影响。然而，人均收入差距对双边贸易的直接影响相对有限，未展现出强烈的推动作用。

值得注意的是，中东欧地区的人口规模与贸易自由度在特定情境下，对双边数字贸易的增长构成了负向影响，这可能与该区域特有的经济结构和市场环境有关。此外，地理距离这一传统贸易障碍以及欧盟成员国身份的政治经济因素，对双边数字交流的限制作用尤为突出，成为不可忽视的制约条件。进一步分析进口与出口模型时，发现贸易非效率因素对数字进口及整体双边贸易的影响更为显著，显示出更高的模型拟合优度。这一现象表明，贸易效率的提升或降低，主要通过影响中国的数字进口活动，进而对双边数字贸易的整体格局产生深远影响。

综上所述，尽管中东欧17国在数字贸易领域展现出一定的合作潜力，但受限于其相对较小的国土面积、人口基数和经济规模，以及复杂的地缘政治环境，中国与中东欧国家之间的双边数字贸易合作仍面临诸多限制性因素，需要双方共同努力，探索更为有效的合作路径与策略。

4. 中国与中东欧国家双边数字贸易效率低，贸易潜力巨大

在2010~2020这长达十一年的时间跨度里，中国与中东欧国家之间的双边数字贸易效率总体平均维持在46.53%的水平，尽管近年来呈现出一定的增长趋势，但该效率值仍处于相对较低的水平，表明双方在该领域的合作效率尚有大幅提升空间。具体到2020年，中国与塞尔维亚、黑山、捷克、匈牙利及波兰等国家的数字贸易效率表现突出，均达到了70%以上的高水平，显示出这些国家在促进双边数字贸易方面取得了显著成效。然而，相比之下，与保加利亚、克罗地亚、斯洛伐克及波黑等国的数字贸易效率则明显偏低，仅徘徊在10%~20%，反映出这些国家在数字贸易领域的合作尚待加强。

值得注意的是，2020年双边国家间的数字贸易总潜力被估算为24.31亿美元，而数字贸易的可拓展空间更是高达112.44%，这一数据强烈预示着双边数字贸易领域蕴藏着巨大的增长潜力和发展空间。进一步分析个体的数字贸易潜力值，在未来一段时间内，中国与捷克、波兰、匈牙利等国的数字贸易规模有望实现显著扩张，这些国家将成为推动双边数字贸易增长的重要力量。这一趋势不仅将为双方带来更加紧密的经济联系，也将为双方的经济增长注入新的活力。

六、中国数字平台在中东欧数字化服务布局与进展

随着"一带一路"倡议的深入实施，中国数字平台在中东欧市场的布局

不断加快,合作形式更加多样。除了传统的与本土企业合作提供云计算、网络服务等间接方式外,中国数字巨头还直接参与中东欧国家的智慧城市、5G网络等基础设施建设,如华为在多个中东欧国家开展的智慧城市项目和5G网络建设,以及中国电信与捷克、匈牙利等国的服务协议签订。这些合作项目不仅促进中国数字技术的海外输出,也带动中东欧国家数字经济的发展,实现互利共赢。尽管当前合作范围尚有限,但随着双方合作的不断深入和拓展,中东欧地区有望成为中国数字服务出口的重要市场之一。

尽管中国与中东欧国家的双边数字产品贸易规模相较于全球贸易总量而言仍显较小,但值得注意的是,中国数字平台已积极投身于中东欧市场,通过多元化的合作模式,为当地经济数字化转型贡献力量。这些合作模式主要可归结为两大类:间接合作与直接服务。

间接合作模式下,中国数字平台巧妙利用本土合作伙伴的资源和网络优势,实现了数字技术的有效渗透。以阿里巴巴为例,作为全球领先的电商平台,其已与中东欧地区的重要互联网硬件与消费电子分销商 ABCData 建立战略合作伙伴关系(参考最新数据,如 2023 年市场报告),通过这一平台,阿里巴巴成功将云计算产品和技术引入波兰、捷克、爱沙尼亚、匈牙利、拉脱维亚、立陶宛、罗马尼亚和斯洛伐克等国家,为当地企业提供了高效、可靠的云服务解决方案。此外,中兴通讯也在间接合作中展现了强劲实力,为匈牙利的第二大移动运营商 Telenor 和斯洛伐克的移动运营商 Swan 提供了先进的网络基础设施服务,助力两国通信技术的升级换代。

直接服务模式下,中国数字巨头(如华为和中国电信)则直接面向中东欧国家,通过签订合作协议,深度参与各国的数字化转型进程。华为在捷克、塞尔维亚、波黑、克罗地亚等地开展了智慧城市项目建设和5G网络部署,不仅提升了这些城市的智能化水平,还促进了当地数字经济的发展。同时,华为与拉脱维亚签订的5G网络协议以及协助保加利亚建立的云中心项目,更是为中东欧国家的信息技术基础设施建设树立了新的标杆。中国电信亦不甘落后,与捷克和匈牙利等国家签订了服务协议,进一步拓宽了中国数字服务在中东欧的覆盖范围。尽管当前中国与中东欧17国的数字贸易总体规模相对较小,且合作深度和广度尚存提升空间,但一系列成功案例的涌现已充分表明,中国数字领头企业对中东欧市场的发展潜力持有高度认可。随着"一带一路"倡议的深入实施和数字经济时代的到来,中国与中东欧国家在数字服务领域的合作有望迎来更加广阔的发展空间。未来,中东欧地区有望成为中国数字服务出口的重要市场之一,双方在数字贸易领域的合作将不断加深,共同推动全球数字经济的繁荣发展。

因此,在"一带一路"倡议的大背景下,深入研究中国与中东欧国家间的数字贸易合作,不仅有助于挖掘双方合作的潜力与机遇,还能为构建更加开放、包容、普惠、平衡、共赢的新型国际经济关系提供有益的探索和示范。未来的研究应进一步聚焦于数字贸易的规则制定、技术标准统一、跨境数据流动管理、数字安全保障等关键领域,以推动双方数字贸易合作的持续深化与高质量发展。

第二节 数字贸易合作助力资本市场风险管理

一、数字贸易与资本市场

在全球化与数字化的浪潮下,数字贸易作为国际贸易的新形态,正以前所未有的速度重塑全球经济格局。数字贸易以其高效、便捷、跨境等特点,极大地促进了商品、服务、资本等要素的全球流动,为资本市场的发展注入了新的活力。同时,资本市场作为资源配置和风险管理的核心场所,也为数字贸易的健康发展提供了强有力的支持。

(一)有关特征与功能

1. 数字贸易的有关特征

数字贸易,作为全球化与数字化深度融合的产物,其特征与功能远超传统贸易模式的范畴,正引领着全球经济迈向一个全新的发展阶段。

跨境性的深化。数字贸易不仅跨越了物理空间的限制,更在文化、法律、监管等多个维度实现无缝对接。通过加密技术、区块链等先进手段,确保跨境交易的安全性与可追溯性，促进全球供应链的深度融合与协同发展。这种跨境性还体现在消费者偏好的全球化传递上，使得市场需求更加多元化、个性化，推动了全球贸易结构的持续优化。

数据驱动的创新。在数字贸易时代，数据已成为新的生产要素，其价值在于被挖掘、分析和利用。企业依托大数据和人工智能技术，能够精准分析市场需求、预测消费趋势、优化供应链管理，从而实现个性化定制、智能化生产和服务创新。这种数据驱动的模式不仅提升了企业的竞争力，也为全球经济的增长注入了新的动力。

平台化的生态构建。电商平台、跨境电商平台等数字贸易平台，不仅提供了商品展示、交易撮合等基本功能，还通过构建生态系统，整合物流、支付、金融、咨询等全链条服务，为买卖双方创造了一站式的解决方案。这种平台化的趋势促进了产业间的跨界融合，催生新的商业模式和服务业态，进一步丰富了全球贸易的内涵和外延。

高效性的全面体现。数字贸易通过数字化手段简化了传统贸易中的诸多环节，如合同签订、支付结算、报关报检等，大大提高了交易效率和透明度。同时，区块链、物联网等技术的应用，使得供应链管理更加智能化、透明化，降低了物流成本和库存压力，提升了整体运营效率。这种高效性不仅增强了企业的市场竞争力，也提升了消费者的满意度和忠诚度。

2. 资本市场的功能

资本市场是指通过发行和交易股票、债券等金融工具来筹集长期资金的市场，其主要功能包括以下几个方面。

融资功能的强化。资本市场为数字贸易企业提供了多元化的融资渠道，包括股权融资、债券发行、风险投资等，有效缓解企业的资金压力，促进了企业的快速成长。

资源配置的优化。资本市场通过市场机制将资金引导至具有发展潜力和成长空间的数字贸易企业和项目，促进了资源的优化配置和高效利用。

风险管理的精细化。资本市场提供了丰富的风险管理工具，如期权、期货、保险等，帮助数字贸易企业和投资者有效管理市场风险、信用风险等各类风险，保障了贸易活动的顺利进行。

价格发现的精准化。通过高频交易、算法交易等先进交易方式，资本市场能够更快速、更准确地反映数字贸易相关资产的真实价值，为市场参与者提供了更为精准的投资决策依据。

（二）数字贸易与资本市场的关系

在全球化与数字化的双轮驱动下，数字贸易已成为驱动全球经济增长的新引擎，其与传统贸易模式的根本性变革，深刻影响着全球经济的每一个角落。而资本市场，作为资金流动与资源配置的核心枢纽，与数字贸易之间构建了一种既相互依存又相互促进的复杂网络关系。这种关系不仅体现在融资、投资等直接经济活动中，更在风险管理、价值发现等多个层面展现出其独特的重要性。

1. 融资渠道的全面拓宽与深化

数字贸易企业以其高成长性、高创新性为特点，对资金需求尤为迫切且灵活多变。资本市场凭借其多元化的融资渠道，如股票市场、债券市场、风险投资、私募股权等，为这些企业提供了广阔的资金海洋。特别是随着金融科技的发展，如区块链融资、数字货币等新兴融资方式的出现，更是进一步降低了融资门槛，提高了融资效率，使得数字贸易企业能够更快速地获取发展所需资金，加速其全球化布局和技术创新步伐（蒋耀平，2022）。

2. 风险管理的精细化与全球化应对

数字贸易的全球化特性使其面临的风险也呈现出多样化和复杂化的趋势。从数据安全、网络攻击到跨境交易的法律合规、汇率波动等，每一项都可能对企业的稳健运营构成威胁。资本市场作为风险管理的专业场所，通过提供多样化的风险管理工具，如网络安全保险、跨境支付保障、外汇期货与期权等，为数字贸易企业构建了一道坚实的风险防护网。这些工具不仅能够帮助企业有效应对已知风险，还能在一定程度上预见并管理潜在风险，保障企业的持续健康发展（商务部，2022）。

3. 价值发现与评估的实时化与精准化

在资本市场中，交易行为和市场反应是反映企业价值最直接、最灵敏的指标。对于数字贸易企业而言，其技术创新能力、市场占有率、用户规模、数据资源等无形资产往往成为决定其价值的关键因素。资本市场通过高效的交易机制和透明的信息披露制度，能够实时捕捉这些价值信号，并对企业进行准确的价值评估和发现。这种价值发现机制不仅有助于数字贸易企业了解自身在市场中的位置，更能为其制定科学的经营策略、吸引优质投资者提供重要参考（福布斯中国研究院，2023）。同时，资本市场中的专业投资机构和分析师团队，通过深入研究和分析，还能为企业提供战略咨询、并购重组等增值服务，助力企业实现跨越式发展。

数字贸易与资本市场紧密共生，是推动全球经济高质量发展的重要力量。未来，随着技术的不断进步和政策的持续优化，这种关系将更加深化和拓展，为全球经济带来更加广阔的发展空间和无限可能。

二、数字贸易对资本市场管理的影响

（一）融资模式创新

在数字贸易浪潮的推动下，全球经济格局正经历着前所未有的变革，这一变革深刻影响着企业的融资生态与策略。传统融资模式，如银行贷款、债券发行及股票上市等，虽历史悠久且稳定可靠，但对于数字贸易领域内的众多初创企业和中小型企业而言，却常常显得力不从心。这些企业以其高增长潜力、前沿技术创新和轻资产运营模式为特点，但在寻求资金支持时，往往因缺乏抵押物、信用记录不完善或市场前景不确定性高等因素，难以跨越传统融资渠道的门槛。

正是这一融资困境，催生了资本市场融资模式的深刻创新与变革。数字贸易的兴起，不仅为全球经济注入了新的活力，也为融资市场带来了前所未有的机遇。股权众筹作为其中的佼佼者，通过互联网平台将众多小额投资者的资金汇聚成河，为初创企业提供了宝贵的资金支持，同时降低了融资门槛，增强了市场参与度。此外，区块链技术的融入更是为融资领域带来革命性的变化，通过其去中心化、透明度高、可追溯性强等特性，区块链融资不仅简化了融资流程，提高了融资效率，还增强了投资者对融资项目的信任度。

而数字货币融资的兴起，更是为资本市场带来了全新的融资方式。数字货币作为一种新型的价值存储和交换媒介，其全球化、即时性和低成本的特性，使得企业能够跨越地域限制，快速、便捷地筹集到所需资金。这不仅拓宽了企业的融资渠道，还促进了全球资本的高效流动与优化配置。

（二）风险管理复杂化

在数字贸易的全球化与无界化浪潮中，资本市场的风险管理领域正经历着前所未有的挑战与变革。这一领域不仅继承了传统金融市场的风险类型，如信用风险、市场风险、流动性风险等，还新增一系列由数字贸易特性所引发的新型风险，使得风险管理的复杂性和难度显著提升。

首先，数据安全与网络安全风险成为资本市场不可忽视的重大威胁。随着数字贸易的深入发展，海量数据在跨境传输、存储和处理过程中面临着被窃取、篡改或滥用的风险，这不仅可能损害企业的商业机密和客户隐私，还可能引发系统性的金融风险。因此，资本市场必须加强对数据安全的重视程度，采用先进的加密技术、访问控制机制和定期的安全审计等手段，确保数据的安全性和完整性。

其次，跨境支付风险也是数字贸易带来的重要风险之一。由于不同国家和地区在支付体系、监管政策、法律环境等方面存在差异，跨境支付过程中可能面临资金冻结、汇率波动、支付欺诈等多种风险。为了有效应对这些风险，资本市场需要推动跨境支付体系的完善，加强与国际支付机构的合作与交流，同时开发更加安全、高效的跨境支付解决方案，如区块链支付技术，以降低跨境支付的风险和成本。

最后，汇率波动也是数字贸易中不可忽视的市场风险之一。随着全球经济一体化的加深，各国货币之间的汇率波动日益频繁和剧烈，给企业的跨国经营和资本市场的投资活动带来了巨大的不确定性。为了应对汇率风险，资本市场需要提供更加丰富的汇率风险管理工具，如外汇期货、期权等衍生品，帮助企业锁定汇率成本，降低汇率波动对企业经营的影响。

为有效应对这些复杂多样的风险，资本市场需要不断提升风险管理能力。这包括加强监管技术手段的应用，如利用大数据、人工智能等先进技术进行风险监测和预警；完善风险预警和应对机制，建立健全的风险管理体系和应急预案；推动跨境监管合作，加强与国际监管机构的沟通与协调，共同应对跨境金融风险。同时，数字贸易也促进了风险管理产品的创新与发展，如网络安全保险、跨境支付保障等新型风险管理产品的出现，为资本市场提供了更加全面、专业的风险管理解决方案。这些创新不仅丰富了资本市场的风险管理工具库，也为企业提供了更加灵活、便捷的风险管理手段。

（三）信息披露与透明度提升

在数字贸易迅猛发展的时代背景下，资本市场的运作机制与规则正经历着深刻的变革，其中信息披露与透明度的提升成为不可或缺的关键环节。随着数字贸易的全球化拓展与技术的日新月异，投资者群体对于获取高质量、高效率的市场信息需求愈发迫切，以更精准地评估数字贸易企业的内在价值、发展潜力及潜在风险。

为满足这一需求，资本市场必须加快构建并完善一套科学、高效的信息披露制度。这不仅要求企业在法律法规的框架下，自觉履行信息披露义务，真实、准确、完整地反映其经营状况、财务状况、业务进展、风险因素等关键信息，还强调了监管机构在其中的重要作用——加强对数字贸易企业的监督与指导，确保信息披露的合规性与时效性。通过定期审查、随机抽查、违规处罚等多种手段，维护市场秩序，保障投资者权益。

同时，现代信息技术的飞速发展，特别是大数据、人工智能等前沿技术的应用，为信息披露与透明度提升提供了强有力的技术支持。通过大数据分析，可以深入挖掘企业运营数据背后的价值，揭示潜在的市场趋势与风险点，为投资者提供更加全面、深入的信息参考。而人工智能技术的应用，则能够自动化处理海量信息，实现信息的快速分类、筛选与呈现，大幅提高信息披露的效率与准确性。此外，智能合约等区块链技术的应用，还有望在未来进一步增强信息披露的透明度与可信度，通过不可篡改的数据记录，为市场参与者提供更为坚实的信任基础。

数字贸易的快速发展对资本市场信息披露与透明度提出了更高的要求，而建立健全的信息披露制度、加强监管指导以及充分利用现代信息技术手段，则是实现这一目标的重要途径。通过这些措施的实施，将有效促进资本市场的健康发展,增强市场信心,吸引更多资本流入数字贸易领域,共同推动全球经济的繁荣与进步。

(四)估值方法与定价机制变革

在数字贸易蓬勃发展的当下,企业价值的评估体系正经历着前所未有的变革与挑战。相较于传统行业,数字贸易企业的核心价值往往深植于其技术创新能力、市场占有率、庞大的用户基础以及丰富的数据资源等无形资产之中。这些非财务性资产不仅难以用传统的财务报表数据直接量化,其潜在的增长潜力和商业价值更是传统估值方法所难以捕捉的。

因此,资本市场迫切需要探索并采纳更为科学、全面的估值方法和定价机制,以更准确地反映数字贸易企业的真实价值。这要求评估者不仅要关注企业的盈利能力、现金流等传统财务指标,更要深入剖析其技术壁垒、用户黏性、数据变现能力等核心竞争优势。为此,一种结合传统财务指标(如市盈率、市销率)与新兴评估指标(如用户增长率、数据资源价值、技术创新能力评分等)的综合评估体系应运而生。这种多元化的评估方式,能够更全面地揭示企业的成长潜力和市场地位,为投资者提供更加精准的投资决策依据。

此外,随着区块链、人工智能等前沿技术的不断成熟与应用,估值与定价机制也迎来了新的发展机遇。区块链技术以其去中心化、透明度高、不可篡改等特性,为资产确权、价值转移等提供了更加安全、高效的解决方案。未来,基于区块链的智能合约技术有望应用于数字贸易企业的估值与定价过程,实现自动化、实时化的价值评估与价格发现。智能合约可以根据预设的规则和条件,自动执行估值算法,并实时更新企业的估值结果,从而提高估值的时效性和准确性,减少人为干预带来的不确定性。

估值方法与定价机制的变革是数字贸易时代资本市场的必然选择。通过引入多元化的评估指标和前沿技术手段,我们可以更加科学地评估数字贸易企业的真实价值,为资本市场的健康发展提供有力支撑。

(五)监管政策与法规完善

在数字贸易浪潮的推动下,资本市场的监管环境正经历着深刻的变革与重塑，其复杂性和挑战性日益凸显。面对这一新兴领域的高速增长与不断创新，监管机构必须迅速响应，不断完善监管政策与法规体系，以确保市场的稳定运行与健康发展。

首先，针对数字贸易特有的数据安全与网络安全风险，监管机构需制定更为严格、全面的法律法规，明确数据保护的标准与要求，规范企业收集、存储、处理及传输数据的行为。同时，建立健全网络安全防护体系，加强对网络攻击、数据泄露等安全事件的预防和应对能力，保障市场参与者的信息安全与隐私权益。

其次，跨境交易作为数字贸易的重要组成部分，其监管难度与复杂性不容忽视。监管机构需加强与国际监管机构的合作与交流，建立跨境监管合作机制，共同制定跨境交易规则与标准，明确监管主体与职责分工，以有效应对跨境监管难题。此外，还需推动监管互认与信息共享，提高跨境监管的协同性与效率。

再次，随着技术的不断进步，监管技术创新与应用成为提升监管效能的关键。监管机构应积极拥抱新技术，如大数据、人工智能、区块链等，推动监管科技（RegTech）的发展与应用。通过构建智能化监管平台，实现对市场动态的实时监测与预警，提高监管的精准性与时效性。同时，利用技术手段优化监管流程，降低监管成本，提升监管效率与服务质量。

最后，监管机构还需注重法规的灵活性与适应性，以应对数字贸易领域快速变化的市场环境。在制定和完善监管政策时，应充分考虑市场发展趋势与技术创新方向，保持政策的前瞻性与灵活性。同时，建立快速响应机制，及时对新兴问题进行研究与评估，确保监管政策能够紧跟市场步伐，有效应对各种挑战与风险。

监管政策与法规的完善是数字贸易时代资本市场健康发展的重要保障。通过加强数据安全与网络安全监管、推动跨境监管合作、应用监管科技以及保持法规的灵活性与适应性等措施，监管机构将能够更好地应对数字贸易带来的挑战与机遇，为市场的稳定与繁荣贡献力量。

三、数字贸易合作在资本市场风险管理中的应用

（一）数据共享与风险预警

1. 数据共享的深度拓展

数字贸易合作机制的建立，促使企业之间打破传统的数据壁垒，形成了更

加开放和协作的数据生态环境。通过精心设计的跨企业、跨行业数据共享平台，资本市场能够汇聚来自不同源头、多种维度的市场数据洪流。这些数据包括但不限于详尽的交易记录、细致入微的用户行为分析、复杂多变的供应链运行状况等，共同构建一个全方位、立体化的市场监测网络。这种深度共享不仅丰富了风险预警模型的"燃料库"，还极大地提升数据分析的精准度和时效性。

2. 风险预警模型的创新应用

获得的海量数据在大数据分析技术的赋能下，得以被深度挖掘和剖析。先进的数据处理算法能够穿透数据表面的噪声，揭示出隐藏于其中的风险模式和潜在趋势。这些发现不仅为风险预警模型提供了坚实的数据支撑，还使得模型能够更加智能地识别市场中的异常情况，如突如其来的市场波动、个别企业的信用风险累积乃至整个市场的流动性紧张等。通过定期更新模型参数和优化算法，风险预警系统能够保持高度的敏感性和准确性，为监管机构和市场参与者提供及时、有效的风险信号。

3. 实时监控与快速响应机制

在数字贸易合作的推动下，基于人工智能的算法被广泛应用于市场动态的实时监控领域。这些算法能够不间断地扫描市场数据，对交易行为进行即时分析，并迅速识别出异常或可疑的交易模式。一旦发现潜在风险，系统能够立即触发预警机制，通过自动发送警报、启动应急响应流程等方式，帮助监管机构和市场参与者迅速采取应对措施。这种快速响应机制不仅有效遏制了风险的扩散势头，还提高了整个资本市场的抗风险能力和韧性。

（二）跨境风险管理与合规

1. 国际合作与机制构建

数字贸易的全球化浪潮，如同一张错综复杂的网络，将世界各地的资本市场紧密相连。这一特征不仅促进了资本、商品和信息的自由流动，也带来前所未有的跨境风险管理挑战。面对这一现实，资本市场深刻认识到，单打独斗已无法有效应对复杂多变的跨境风险。因此，与国际监管机构的深度合作成为必然选择。通过加强与国际同行的对话与交流，资本市场能够共同识别跨境风险的新趋势、新特点,并在此基础上探索建立跨境风险管理的合作机制。这种机制旨在打破国界限制,实现监管信息的共享与互认,为跨境交易提供统一、清晰的监管框架。同时,合作机制的建立还有助于共同制定跨境交易规则和监管标准,确保各国监管政策在保持独立性的同时,也能实现协同一致,从而提高跨境监管的效率和效果。

2. 区块链技术的赋能作用

在跨境风险管理与合规领域,区块链等分布式账本技术的引入如同一股清流,为传统监管模式带来革命性的变革。区块链技术以其去中心化、不可篡改和高度透明的特性,为跨境交易提供了全新的信任机制。借助区块链技术,跨境交易可以实现全程留痕、可追溯,确保交易数据的真实性和完整性。这种透明化不仅降低了信息不对称风险,还使得监管机构能够实时掌握跨境资金流动情况,及时发现并应对潜在风险。此外,区块链上的智能合约技术更是将合规性提升到新的高度。智能合约能够自动执行合同条款,无需人工干预,从而减少人为错误和欺诈行为的可能性。同时,智能合约还可以根据预设条件自动触发监管报告或合规检查流程,大大提高了跨境交易的合规效率和准确性。

3. 智能合约与合规自动化

智能合约作为区块链技术的核心应用之一,在跨境风险管理与合规领域展现出了巨大的潜力。智能合约通过代码的形式将合同条款固定下来,并在满足特定条件时自动执行。这种自动化机制不仅提高了交易效率,还显著增强了合规性。在跨境交易中,智能合约可以自动验证交易双方的身份和资质,确保交易主体符合监管要求。同时,智能合约还可以根据预设的监管规则对交易过程进行实时监控和风险评估。一旦发现异常情况或违规行为,智能合约将立即触发预警机制并采取相应的应对措施。这种即时反馈和快速响应机制有助于将风险扼杀在萌芽状态,保护投资者利益和维护市场秩序。此外,智能合约的应用还促进了跨境监管的自动化和智能化。监管机构可以通过与区块链平台对接,实时获取跨境交易数据并进行分析处理。基于智能合约的合规检查流程可以自动执行并生成报告,为监管机构提供决策支持。这种自动化和智能化的监管模式不仅提高了监管效率和质量,还降低了监管成本和人为干预的风险。

(三) 风险管理技术创新

1. 技术融合引领风险管理变革

随着全球数字贸易的蓬勃发展,风险管理领域正经历着前所未有的变革。数字贸易合作不仅加速了信息的流通与共享,更为风险管理技术的创新提供了肥沃的土壤。在这一背景下,人工智能、机器学习、大数据等前沿技术的深度融合,正逐步构建起一个更加智能化、高效化的风险管理体系。这些技术的引入,使得风险识别、评估、监控及应对的全过程实现了质的飞跃,资本市场得以在瞬息万变的市场环境中保持敏锐的洞察力和强大的韧性。

2. 智能化风险管理系统的构建

智能化风险管理系统的核心在于其强大的数据处理与分析能力。通过集成先进的人工智能算法和机器学习模型,这些系统能够自动从海量数据中提取有价值的信息,实现对市场动态的实时监控和潜在风险的精准预测。具体而言,系统能够自动收集来自交易记录、财务报告、宏观经济数据等多个维度的数据,运用复杂的算法对这些数据进行深度挖掘和分析,从而揭示出隐藏的风险模式和趋势。同时,系统还具备自我学习和优化的能力,能够根据历史数据不断调整和完善风险预测模型,确保风险管理的准确性和时效性。

3. 创新应用提升风险管理效能

在智能化风险管理系统的支撑下,一系列创新应用应运而生,进一步提升了风险管理的效能。以机器学习算法为例,通过对历史风险事件的深入学习和建模,系统能够预测未来风险的发生概率和影响范围,为决策者提供科学的风险预警和应对策略。此外,自然语言处理技术的运用,使得系统能够高效处理和分析新闻报道、社交媒体等非结构化数据,通过情感分析等手段捕捉市场情绪变化,为风险管理提供更为全面的市场洞察。这些创新应用不仅增强了风险管理的主动性和预见性,还促进了风险管理策略的个性化定制,帮助企业和投资者在复杂多变的市场环境中稳健前行。

(四) 供应链风险管理

1. 数字贸易驱动供应链复杂性与动态性提升

在数字贸易的浪潮下,供应链的边界被无限拓展,其复杂性和动态性达到了前所未有的高度。数字贸易合作不仅打破了传统地理界限，还加速了信息的流动与共享，使得资本市场能够以前所未有的精度和速度获取供应链的实时数据。这些数据涵盖了库存水平、物流状态、供应商信用状况等多个维度，为市场参与者提供了一幅详尽、动态的供应链全景图。通过这些数据，企业能够更准确地把握供应链的运营状况，及时发现潜在的风险点，从而为风险管理策略的制定提供坚实的数据支撑。

2. 实时数据助力供应链风险评估与策略制定

实时数据的获取，使得供应链风险管理变得更加主动和精准。市场参与者可以利用先进的数据分析工具，对供应链中的各项数据进行深入挖掘和分析，从而更准确地评估供应链风险。无论是库存积压导致的资金占用风险，还是物流延误引发的供应中断风险，都能在数据的指引下得到及时有效的识别和评估。在此基础上，企业可以根据自身实际情况和风险偏好，制定相应的风险管理策略，如优化库存管理、调整物流路径、加强供应商管理等，以降低风险发生的概率和影响程度。

3. 区块链技术赋能供应链透明化与风险应对

为了进一步提升供应链的安全性和稳定性，区块链技术被广泛应用于供应链风险管理中。区块链的去中心化、不可篡改和可追溯性等特点，为供应链的透明化提供了强有力的技术保障。通过区块链，供应链中的每一笔交易、每一个环节都被记录下来，并形成一个不可更改的分布式账本。这使得供应链中的任何风险事件都能被快速定位和追溯，从而有效减少信息不对称和欺诈行为的发生。同时，当供应链中出现风险事件时，区块链技术还能帮助市场参与者迅速协调资源、共享信息，共同应对风险挑战，减少风险对市场的冲击和损失。

（五）客户信用风险管理

1. 数据驱动的客户信用评估体系构建

在数字贸易蓬勃发展的今天，客户信用风险管理已成为企业稳健运营的关键一环。通过数字贸易合作平台，企业能够轻松获取丰富的客户数据资源，包括但不限于交易记录、支付习惯、历史信用评分等。这些数据如同宝贵的矿藏，为市场参与者提供了前所未有的洞察能力。基于这些数据，企业可以运用先进的数据分析技术，构建精准的客户信用评级模型。该模型能够综合考虑客户的多个维度信息,如履约能力、还款意愿、行业风险等,实现对客户的全面、客观评价。通过客户信用评级,企业可以对客户进行科学合理的分层管理,为不同信用等级的客户量身定制信贷政策和服务方案,从而在源头上降低坏账风险,提升整体资产质量。

2. 实时监测与预警机制下的风险防控

在客户信用风险管理过程中,实时监测与预警机制发挥着至关重要的作用。企业需建立完善的监控系统,对客户的交易行为和财务状况进行持续跟踪和分析。通过捕捉并分析客户的交易频率、交易金额、支付方式等关键指标,企业可以及时发现潜在的信用风险问题。例如,当客户出现交易异常、支付延迟或财务状况恶化等情况时,系统能够立即发出预警信号,提醒企业关注并采取相应措施。此外,企业还应根据市场变化和客户反馈,灵活调整信贷政策,如提高信贷门槛、缩短贷款期限或加强贷后管理等,以有效防范风险扩散,保障企业利益不受损害。

3. 强化风险应对与处置能力

面对客户信用风险管理的挑战,企业还需不断强化自身的风险应对与处置能力。一方面,企业应建立健全的风险管理制度和流程,明确各级管理人员的职责和权限,确保在风险事件发生时能够迅速响应、有效处置。另一方面,企业还应加强内部培训和知识分享,提升员工的风险意识和专业素养,使其能够准确识别风险、评估风险并采取相应的防控措施。此外,企业还应积极寻求外部合作与支持,如与第三方信用评估机构建立合作关系,共同构建更加完善的客户信用风险管理体系。通过内外部资源的有效整合与利用,企业可以进一步提升自身的风险应对与处置能力,确保在复杂多变的市场环境中稳健前行。

第三节 深化中国—中东欧数字贸易合作建议

一、中国—中东欧数字贸易合作面临的挑战与难题

(一)区域内部数字鸿沟显著

尽管中东欧区域整体在数字经济领域展现出积极的发展态势,但区域内部

的不均衡性却成为制约数字贸易扩展的一大障碍。这种不均衡主要体现在波罗的海三国、维谢格拉德集团四国与东南欧五国之间显著的数字鸿沟上。这种鸿沟不仅加剧了地区间数据跨境传输的成本与难度，还影响了整体合作效率。具体而言，欧盟内部中东欧国家的数字化水平参差不齐，部分国家如爱沙尼亚、立陶宛在数字化方面领先，而罗马尼亚、希腊和保加利亚则相对滞后，其数字技术应用和通信设施建设的不足，直接影响了区域数字一体化的进程。此外，非欧盟成员国与欧盟成员国之间也存在明显的数字发展差距，进一步复杂化了数字贸易的推进环境。

（二）中国数字企业进入中东欧市场的成本高昂

中国数字企业在拓展中东欧市场时，面临多重成本挑战。首先，由于亚马逊、谷歌等国际巨头已在该地区建立了稳固的市场地位，中国数字企业需要投入大量营销资金以打破市场壁垒，这无疑增加了市场开拓的成本。其次，管理成本的上升也是不可忽视的问题。由于中国电信等本土电信企业在中东欧的覆盖率有限，中国数字企业不得不依赖技术标准不同的西方跨国公司，这不仅增加了运营成本，还限制了服务质量和响应速度。再次，中东欧国家复杂的数字管控法律体系要求中国企业在进入市场前必须进行详尽的法律风险评估与合规准备，这一过程耗时费力，进一步推高了经营成本。最后，融资难题也制约了中国数字企业的国际化步伐，跨国融资渠道的狭窄和高昂的融资成本使企业难以获得足够的资金支持以推动技术创新和市场扩张。

（三）数字贸易治理规则的缺失与分歧

随着数字技术的飞速发展，全球数字贸易规则的制定却显得滞后，中国与中东欧国家在隐私保护、监管范围及产权归属等方面的分歧日益凸显，为双边数字贸易合作带来了新的治理难题。数据作为数字贸易的核心要素，其跨境流动涉及国家安全、商业机密及个人隐私等多重敏感问题，各国政府对此持谨慎态度。中东欧国家受欧洲框架影响，对"一带一路"倡议及中国数字企业的进入持怀疑态度，部分国家甚至加入美国清洁网络计划，排斥中国5G设备和技术。此外，知识产权保护框架的不完善也加剧了贸易中的侵权风险，双方在这一领域尚未达成统一标准,导致贸易成本上升。

(四) 地缘政治因素的影响

中东欧地区作为连接欧洲东西部的桥梁,其地缘政治地位尤为突出,成为国际政治舞台上的重要一环。这一地区不仅是大国战略利益交会的焦点,也是各种政治力量博弈的竞技场。在中国与中东欧国家推进数字贸易合作的过程中,地缘政治因素的复杂性和不确定性无疑成了一个不可忽视的障碍。欧盟作为中东欧地区的主要政治和经济力量,其对中国与中东欧数字贸易合作的立场和态度具有重要影响。美国作为另一个全球性的大国,其对中东欧地区的渗透和影响力也不容小觑。美国在5G、云计算等关键技术领域的施压,无疑增加了中国与中东欧国家数字贸易合作的难度。

二、加强政策沟通与合作机制建设

(一) 建立高级别政策对话机制

一是设立定期会晤机制。建立中国—中东欧国家数字贸易高级别对话机制,定期举行部长级或更高层级的会议,就数字贸易政策、法规、标准、市场准入等关键议题进行深入交流,确保双方政策协调一致,为数字贸易合作提供稳定的政治与制度环境。

二是政策信息共享平台。构建数字贸易政策信息共享平台,及时发布双方国家最新的数字贸易政策、法规动态、市场准入条件及合作项目信息,促进信息透明,降低企业合作成本,提高合作效率。

(二) 完善合作机制框架

一是签订数字贸易合作谅解备忘录。在双方政府层面,推动签订中国—中东欧国家数字贸易合作谅解备忘录,明确合作原则、目标、领域及具体行动方案,为双方企业在数字贸易领域的合作提供法律与政策保障。成立中国—中东欧国家数字贸易联合工作组,负责具体合作项目的规划、协调、监督与评估,确保合作项目的顺利推进与有效实施。

二是加强地方合作机制。鼓励并支持中国各省（区、市）与中东欧国家的地方政府建立数字贸易合作机制，通过举办地方经贸合作论坛、展会等活动，促进双方在数字贸易领域的务实合作。

（三）推动规则与标准对接

一是加强数字贸易规则研究。共同研究并推动数字贸易规则的制定与完善，探索建立适应数字经济发展特点的国际贸易规则体系，包括但不限于数据跨境流动的管理框架、数字知识产权保护、数字市场准入条件、消费者权益保护等方面的规则，为双方数字贸易合作提供规则支撑与制度保障。

二是推动标准互认。在数据流动、数字支付、网络安全、电子商务等领域，建立常态化的标准合作机制，加强信息交流与技术合作，推动双方标准的互认与对接，降低因标准差异带来的技术壁垒和市场准入障碍，促进数字服务与产品的跨境流通。

（四）强化争端解决机制

一是建立争端解决平台。在中国—中东欧国家数字贸易合作框架内，建立高效的争端解决平台，为双方在合作过程中可能出现的争端提供快速、公正、有效的解决途径。建立数字贸易法制合作机制，共同探索数据跨境流动与隐私保护的平衡路径，联合打击数字侵权行为，维护公平竞争的数字贸易环境（European Commission，2023）。

二是完善法律援助与咨询服务。为双方企业提供法律援助与咨询服务，帮助企业了解对方国家的法律法规，规避法律风险，保障企业合法权益。加快数据保护与税制的立法进程，借鉴WTO等国际规则，构建符合国情的数据流动与监管体系（State Council，China，2023）。明确数字产品产权归属，加强知识产权保护，促进贸易规范化（National Intellectual Property Administration，China，2023）。

（五）加强多边合作与协调

一是积极参与多边谈判。在WTO、G20、APEC等多边平台中，加强与其他国家和地区的合作与协调,共同推动全球数字贸易规则的制定与完善,为中国—中东欧国家数字贸易合作营造良好的国际环境。

二是推动区域合作倡议。结合"一带一路"倡议,推动中国—中东欧国家在数字贸易领域的区域合作倡议,加强与共建国家的互联互通,促进数字经济的共同繁荣与发展。通过人文交流增强互信,如增设孔子学院等,增进文化理解与认同(Ministry of Education, China, 2023)。

三、制定差异化合作策略

(一)依托合作框架发挥机制效能

一是依托合作框架,全面升级机制效能。紧密依托"一带一路"倡议与"17+1合作"框架,中国需充分发挥现有合作机制的效能,如双边经贸联委会、企业家大会等,以促进信息的顺畅流通与资源的优化配置。这不仅要求我们在宏观层面上加强政策的沟通与协调,确保各国发展战略的有效对接,还要在微观层面深化具体操作细节,实现项目与政策的无缝衔接。在宏观层面,我们需充分利用"一带一路"倡议与"17+1"合作框架下的多边合作机制,强化政策对话与战略协同。通过定期举办双边或多边经贸联委会会议,就数字贸易政策、规则、标准等进行深入交流与磋商,确保各国在数字贸易领域的政策导向相互协调,形成政策合力。同时,积极对接各国的发展战略,将数字贸易合作纳入各国发展蓝图,实现发展战略的有效对接和互动,共同推动数字贸易的繁荣发展。在微观层面,我们需注重深化具体操作细节,实现项目与政策的无缝衔接。通过加强企业家大会等平台的交流与合作,推动具体项目的落地与实施。注重项目的可行性和可持续性,确保项目能够真正惠及各国企业和民众。同时,加强政策对项目的支持和引导,为项目提供政策保障和优惠措施,降低项目实施的风险和成本,确保数字贸易合作项目的顺利实施和运营。

二是多维度机制保障,共筑数字贸易繁荣基石。通过这些重要的合作平台与机制,进一步加强政策沟通、推动设施联通、促进贸易畅通、实现资金融通以及增进民心相通,为深化数字贸易合作提供坚实、全面、多维度的机制保障。在政策沟通方面,利用双边经贸联委会等机制,加强与其他国家在数字贸易政策方面的沟通与协调，确保政策的连贯性和一致性。积极倡导建立多边数字贸易规则，推动全球数字贸易的健康发展，为数字贸易合作创造更加有利的国际环境。在设施联通方面，与其他国家共同建设和完善数字基础设施，如通信网络、数据中心等，为数字贸易提供便捷、高效的通道。降低数字贸易的成本，提高贸易效率，为数字贸易的繁荣发展奠定坚实的基础。在贸易畅通方面，致力于降低数字贸易壁垒，推动贸易便利化。简化跨境数据流动的监管程序，推动电子认证和数据安全领域的标准互认，为数字贸易创造更加开放、公平、透明的市场环境，促进数字贸易的快速发展。在资金融通方面，为数字贸易项目提供充足的资金支持。设立专项基金、提供优惠贷款等，助力数字贸易项目的顺利实施和运营，为数字贸易的繁荣发展提供有力的金融保障。在民心相通方面，加强人文交流与互鉴，增进各国人民之间的了解和友谊。举办文化交流活动、推动教育合作等，为数字贸易合作奠定坚实的民意基础，促进各国之间的友好合作与共同发展。

（二）挖掘合作优势提升贸易便利化

一是深度挖掘优势，共筑贸易便利化新高地。通过深度挖掘并整合双边在数字领域的独特优势，中国致力于与合作伙伴共同提升贸易便利化水平，进一步减少数字贸易壁垒，为双方企业创造一个更加开放、公平、透明的市场环境。为了实现这一目标，我们将采取一系列具体而有力的措施。首先，在优化数字产品流动方面，我们将简化数字产品跨境流动的监管程序，优化审批流程，提高通关效率。通过采用先进的技术手段，如区块链、人工智能等，实现数字产品跨境流动的全程电子化、无纸化，确保数字产品能够快速、顺畅地进入对方市场，为双方企业带来更大的商机。其次，在推动标准互认方面，我们将积极推动电子认证、数据安全、隐私保护等领域的标准互认。通过与国际标准接轨，减少因标准差异而带来的贸易障碍，促进数字贸易的顺畅进行。最后，我们还将加强与国际组织、标准制定机构的合作，共同推动数字贸易标准的制定与推广，为全球数字贸易的发展贡献力量。

二是强化机制建设，共创数字贸易新未来。通过设立专门的数字贸易争端解决机构，为双方企业提供快速、公正的争端解决服务，保障其合法权益。同时，我们还将加强与国际仲裁机构、法律服务机构的合作，为双方企业提供更加全面、专业的法律支持与服务。将不断优化数字贸易的监管与服务体系，提高数字贸易的便利化水平，推动双边数字贸易的持续发展。同时，我们还将加强与合作伙伴在数字经济、数字创新等领域的合作与交流，共同探索数字贸易的新模式、新路径，为全球数字贸易的繁荣发展贡献中国智慧与中国力量。

（三）实施定制化策略促进优势互补

一是对于数字化发展已相对成熟的经济体，如爱沙尼亚、捷克和波兰，中国应更加深入地分析自身产业结构与对方优势领域的契合点，寻找双方合作的最佳路径。在此基础上，积极推动双方在云计算、大数据、人工智能等前沿技术的合作研发与应用，共同探索创新性的数字解决方案。同时，促进双方数字产品与服务的双向流动，鼓励企业在对方市场设立研发中心或分支机构，实现技术、人才、市场等资源的共享与互补，达到互利共赢的目标。

二是对于数字化基础相对薄弱的国家，如黑山、北马其顿和阿尔巴尼亚，中国应将合作重心放在帮助其加强基础设施建设与提升数字化能力上。利用中国在电信、互联网、信息技术等领域的丰富技术积累与成功经验，为这些国家提供全方位的技术支持与援助。具体而言，可以协助其加快关键信息基础设施如通信基站、光纤网络、数据中心等的建设步伐，提高网络覆盖率和数据传输速度。特别是在偏远地区，通过实施"数字乡村"等项目，推动信息技术在农业、教育、医疗等领域的广泛应用，有效缩小数字鸿沟。同时，注重培养当地数字化人才，提升其自主创新能力，为数字贸易的长期发展奠定坚实基础。

（四）灵活应对构建长期稳定关系

一是优化并深化已有贸易关系。对于已经建立了稳固贸易关系的国家，我们将持续优化双边出口结构，推动贸易向更高质量、更高水平发展。我们将积极探索在数字服务、跨境电商、数字支付等新兴领域的深度合作，共同开拓新的贸易增长点。同时，我们也将加强在贸易规则制定、知识产权保护等方面的合作，为双方企业提供更加公平、透明的贸易环境。

二是积极增进待加强的贸易关系。对于贸易关系尚待加强的国家，如爱沙尼亚、匈牙利和保加利亚，我们将把构建长期稳定的贸易伙伴关系作为工作重心。我们将通过加强高层互访、举办经贸论坛、推动文化交流与民间往来等多种方式，增进相互理解和信任，为双方合作奠定坚实的政治和社会基础。在此基础上，我们将积极寻求在数字贸易领域的合作机会，推动数字自贸协定的签署与区域合作协定的达成，共同绘制互利共赢、共同繁荣的数字贸易蓝图。我们相信，通过双方的共同努力和合作，一定能够实现贸易关系的不断提升和深化，为双方人民带来更多实实在在的利益。

四、促进数字产业与技术创新合作

（一）税收优惠与技术创新激励

一是提供税收优惠政策：为了鼓励中国企业在中东欧数字市场的创新与发展，中国政府应制定并实施一系列税收优惠政策。这些政策可以包括减免企业所得税、研发费用加计扣除等，以降低企业经营成本，提高其国际竞争力（Ministry of Finance，China，2023）。

二是鼓励数字技术创新与国际化拓展：政府还应设立专项基金，支持中国企业在数字技术研发和国际化拓展方面的投入。通过资金扶持、技术转移和人才培养等措施，推动中国企业在中东欧数字市场实现技术创新和突破。

（二）电信企业布局与数据通信服务优化

一是推动中国电信企业在中东欧布局：中国政府应积极协调，为中国电信企业在中东欧地区的战略布局提供政策与资金支持。这包括帮助企业在当地建立分支机构、获取运营许可等，以加快其市场进入速度（Ministry of Industry and Information Technology，2023）。

二是提供高效安全的数据通信服务：鼓励中国电信企业在中东欧地区投资建设高效、安全的数据通信基础设施，如数据中心、云计算平台等。这将有助于降低中国企业在当地的运营成本，并提高其业务运营效率。

（三）法律支持与权益保障强化

一是加强法律支持体系建设：鉴于跨国经营可能面临的复杂法律环境，中国政府应加强法律支持体系的建设。通过大使馆与领事馆的合作机制，为在中东欧运营的数字企业提供定期的法律培训与即时法律援助服务（Ministry of Foreign Affairs，2023）。

二是保障企业合法权益：政府还应与中国企业在中东欧的合作伙伴共同建立法律合作机制，解决跨国经营中的法律纠纷。同时，加强对中东欧地区法律法规的研究和解读，为中国企业提供及时、准确的法律咨询服务。

（四）融资支持与产业深度融合推动

一是引导金融机构提供融资支持：为缓解中国企业在中东欧数字市场拓展过程中的资金压力，中国政府应引导国内金融机构创新金融服务模式。通过提供信贷、保险、投资等多种形式的资金支持，帮助中国企业解决融资难题。

二是促进数字平台与实体企业深度融合：政府还应积极推动中国数字平台与中东欧实体企业的合作对接，通过技术赋能、模式创新等手段，助力传统产业实现数字化转型与升级。这将有助于创造双赢的发展局面，推动中东欧地区经济的整体发展。

五、加强资本市场风险管理

（一）构建风险监测与预警体系

一要实时监测市场动态。设立专门的风险监测机构或平台，实时跟踪中国与中东欧数字贸易相关的资本市场动态，包括股票、债券、汇率等关键指标的变化。利用大数据和人工智能技术，对市场数据进行深度分析，及时发现潜在风险点。

二要建立风险预警机制。根据监测结果，制定风险预警标准，一旦市场波动或政策变化触及预警线，立即向相关企业和机构发出预警信号。预警机制应包括风险等级评估、应对措施建议等内容，以便企业和机构能够迅速做出反应。

（二）深化金融监管合作

一要加强监管政策协调。中国与中东欧国家应定期就数字贸易相关的金融监管政策进行沟通和协调，确保双方政策的一致性和互补性。共同研究制定跨境数字贸易的监管标准和规则，为双方企业提供清晰、稳定的监管环境。

二要推动监管技术创新。鼓励双方金融监管机构在技术创新方面进行合作，共同探索利用区块链、人工智能等新技术提升监管效率。分享监管科技的应用经验，推动双方在数字贸易监管领域的共同发展。

（三）拓展多元化融资渠道

一要发展跨境金融服务。支持中国与中东欧金融机构之间的合作，推动跨境金融服务创新，为数字贸易企业提供更加便捷、高效的融资服务。鼓励双方金融机构共同开发适合数字贸易特点的融资产品和服务。

二要促进资本市场互联互通。推动中国与中东欧资本市场之间的互联互通，包括股票、债券等市场的对接和合作。鼓励双方企业利用对方资本市场进行融资和投资，实现资本的优化配置。

（四）提升风险意识与应对能力

一要加强风险教育培训。定期组织风险管理和资本市场相关的培训活动，提升中国与中东欧企业对于资本市场风险的认识和应对能力。鼓励双方企业建立内部风险管理机制，明确风险管理职责和流程。

二要分享风险管理经验。建立风险管理经验分享平台或论坛，促进中国与中东欧企业之间在风险管理方面的交流和合作。鼓励双方企业共同研究应对资本市场风险的策略和工具，提高整体风险管理水平。

（五）完善风险应对与处置机制

一要制定风险应对预案。针对可能出现的资本市场风险事件，制定详细的风险应对预案，包括风险事件的识别、评估、报告和处置等环节。预案应明确各相关方的职责和协作机制，确保在风险事件发生时能够迅速、有效地进行应对。

二要加强风险处置能力建设。提升中国与中东欧金融机构和企业在风险处置方面的能力，包括资金调配、资产保全、法律诉讼等方面。鼓励双方建立风险共担机制，共同应对可能出现的资本市场风险事件。

第五章

数字金融：推动金融合作新动力

数字金融，作为数字经济版图中的关键组成部分，深度融合了互联网、大数据、云计算及人工智能（AI）等前沿信息技术，显著重塑了金融服务的形态，使其呈现出更加智能化、便捷化的特点，并广泛惠及大众。在中国乃至"一带一路"共建国家的经济发展历程中，数字金融扮演着至关重要的角色。2022年1月，中国人民银行正式发布了《金融科技发展规划（2022~2025）》，明确提出要把握数字发展的新趋势，深化金融业的数字化转型，将金融科技打造成为推动经济高质量发展的新引擎。这一规划的出台，不仅体现了对未来金融科技发展的前瞻性布局，也彰显了数字金融在促进全球经济一体化与繁荣中的战略意义。本章着重梳理中国与中东欧国家数字金融合作的现状，深入发掘数字金融合作在强化资本市场融资支持方面的机制，并在此基础上提出中国与中东欧国家深化在数字金融领域的合作建议。

第一节 中国—中东欧数字金融合作现状

"数字金融"的提出源于近年来数字经济的兴起，包括大数据、人工智能、区块链等在内的先进技术被广泛应用于经济领域，催生了"数字经济"。在这一背景下，"数字金融"应运而生。数字金融是指利用前沿数字化技术，对传统金融业务流程、产品以及服务模式进行深度革新，进而孕育出全新的金融产品、服务形态和业务模式。Ozili（2018）的研究中，数字金融被理解为一种通过互联网平台为个人和公司提供的金融服务及其相关基础设施,包括但不限于支付、储蓄、信贷等活动。而Gomber(2018)则进一步指出,数字金融全面描绘了金融行业的数字化进程,其中涉及了创新性的金融产品和业务。黄益平和黄卓(2018)的研究强调数字金融在概念上与互联网金融、金融科技紧密相关,但更为中性且涵盖范围更广。并且指出数字金融通过数字化技术推动金融业务模式创新。Ji Yu等(2022)的研究也表明,数字金融实质上是指将数字化技术与传统金融活动的深度融合,尽管与互联网金融、金融科技等概念有所重叠,但在其研究中并未对这些微弱差别进行严格区分。

2015年《推动共建丝绸之路经济带和21世纪海上丝绸之路的愿景与行动》指出,"一带一路"建设需"深化金融合作",要"在金融合作等领域,推进一批条件成熟的重点合作项目"。投融资、支付清算以及金融服务是"一带一路"倡议的基本金融需求。十年来,中国已与152个国家、32个国际组织签署了200多份共建"一带一路"合作文件,多数都涵盖金融合作的内容(王文,2023)。随着"一带一路"倡议的深入实施,双边及多边经贸关系已跨越传统边界,呈现出前所未有的紧密与活力。在此背景下,中国与中东欧国家不仅巩固了既有的合作基石,更在数字金融领域开辟了合作新篇章,通过构建如中国—中东欧国家银联体等创新合作机制,显著拓宽了金融服务的边界与深度,为区域经济的协同发展铺设了坚实的数字桥梁。利用区块链技术的高透明度与不可篡改性、物联网的广泛连接能力以及人工智能的高效处理能力等金融科技前沿成果,不仅能有效缩小了经济发展水平的相对差距,还能逐步弥合各国之间的数字鸿沟,为双方经济的转型升级与持续增长注入了强劲动力。金融基础设施的现代化建设,包括支付结算系统、信用评估体系及监管科技的升级,为数字金融的快速发展奠定了坚实基础。这一系列举措不仅加速了金融科技的迭代创新,也促进了"一带一路"共建国家间金融合作生态的持续优化,为构建更加开放、包容、共享的数字金融合作格局奠定了重要基础。

一、全球数字金融发展趋势

进入21世纪,全球数字经济浪潮汹涌澎湃,其中数字金融作为关键分支,展现出了迅猛的发展态势,并逐渐成为各国战略焦点。依据二十国集团（G20）和联合国贸易和发展会议（UNCTAD）的权威定义,数字金融广泛涵盖了数字技术、基础设施、服务以及数据增强的经济活动,全面渗透到从移动银行到金融科技创新的各个领域,不仅重塑了消费者行为,还重新定义了金融体系的结构与功能（G20 & UNCTAD, 2022）。

当前,数字金融领域呈现出多元化的发展格局,移动支付、开放银行、AI、区块链、央行数字货币（CBDC）及监管科技（RegTech）等领域齐头并进,不仅革新了金融服务模式,还有效促进了金融包容与效率的提升（Financial Stability Board, 2019）。以移动支付为例,作为数字金融的基石,正以前所未有的速度在全球范围内普及,用户数从2014年的7.21亿激增至2021年的13.5亿,尤其在发展中国家,如非洲的M-Pesa系统,显著推动了普惠金融的进程（GSMA, 2022）。开放银行通过API技术革新了银行业务模式,欧盟PSD2指令的推动使得金融创新与竞争蔚然成风（Zachariadis & Ozcan, 2017）。

人工智能（AI）的广泛应用显著提升了金融服务效率与精准度,从精准风险评估到个性化客户服务,均展现出其巨大潜力。与此同时,区块链技术以其去中心化、透明性和不可篡改性,在跨境支付领域展现出重塑金融交易结构的巨大潜力（Bank for International Settlements, 2017）,引领了金融科技的革新潮流。作为区块链技术的标志性产物,加密货币市值飙升,突破万亿美元里程碑,其影响力日益扩大,甚至促使萨尔瓦多等国将比特币纳入法定货币体系,标志着加密资产在全球金融体系中的正式登场与显著崛起（International Monetary Fund, 2019）。

为顺应这一趋势并维护货币主权,多国央行纷纷布局央行数字货币（CBDC）的研发。中国人民银行作为先行者,自2014年起便组建专项研究小组,深入探索法定数字货币的发行路径,并于2016年成立数字货币研究所,成功构建第一代CBDC原型系统。随后,在国务院的批准下,人民银行携手业界伙伴加速推进数字人民币（e—CNY）的研发与试验,旨在打造安全、高效、可控的数字支付体系。据《中国数字人民币的研发进展白皮书》（2021）披露,数字人民币项目已完成顶层设计、功能研发、系统优化等核心环节,正遵循稳健、安全、创新、实用的原则，在多个代表性区域开展广泛试点，标志着中国在全球数字金融领域的领先地位与积极探索。

然而，数字金融的迅猛发展并非没有挑战。数据安全与隐私保护问题日益凸显，成为各国政府与金融机构必须共同面对的重大议题。在追求创新的同时，确保数据安全与隐私保护成为各国发展数字金融不可或缺的基石，而欧盟通用数据保护条例（EU GDPR）等法规的出台，为全球数据保护树立了标杆。通过全球博弈和模糊厌恶的研究，构建了理论模型来解释协调场景中对信息的不对称反应机制及其幅度（Wang et al., 2022）。使用全局博弈框架推导线性关系的解析解，并证明透明度政策并不总是危及体系，当外部选择较大时，透明度政策实际上增强了体系的稳定性（Wang et al., 2023）。监管科技作为维护金融稳定的重要力量，凭借大数据与 AI 技术，不仅能助力金融机构实现高效合规，更能有效降低合规成本（KPMG, 2023）。这一系列动态共同勾勒出全球数字金融发展的复杂图景，既充满机遇，也不乏挑战。

二、合作背景与战略需求

中国在数字技术领域的卓越创新能力，正有力引领"一带一路"共建国家迈向经济转型升级的新阶段。面对共建国家对于投融资、统一货币结算体系及多元化金融服务的迫切需求，中国积极利用其技术优势，加速推进数字基础设施建设，不仅显著提升了信息流通速度与贸易效率，优化了资源配置，还实现了经济活动的广泛、深入与高效互联互通。与此同时，中东欧国家正面临数字金融领域的发展瓶颈，亟须通过创新突破，实现金融服务的现代化转型，扩大金融服务覆盖面，提升金融服务效率，以缩小数字鸿沟，促进金融普惠。双方在这一关键领域的战略需求不谋而合，为深化合作提供了坚实的基础。

第一，投融资需求迫切。"一带一路"倡议下的金融需求，主要体现在基础设施建设和贸易往来的投融资方面。尽管区域内国家资源丰富，但资金匮乏、交通落后等因素严重制约了资源开发。基础设施建设因此成为首要任务，且将成为我国在该区域直接投资的重点行业。然而，基础设施建设资金需求大、周期长、回报率低，而"一带一路"沿线多为新兴经济体和发展中国家，经济实力和融资能力相对较弱，资金供给严重不足。据亚洲开发银行估算，2010~2020年，亚洲各经济体基础设施要达到世界平均水平需投资8万亿美元，区域基础设施建设还需额外投资3000亿美元，资金缺口巨大（李博雅，2017）。

第二，统一货币结算体系需求凸显。随着区域一体化、贸易自由化进程的推进，"一带一路"共建国家将在多领域开展广泛合作，刺激跨境新产业、新业态、新模式的发展。我国与共建国家的频繁交易将促使大量资金流入，而海外投资必然伴随利润回流，因此急需建立资金跨境清算体系。由于涉及多国、多币种的跨境合作，支付、贷款、货币兑换等跨境业务需要更为统一的资金清算体系，以保障贸易互通的公平性和便捷性。同时，随着交易资金增长，以人民币作为结算货币、提升其国际地位的需求日益迫切，这有助于避免因汇率波动带来的风险，确保我国在区域内投资的稳定性和安全性。

第三，金融服务需求多元化。金融不仅能满足建设资金需求，还能提供投融资顾问、财务规划、现金管理和风险管理等综合服务。"一带一路"建设为我国金融机构带来新市场、新客户、新业务，也对其金融服务提出了新要求。中东欧各国服务业发展仍处于低层次结构水平，现代服务业发展滞后，金融服务作为其中一部分，应随"一带一路"建设延伸、落实。面对多元化金融需求，应创新金融服务，积极提供融资、财务、交易金融、境外资产管理等全方位服务，以拓展国际市场，引导共建国家对"一带一路"数字金融建设的支持和投入，保障其有条不紊、可持续地推进。

第四，优化与升级基础设施的迫切需求。根据2024年发布的《"一带一路"国家基础设施发展指数报告（2024）》显示，近十年来，"一带一路"共建国家的基础设施发展指数呈现波动下降趋势（见图5.1）。尽管2021年有所回升，但仍与前期高点存在差距。金融基础设施的滞后不仅限制了金融服务和资金投资，还阻碍了金融科技的发展，导致经济发展效率降低、进程滞后。此外，共建国家在政府监管能力、经济发展水平、法律进程以及共识机制等方面存在显著差异，这使得数字服务体系不够完善，可能引发信息不对称、服务质量下降、创新能力受限等问题，进而导致交易效率降低、数据获取困难、资源配置效率低下以及投资减少（刘玲等，2023）。

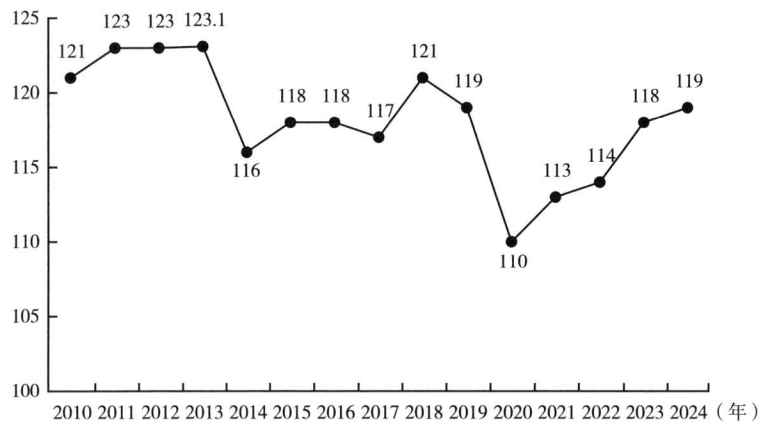

图 5.1 "一带一路"国家基础设施发展指数

数据来源:《"一带一路"国家基础设施发展指数报告(2024)》。

同时,金融科技产业的发展也呈现出明显的区域性集中度过高特征(见图 5.2),主要集中在东亚和太平洋地区,而拉丁美洲和加勒比地区以及中东和北非地区则发展相对不足,这加大了沿线国家间的发展不平衡和"数字鸿沟"。

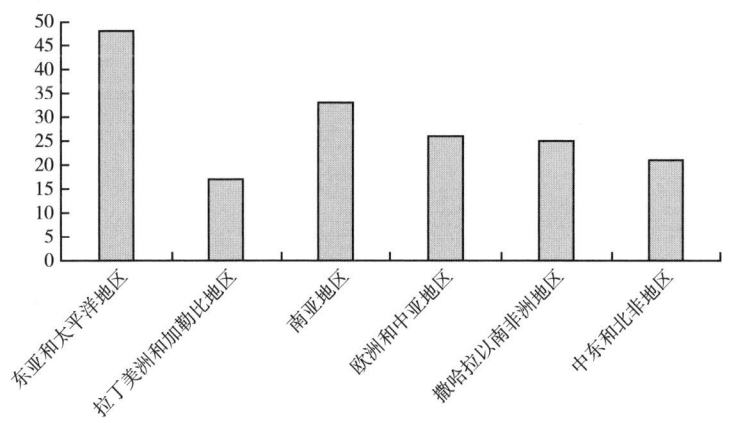

图 5.2 "一带一路"共建国家金融科技产业指数

数据来源:《"一带一路"国家基础设施发展指数报告(2021)》。

针对"一带一路"倡议框架下部分共建国家面临的金融发展滞后、基础设施薄弱及金融服务不足等挑战,中国积极分享先进的数字金融技术与成功经验。通过引入移动支付、数字钱包等创新金融产品和服务,结合互联网金融平台的优势,显著提升共建国家的数字金融基础设施水平,从而增强金融服务的包容性,让更多民众能够享受到便捷、高效的金融服务。同时,应用在线贷款、众筹、互联网保险等多样化金融工具,为跨境投资、小微企业融资及整体经济发展注入强劲动力,推动共建国家经济的繁荣与发展,实现经济的多元化与可持续增长。

考虑到中东欧国家与地区间的频繁贸易与密切人员往来,其经济活动产生的海量数据为数字金融科技的应用提供了广阔空间。中国与中东欧国家可共同探索区块链技术在跨境金融服务中的应用,实现交易的去中心化、透明化,减少中间环节,降低交易成本,并提升交易的安全性,为跨境贸易与投资提供更加便捷、安全的金融服务。同时,双方可依托大数据分析与人工智能技术的深度融合,精准评估企业信用与风险,为投资者提供更为科学的决策依据,从而进一步促进沿线国家间的经济合作深化,推动贸易便利化进程,实现互利共赢的可持续发展目标。

三、政策支持与合作机制

在数字经济浪潮的推动下,中国与中东欧国家在数字金融领域的合作日益紧密,尤其在监管合作与政策协调方面取得了显著进展。各国政府通过出台相关政策、签署合作协议以及建立常态化合作机制,共同推动数字金融健康发展,促进金融服务的效率与包容性,为中东欧国家的经济复苏注入了新的动力。十多年来,中国已与150多个国家、30多个国际组织签署230余份共建"一带一路"合作文件,形成3000多个合作项目,拉动近万亿美元投资规模(张伟鹏,2024)。

第一,政策引领与战略协同。中国政府与中东欧国家政府均将数字金融视为推动经济发展的重要力量,积极出台相关政策措施以支持其创新与发展。双方通过高层对话机制,如"17+1"合作框架,就数字金融的监管合作、政策协调等方面展开深入交流,实现了战略层面的高度协同(吴白乙等,2020)。同时,中欧双方在监管合作方面也展现出深远布局,从2015年中欧数字经济和网络安全专家工作组的成立,到2016年中国国家互联网信息办公室与欧洲委员会对话与合作平台的建立，双方在数据隐私保护、数字化转型及网络安全等议题上的深入交流与合作，不仅彰显了双方合作的广度与深度，更为全球金融科技合作树立了典范。

第二，合作协议的深度践行。中国积极与"一带一路"共建国家地区展开对话与合作，通过签署金融科技合作备忘录，双方建立了定期交流机制，就金融科技的创新发展、监管合作、技术应用等方面进行深入探讨。中国已与84个国家和地区的金融监管当局签署了122份监管合作谅解备忘录或监管合作协议，共涉及37个"一带一路"共建国家（王文，2023）。此外，中国通过亚洲基础设施投资银行、丝路基金等平台，为中东欧国家提供数字金融基础设施建设的资金支持和技术援助，促进区域金融科技的协调发展。这些协议的签署与落实，不仅促进了双方在金融科技领域的交流与合作，更为实际合作项目的落地提供了坚实的政策支撑。

第三，常态化合作机制的建立与深化。为推动"一带一路"倡议下的数字金融合作，中国利用自身在产品体系、线上服务、科技创新、境内外网络布局等各方面优势，与中东欧国家建立了如"一带一路"银行间常态化合作机制（BRBR）等常态化合作平台。这些机制充分利用了中国在金融科技、线上服务等方面的优势，为"一带一路"共建国家提供了全方位的金融支持。截至2023年9月末，13家中资银行在50个"一带一路"共建国家设立了145家一级机构。仅以中国银行为例，其境外机构覆盖的64个国家和地区就包括44个"一带一路"共建国家，是全球及"一带一路"共建国家布局最广的中资银行（中国经济网，2024）。其在"一带一路"共建国家和地区的布局与业务拓展，正是这一合作机制下的生动实践。

第四，跨境金融科技监管沙盒的创新探索。面对金融科技的快速发展，中国与中东欧国家还在积极探索跨境金融科技监管沙盒制度。这一创新机制为金融科技公司在受控环境下测试创新产品和服务提供了重要平台，有助于降低创新风险，推动跨境金融科技的创新与发展。中东与北非金融科技协会（MFTA）开放金融工作组的最新报告深入剖析了该区域开放银行与嵌入式金融领域的迅猛发展态势（未央网，2022）。报告数据显示，截至2022年11月，该地区的金融科技监管沙箱数量已跃升至11个，相较于2019年的4个，实现了显著增长，这一变化有力证明了中东及北非金融科技监管框架的迅速成熟与创新能力的大幅提升。然而，由于中国与中东欧各国在金融监管体系和法律框架上的差异，如何协调不同的监管要求，建立有效的跨境监管合作机制，仍是一个需要双方共同努力解决的问题。

四、数字金融科技创新合作

中国与中东欧国家在金融科技创新领域的合作日益深化，合作范围广泛覆盖技术交流、专业人才联合培养以及创新项目孵化等多个层面。此类合作不仅加深了双方在金融科技前沿技术与专业知识上的互通有无，更为双方金融科技产业的蓬勃发展开辟了新路径，创造了更多元化的市场机遇。通过携手合作，双方能够有效整合资源，共同面对金融科技行业日新月异的变化与挑战，加速创新技术成果的应用转化，推动金融业态的持续革新。

第一，金融科技技术交流的深化与拓展。近年来，双方频繁举办数字金融论坛、研讨会等活动，如举办"一带一路"国际合作高峰论坛、中国—东盟信息港论坛等，分享数字金融领域的创新成果和最佳实践，增进"一带一路"共建国家在金融科技领域的交流和对话。同时，按照"广泛参与、多元投入、共建共享、互利共赢"原则，充分激发金融科技各类市场主体的积极性，建设面向共建国家的金融科技创新联盟和金融科技创新基地。2015年，蚂蚁金服完成对印度最大电子钱包 Paytm 的投资，随后又与泰国 Ascend Money、菲律宾 Mynt 展开合作，加深电子支付领域的合作（赵白鸽，2019）。此外，双方还共同推进了一批数字金融合作项目，如跨境支付、区块链金融、数字普惠金融等，取得了显著成效。以移动支付领域为例，中非合作开发的"移动钱包"应用程序，在肯尼亚已成为当地用户在线支付和转账不可或缺的工具（孙早和王乐，2024）。支付宝采用"本地伙伴+技术赋能"的出海模式，因地制宜地在"一带一路"沿线的东南亚国家研发出9个满足当地需求和特色的"支付宝"，成功将中国和东南亚国家的数字普惠金融体系连为一体，让当地民众切实感受到了"一带一路"共建活动带来的便捷、高效，进一步促进了当地经济发展及与中国的贸易合作（刘玲等，2023）。

第二，金融科技人才培养的强化与合作。在金融科技人才培养方面，中国与中东欧国家也建立了多个合作项目。这些项目旨在培养熟悉中国和欧洲金融科技发展的复合型人才，为双方金融科技产业的持续发展提供人才支持。由中国人民大学和匈牙利罗兰大学牵头，包括北京大学、复旦大学、北京师范大学、对外经济贸易大学、中央财经大学、吉林大学、匈牙利卡尔文纽什大学、塞尔维亚贝尔格莱德大学、罗马尼亚蒂米什瓦拉西部大学、克罗地亚萨格勒布大学7所中方高校和5所外方高校发起成立了"中国—中东欧国家高校联合会经济学学科建设共同体"（以下简称"共同体"）。"共同体"旨在延续历史传统，搭建中国与中东欧国家高校间经济学科高水平学术交流平台。通过"共同体"实现科研合作、师生互换、资源共享、成果互益，在人才培养、科学研究、学术创新、政策与规则制定等方面加强合作，并积极助力"共同体"的建设发展以及中国与中东欧国家高校教育的深度交流（中国人民大学，2022）。

第三，金融科技创新孵化体系的全面深化与拓展。中国与中东欧各国携手共建了多元化、多层次的金融科技创新中心和孵化器网络，通过提供资金、技术、市场等多方面的全方位支持，极大地加速了金融科技产品的商业化进程。此外，双方还积极共建联合实验室、国际技术转移中心以及各类国际科技园区，通过深化科技人员交流、合作开展重大科技攻关项目，共同提升科技创新能力。《北京市推进"一带一路"高质量发展行动计划（2021~2025年）》指出，北京市借助国际科技园区协会（IASP）等国际组织平台，深化与共建国家科技园区合作，支持共建国家创新型企业和研发机构在中关村示范区建立区域总部和研发中心，支持建设剑桥创新合作中心、赫尔辛基创新中心、中日创新合作示范区等双向开放平台，推动共建孵化器、研发平台、创新创业服务机构合作。此外，科技部相继支持了中国—蒙古国生物高分子应用联合实验室、中国—埃及可再生能源联合实验室、中国—柬埔寨食品工业联合实验室、中国—尼泊尔地理联合研究中心、中国—东盟海水养殖联合研究与示范推广中心等联合研究平台的建设工作（中国一带一路网，2019）。

第四，创新共同体构建与区域技术转移协作网络的深化发展。面对全球数字经济发展的新趋势，中国与"一带一路"共建国家积极构建创新共同体，旨在通过加强科技合作、促进技术转移，共同推动区域数字经济的高质量发展。为此，中国建设与东盟、南亚、阿拉伯国家、中亚、中东欧构建了五个区域技术转移平台，分别是广西开展的"中国—东盟技术转移中心"建设、云南开展的"中国—南亚技术转移中心"建设、宁夏开展的"中国—阿拉伯国家技术转移中心"建设、新疆开展的"中国—中亚科技合作中心"建设、江苏开展的"中国—中东欧国家技术转移虚拟中心"建设等（中国一带一路网，2019）。这些中心不仅为区域内的技术转移和合作提供了便捷通道，还通过定期举办的技术转移和创新合作大会等活动，加强了与共建国家的交流与合作。同时，中国还积极推动构建区域技术转移协作网络，通过加强与国际组织、跨国公司、科研机构等的合作，推动科技成果的跨境流动和商业化应用。这些努力不仅促进了中国与共建国家在数字经济领域的互利共赢，也为全球数字经济的繁荣与发展贡献了中国力量。在创新共同体的引领下，区域内的科技创新活力得到了充分释放，数字经济成为推动区域经济发展的新引擎。

然而，鉴于双方在金融科技成熟度及监管政策环境上的差异，如何在确保技术安全转移的同时，实现技术的精准本地化应用，促进技术与当地市场的深度融合，成为合作中亟待解决的关键问题与挑战。为此，双方需持续加强沟通协调，探索适应各自国情的合作模式，以实现合作共赢的新局面。

五、数字金融市场服务创新

随着中国与中东欧国家跨境电商的蓬勃兴起，双方数字金融合作迎来了新的发展机遇。十年间，双边贸易额稳健增长，累计突破19.1万亿美元，彰显出强劲的经济联动效应。2023年，货物贸易额再创新高，占比升至46.6%，外资引进亦保持两位数增长，活力四射（张伟鹏，2024）。金融科技作为引擎，加速沿线金融市场融合，驱动双方金融机构携手，创新数字金融工具，精准对接市场需求，引领金融服务向智能化、高效化跃迁。此番合作不仅拓宽了服务边界，更在市场开拓、产品创新及基建升级等方面收获累累硕果，共绘金融合作新篇章。

第一，跨境支付领域的全面革新。中国第三方支付巨头（如支付宝、微信支付)已经成功跨越国界,已深入中东欧市场,构建起便捷的跨境支付网络,不仅为跨境电商消费者和商家提供了极为便利的支付解决方案,还极大地促进了双边贸易的快速发展。跨境支付服务商更是积极响应市场需求,与海外银行及发卡组织紧密合作,根据不同"一带一路"共建国家的市场环境和监管要求,量身定制了包括在线收单、全球收款账户创建、外汇兑换、企业钱包管理、全球付款、全球发卡以及国际结算等在内的全方位、端到端的跨境支付数字化服务解决方案(陈植,2023)。在东盟地区,人民币的跨境使用取得了显著成效,《2022 年人民币东盟国家使用报告》[①] 显示,2021 年中国—东盟跨境人民币结算量4.8 万亿元,同比增长 16%,十年来增长近 20 倍,充分证明了"一带一路"倡议下金融合作的巨大潜力和广阔前景。

第二,跨境融资模式的智能化转型。金融科技在跨境融资领域的应用,为传统融资模式带来了革命性的变化。通过运用大数据、区块链等先进技术,金融机构能够更加精准地评估投资风险,为投资者提供更加个性化的融资方案(Gryniuk,2024)。区块链技术的分布式账本特性,促进了可信数据的共享和业务流程的优化,为商业银行间的跨组织协同、跨领域合作提供了强有力的技术支持(Rijanto,2021)。自 2018 年起,中国银行积极响应中国人民银行号召,深度参与贸易金融区块链平台构建,凭借该平台提供的"商业发票业务背景材料信息"等核心功能,成功实现了应收账款融资等关键业务流程的全面线上化操作与数据共享机制,有效降低了企业融资门槛与成本,并显著提升了贸易融资的效率和安全性(刁凤圣,2022)。

第三,数字金融治理体系的不断完善。在数字金融领域,中东欧国家与中国都高度重视治理体系的建设和风险防范工作。一方面,各国通过加强金融监管合作,如欧盟内部欧洲委员会、欧洲央行及欧洲银行监管局(EBA)等机构的协同监管框架的建立和完善,确保了金融政策的统一性和有效性,为数字金融市场的健康发展提供了有力保障。另一方面,中国于 2020 年 9 月率先发起《全球数据安全倡议》,明确提出反对利用信息技术非法获取数据,为国际数据治理提供了中国方案,有效增强了数字金融合作中的互信,共同维护了金融

---

① 《2022 年人民币东盟国家使用报告》https://apdib.com/zh/2022year - rmb - aseancountries - report/.

稳定与数据安全,为双方数字金融治理合作奠定了坚实的制度基础(沈陈和郭明英,2022)。

第四,市场互联互通的持续深化。双方深化市场互联互通,依托数字化金融服务和金融科技基础设施的强化,高效推动资本市场互联(徐尚斐,2021)。跨境证券交易所通过交易联通、跨境产品挂牌等创新方式,拓宽了投资者的投资渠道,实现了资本市场的跨境无缝对接。为降低交易成本、缓解结算风险,亚行等国际金融组织正在携手 ConsenSys、富士通、R3 和 Soramitsu 等区块链领军企业,促进"10+3"地区央行与证券存管机构在区块链网络中的直接互联,加速区域金融一体化进程(ADB,2022)。此外,双方正积极研究该地区系统的互操作性和中央银行数字货币的可行性,为金融市场创新注入新活力,引领未来金融发展方向。

第二节 数字金融合作强化资本市场融资支持

本章将系统分析数字金融合作如何多维度地强化中东欧国家资本市场的融资支持功能,进而为资本市场的持续、健康发展提供更加多元化、高效且风险可控的融资环境。数字金融合作通过技术创新与模式创新,不仅拓宽了传统融资渠道的边界,使得资金流动更加便捷高效,显著降低了融资成本,提高了融资效率。这一过程中,大数据、云计算、人工智能等先进技术的应用,显著优化了信用评估、风险管理、资产定价等关键环节,从而进一步增强了资本市场的吸引力和竞争力。同时,数字金融合作还促进了跨境监管机制的完善,增强了风险防控能力,为资本市场的稳定运行提供了坚实保障。

一、拓宽融资渠道

数字金融合作正积极拓宽中东欧国家资本市场的融资渠道。通过跨境数字支付平台的搭建,国际资本流动更加便捷,为本地企业开辟了新融资渠道。同时,金融机构与科技公司的紧密合作,催生了基于大数据、人工智能等技术的创新金融产品，提高了融资效率与服务质量。此外，众筹与P2P借贷平台的蓬勃兴起，进一步降低了融资门槛，增强了金融包容性。这些综合举措共同构建了一个多元化、高效且风险可控的融资环境，为中东欧国家的经济发展注入了强劲动力。

第一，跨境数字支付平台的构建，有效拓宽了融资渠道，为本地企业提供了更多融资选择，促进了国际资本的流入。根据Ozili（2018）的研究指出，跨境数字支付平台可以显著提高资本市场的流动性和深度。中东地区为打造互联互通的跨境支付生态系统，已经启动了包括沙特阿拉伯和阿联酋之间的共同数字货币阿伯项目，Buna支付平台支持阿拉伯货币基金组织成员之间的多币种支付，以及连接海湾合作委员会（GCC）六个国家的实时全额结算（RTGS）系统的AFAQ系统在内的三项重大举措（McKinsey & Company，2021）。此外，爱沙尼亚推出的e—Residency计划使得非本国居民可以在线注册公司并进行跨境金融活动，进而吸引了大量国际投资者（Kotka et al.，2015）。

第二，金融机构与科技公司合作开发新型金融产品。金融机构与金融科技公司之间围绕数据共享、技术融合、产品创新及风险防控等多个维度展开深度合作。通过整合双方优势资源，设计出更加贴合市场需求、降低交易成本、提高服务效率的金融产品。利用大数据、人工智能、区块链等先进技术，金融机构能够更精准地进行风险评估、信用评级，从而开发出更加灵活多样的贷款、保险、投资等金融产品。波兰最大的银行PKO Bank Polski与金融科技公司合作，推出了基于人工智能的企业信贷评估系统，为中小企业提供更灵活的融资方案（Gryniuk，2024）。这种合作模式不仅满足了企业的多元化融资需求，还推动了金融创新的发展。

第三，众筹和P2P借贷平台的发展为中小企业和个人提供了创新的融资渠道，提升了金融包容性与普惠性（Ziegler et al.，2020）。金融科技平台通过直接连接资金提供者与资金需求者，打破了传统金融体系的壁垒，使得融资过程更加透明、高效且成本更低。在波兰，众筹和P2P借贷的创新应用尤为显著。以股权众筹为例，波兰的Beesfund平台通过引入代币化技术，不仅简化了融资流程，还显著降低了中小企业的融资门槛。这一创新模式使得中小企业能够更快速地筹集到发展所需的资金,促进了企业成长和市场活力(Kliber et al.,2021)。Beesfund 的成功案例表明,股权众筹平台在波兰乃至整个欧洲地区都具有巨大的发展潜力。捷克共和国的 Zonky 平台自 2015 年成立以来,凭借其高效、透明的运营模式,吸引了大量借款人和投资者的关注。平台交易量的持续增长,不仅反映了市场对替代融资方式的高需求,也为借款人提供了更多元化的融资渠道,同时为投资者创造了新的、风险与收益相匹配的投资机会(Czech National Bank,2021)。

二、提升融资效率

数字金融合作有助于提升资本市场的融资效率。金融科技通过大数据分析、区块链技术、智能投顾与量化投资以及数字金融合作等多种手段,显著提升了资本市场的融资效率。通过自动化处理和数据分析技术,金融机构可以快速完成对企业的信用评估和融资审批流程,缩短融资周期。同时,数字金融合作还可以促进信息共享和资源整合,提高资本市场的整体运行效率。

第一,大数据与人工智能的深度融合,提升信用评估的精准度与效率。相比传统金融机构依赖有限数据和主观判断的评估方式,金融科技公司利用海量数据,包括企业经营、交易及社交行为等多维度信息,构建了更为全面的信用评估体系。这种数据驱动的评估方法不仅加速了信贷决策过程,还降低了运营成本,为资本市场提供了更加快捷、高效的融资服务(Onorato et al.,2024)。自动化处理与数据分析技术,如贷款自动化系统能够整合分散的系统,能显著提升融资流程效率,同时提供坚实的审计和控制优势(Moody's Analytics,n. d.)。

第二,区块链技术在供应链金融领域的应用,显著提高金融交易的透明度和效率。其去中心化、透明且不可篡改的特性,确保了每一笔交易记录的清晰与完整,对所有参与者公开透明,有效缓解了信息不对称问题,并防范了欺诈行为。区块链还通过自动化处理减少了人工干预,进一步缩短了融资周期。它构建的分布式账本系统,利用高级加密技术保护数据安全,同时借助共识机制确保交易的真实性与有效性,为中小企业开辟了新的融资途径(Rijanto,

2021；Trivedi et al.，2021）。

第三，智能投顾与量化投资重塑投融资新格局。智能投顾利用算法为投资者量身定制投资组合，降低了投资门槛，提升了投资效率。而量化投资则依托复杂的数学模型，快速分析市场信息，做出高效投资决策，满足了投资者多样化的需求，使融资活动更加精准高效。

第四，跨境金融合作深化提升资本市场融资效率。通过数字金融合作，各方能够跨越地域界限，共享资源、协同作业，共同推动资本市场的创新发展。这种开放合作的模式不仅降低了融资成本，提高了融资效率，还拓宽了融资渠道，优化了资金配置，为企业提供了更广阔的融资舞台。

三、降低融资成本

数字金融通过减少信息不对称，提高金融服务的效率，显著降低了中东欧地区的资本市场融资成本（Kliber et al.，2021）。借助大数据、区块链和人工智能技术，金融机构可以更精准地评估企业的信用状况和风险水平，从而制定合理的融资利率和条件。此外，数字金融合作还可以推动金融市场的竞争，促使金融机构提高服务质量和降低收费标准。这不仅提高了金融服务的可及性和普惠性，还为促进中国与中东欧国家的经济合作创造了有利条件。

第一，金融科技极大地简化了融资流程，显著削减了中介费用。借助互联网技术，金融科技平台实现了资金供需双方的无缝对接，有效剔除了传统金融体系中的冗余中介环节，从而加速了融资流程，并大幅度降低了中介费用，直接减轻了融资成本负担（Rijanto，2021）。小微企业和个人能够直接通过这些平台获取资金，有效规避了传统融资路径中的高昂中介成本与佣金。英国金融行为监管局（FCA）数据显示，P2P借贷平台相较于传统银行，能为小企业提供低2~3个百分点的贷款利率（FCA，2018），充分印证了金融科技在降低融资成本方面的显著成效。此外，金融科技平台的自动化与智能化流程大幅简化了融资操作的复杂度，全程线上操作，不仅提升了融资效率，还降低了平台运营及借款人时间与资金成本。同时，自动化流程减少了人为错误与欺诈风险，为融资过程增添了多重安全保障。

第二，金融科技显著提升了信用评估的精准度，并优化了费率结构。依托大数据与人工智能技术，金融科技平台实现了智能信用评估，其高效性与精准度远超传统人工审核，有效增强了风险识别能力（姚鸟儿，2020）。据 Fuster 等（2022）研究，使用机器学习模型进行信用评估能较传统信用评分模型降低 23%～25% 的违约率。这一精准的风险定价机制，使得平台能为借款人提供更加合理的融资利率与费用结构，进一步降低其融资成本，并吸引更多投资者参与，形成良性循环，持续推动融资成本的优化。FCA 的研究亦指出，P2P 借贷平台为小企业提供了更多融资选择，有时能提供比传统银行更具竞争力的利率（FCA，2014），为难以从传统渠道融资的企业开辟了新路径。

第三，监管科技（RegTech）的应用深刻降低了金融行业的合规成本。监管科技，作为金融科技的重要分支，通过融合人工智能、大数据分析、区块链及云计算等先进技术，极大地简化了监管与合规流程，实现了自动化与优化，不仅助力被监管机构提升合规效率、削减成本，还强化了监管机构的风险监测效能，大幅降低其工作量，显著减轻了金融机构的运营负担。传统合规工作繁重且易出错，而监管科技通过自动化处理交易记录、客户身份信息等数据，大幅减少了人工审核的需求。摩根大通案例显示，其利用机器学习技术审查商业贷款协议，将原本需 360000 小时的人工工作缩减至几秒内完成（Son，2017）。智能合约与区块链技术则能自动执行合同条款，降低了法律审查与争议解决成本。毕马威报告指出，区块链技术可将某些合规流程成本降低 25%～50%（KPMG，2018）。此外，监管科技通过实时数据监控与分析，能够即时识别潜在合规风险，使金融机构能够迅速响应，避免了因延误发现而导致的更大损失，既提升了合规效率，又增强了合规的准确性。

四、加强风险防控

数字金融合作有助于加强资本市场的风险防控能力。借数字金融合作通过金融科技的应用，在风险识别与预警、交易透明度提升、监管效率增强以及跨境合作深化等方面，显著加强了资本市场的风险防控能力。这些举措不仅有助于保护投资者利益，维护市场稳定，还促进了金融市场的健康发展。

第一，金融科技通过大数据与人工智能技术的应用，显著提升了风险识别与预警能力。大数据平台能够收集并分析海量市场数据、交易行为以及企业运营信息，为风险防控提供全面、实时的数据支持。人工智能算法则能够自动识别异常交易模式、评估信用风险，并提前预警潜在的市场风险。据《中国金融科技发展报告（2022）》显示，基于机器学习模型的风险预警系统，相较于传统方法，能够提前数周乃至数月发现市场异动，为监管机构和市场参与者提供了宝贵的反应时间。

第二，区块链技术的运用增强了交易的透明度和不可篡改性，从而降低了欺诈与操作风险。林晓轩（2016）指出区块链技术通过其独特的信任机制，为资本市场构建了一个更加安全、可信的交易环境。中心化特性确保了交易记录对所有参与者开放透明，任何数据篡改企图都将被网络即时察觉并排斥，极大地遏制了市场操纵、内幕交易等不法行为。智能合约的自动执行功能减少了人为错误与欺诈的可能性，提高了交易流程的公正性与效率。与此同时，监管科技通过深度整合金融机构的交易数据，实现了对交易双方信息及交易全过程的精准识别、持续追踪与实时监测，不仅追溯资金来源与最终流向，还深刻揭示了金融产品的本质特征（杜宁等，2017）。这一综合手段确保了金融市场的透明运作，为监管提供了强有力的技术支持。

第三，金融科技促进了监管科技的快速发展，提升了监管效率与精确度。金融机构往往需要向不同的监管部门报送涉及反洗钱、征信、风险管理等繁杂的合规类报表。如果完全由人工处理，势必大大降低效率且造成资源浪费。监管科技利用大数据、人工智能等技术手段，对金融机构的交易行为、风险管理等进行实时监测与分析，及时发现并处理违规行为，有效降低了监管滞后性和漏报率。此外，监管科技还可以自动锁住某个金融机构的部分业务，通过自动化报告生成、智能审核等功能，自动生成违规处罚决定，监督整改状况，减轻了监管机构的工作负担，提高了监管效率（杜宁等，2017）。

第四，金融科技促进了跨境金融合作的深化，加强了全球资本市场的风险联防联控。反洗钱金融行动特别工作组（FATF）于2017年5月组织的监管科技专题论坛，专门讨论了打击洗钱和恐怖融资方面智能监管创新的指导原则（马勇，2021）。通过金融科技手段，各国监管机构可以更加便捷地共享市数据、风险信息，协同应对跨国金融风险。这种跨境合作不仅有助于提升单一市场的风险防控能力，还能够增强全球金融体系的稳定性。

五、评估金融部门作用

本节研究了金融部门影响资源效率的传导渠道（Yao et al.，2023）。第一个渠道涉及通过增加资本积累来推动专注于能源效率的项目。金融市场的发展创造了吸引更多资本的机会，促进了资本的积累，这些资本可以被引导到能源效率项目中，使其对投资者更具吸引力。此外，绿色金融市场的发展在确保投资回报和促进透明度方面起着关键作用。因此，绿色项目变得更加安全和吸引投资者，从而积极推动能源效率计划的进展。另一个重要的渠道是金融扩散和包容，旨在促进社会各阶层特别是弱势家庭的平等和更广泛的金融服务获取。金融扩散和包容这两项政策可以鼓励各社会经济层次更多地参与可持续发展事业，包括优化自然资源的利用。此外，金融部门对自然资源效率的影响还通过间接传导渠道延伸。

数据描述与估计路线。本节旨在阐明金融部门对21个亚太经济合作组织（APEC）国家在2000~2021年资源效率的影响，共获得462个观察值。所研究国家的自然资源效率指数是利用赵与拉索利—内贾德（2023）提出的一种新型构造来计算的，该指数涵盖了10个不同的变量。该指数通过主成分分析（PCA）技术得出。对于解释变量，选择了绿色金融市场的规模和金融开放度（Chinn - Ito 指数）。在理论背景的基础上，还选择了 GDP、经济不确定性指数和外国直接投资（FDI）流入量。为了确定影响的弹性，所有选择的变量都被转换为对数形式。

预计绿色金融市场的规模将对 APEC 成员国的能源效率产生积极影响。作为一个动态市场，绿色金融部门有可能通过提供必要的保障和承诺以实现有利的投资回报，从而吸引私营部门投资者，促进环保项目的推进。同样，金融市场开放度的程度，促进国际货币和金融互动，可能会吸引更多外国投资者参与可持续项目，因此预计该变量的系数为正。至于 GDP 系数，其影响可能是正面的也可能是负面的。如果 GDP 增长积累的资本被投入环保项目中，系数将是正值。相反，如果环境考虑对 GDP 增长没有影响，系数可能会变为负值或保持不显著。关于经济不确定性指数作为经济风险的代理，其系数预计为负。经济中的不确定性和风险增加可能会抑制国内外投资者参与可持续项目的意愿，从而最终对自然资源效率产生负面影响。外国直接投资（FDI）流入的系数则难以预测。如果绿色投资在总 FDI 流入中的占比较小，则该变量的系数可能为负或不显著。相反，如果大量 FDI 流入用于可持续项目，则该变量的系数可能变为正值。

估计程序的开始是对 APEC 国家面板单元进行横截面依赖性（CD）检验。为此，执行了 Pesaran（2004）提出的检验。如果横截面依赖性检验结果显示存在关联，则常规的一代面板单位根检验可能不适用于评估变量的平稳性。在这种情况下，需要使用适应横截面依赖性的二代检验。因此，进行横截面扩展的 IPS 检验，该检验由 Pesaran（2007）制定。估计程序的后续阶段包括检查变量之间是否存在协整关系。为此，采用了 Westerlund（2007）提出的协整方法。

继续估计过程，独立变量的系数使用连续更新的完全修正（CUP – FM）技术进行推导。该估计量最初由白与高（2006）提出，并被众多早期研究推荐，证明特别适合我们的分析。当存在横截面依赖性时，一般的面板协整估计量如 FMOLS 或 DOLS 可能不适用。因此，采用 CUP – FM 估计量以确保我们系数的准确估计。应用 Demitrescu – Hurlin（2012）方法探讨因变量与解释变量之间的因果关系。最后，进行稳健性检验，以确保我们实证估计的可靠性和稳健性。

对独立变量系数的估计显示，绿色金融市场的规模对 APEC 成员国的资源效率具有积极影响。绿色金融市场的规模增加 1% 会导致研究国家的资源效率提高 0.219%。这一发现与众多先前的研究一致（如 Afzal et al.，2022；Rasoulinezhad and Taghizadeh – Hesary，2022），这些研究认为绿色金融是促进可持续发展项目的高效工具，并期待未来市场有显著扩展。同样，金融开放度指数显示出正系数，表明金融市场开放度增加 1% 会导致 APEC 成员国的自然资源效率提高近 0.107%。这一结果与 Jabeen 等（2023）的研究一致，他们确认金融开放在促进金融深化和生态保护方面的积极作用。金融市场的开放性增强了金融和货币互动的广度和便利性,从而增加了对环保项目的投资,包括资源效率项目。此外,GDP对APEC成员国自然资源效率有良好影响。经济增长意味着各种经济部门的繁荣和资本积累,在APEC成员国中,这转化为环保项目的进展。这一发现支持了Xu等(2023)的观点,他们认为具有环境考虑的经济增长可以推动资源效率。另外,结果表明经济不确定性指数对APEC成员国自然资源效率的改善产生负面影响。经济不确定性增加1%会导致资源效率下降0.55%。经济中的不确定性增加了绿色项目的投资风险,导致投资者参与这些项目的意愿降低。这一发现与Choi等(2019)的观点一致,他们强调经济风险是吸引资本用于环境相关项目的重要阻碍。最后,外国直接投资(FDI)的流入对APEC成员国的自然资源效率产生了负面影响。FDI增加1%会导致资源效率下降0.05%。这一发现与Gao和Zhang(2013)的结果相反,后者发现FDI与环境效率之间存在正相关关系。随后,使用Demitrescu–Hurlin(2012)方法分析变量之间的因果关系。通过因果关系分析,揭示了自然资源效率与绿色金融之间、自然资源效率与金融开放度指数之间的双向因果关系。

本节旨在探讨金融部门与21个APEC成员国能源效率之间的关系。我们收集并分析了2000~2021年的年度数据,采用面板数据框架进行研究。主要实证结果表明,APEC成员国的绿色金融市场和金融开放度对提高资源效率具有积极影响。特别是,相比于金融开放度指数的变化,资源效率对绿色金融市场的变化更为敏感。因此,绿色金融市场的任何有利变化或发展将对资源效率产生更显著的影响。此外,APEC成员国经济规模的大小也对其资源效率产生了积极影响。随着经济规模的增长、人均收入水平的提高,导致对绿色商品的需求增加和支持环保项目的资本积累。相反,经济不确定性指数和外国直接投资对资源效率的影响不利。增加的不确定性会引入更高的投资风险,降低投资者参与环保项目的意愿。如果外国直接投资没有分配到可持续项目中,也可能对可持续发展目标产生负面影响。

作为一项重要的实际政策,建议APEC成员国优先发展绿色金融市场,实施数字化政策并推动数字绿色金融将提升信息获取和市场透明度。此外,在数字绿色融资市场中利用区块链技术和加密货币将增强对自然资源效率相关项目的投资能力。另一项关键的应用政策是支持绿色外国直接投资,政府可以提供税收优惠、绿色贷款和简化行政程序等激励措施,以吸引外国投资者参与APEC成员国的可持续项目。同时,还应致力于缓解经济不确定性的负面影响。建立快速预警系统、增强金融和经济韧性、监控通货膨胀和汇率波动,以及与邻国开展政治和经济外交,将有助于降低研究国家的经济不确定性指数。

第三节 深化中国—中东欧数字金融合作建议

本章将深入剖析并阐述中国与中东欧国家在数字金融领域内携手并进的合作策略。鉴于中东欧国家对通过数字经济强化金融合作、促进经济转型升级的迫切需求已然凸显,而各国间在发展水平、资源条件及制度架构上的差异性,构成了合作路径规划中的关键考量。为确保合作能够精准对接各国实际需求,采取既灵活多变又具阶段性的合作策略显得尤为必要,各国秉持普惠金融的核心理念,致力于搭建起广泛包容、普惠共享的合作框架,以促进数字金融成果惠及更广泛区域与民众,共同推动双方金融合作迈向新高度。

一、完善合作框架与基础

构建"一带一路"数字金融合作联盟,奠定中国与"一带一路"共建国家,特别是中东欧地区,数字金融领域常态化合作的坚实基础。定期举办高层对话会议,深化政策协同,促进双方乃至多方在数字金融政策上的无缝对接与相互理解。同时,积极推动技术标准的国际化进程,力求在区块链、大数据、人工智能等关键技术领域实现标准的统一与互认,为跨境数字金融服务的顺畅流通铺设道路。此外,建立政策协调与技术交流的桥梁,为中东欧各国乃至更广泛的"一带一路"共建国家提供一个开放共享、互利共赢的合作空间,共同探索数字金融合作的新模式、新路径,携手开创金融合作的新篇章,为区域乃至全球经济的数字化转型注入强劲动力。

第一,加强地区合作与对话。通过建立高层对话机制,签订贸易与金融科技合作协议，将金融科技全面纳入"一带一路"倡议之中，推动"数字丝绸之路"的深入建设。同时，积极落实相关合作谅解备忘录及《"一带一路"数字经济国际合作倡议》，提升区域数字基础设施的互联互通水平，为金融科技产业的蓬勃发展提供有力支撑。其次，优化资金支持与技术援助体系，借助亚洲基础设施投资银行、丝路基金等平台，向数字金融基础设施薄弱国家提供必要的资金支持和先进的技术援助，助力其加快数字化转型。此外，推动多边合作机制常态化，利用中国在金融科技领域的综合优势，深化"一带一路"银行间常态化合作（BRBR），并建立中国与东盟、中东欧、阿拉伯国家以及上合组织、金砖国家等多边银联体，共同实现金融科技服务的多边化、全球化目标，为区域经济的繁荣与可持续发展注入新的活力（张伟鹏，2024）。

第二，深化政策协调与强化监管机制。政策协调是数字金融合作的重要支柱，各国应就数字金融监管、数据保护、网络安全、风险预警等方面的政策进行协调，积极推进与"一带一路"共建国家的金融科技合作及创新监管协同，降低跨境金融服务的监管成本，有效防范监管套利及金融科技跨境业务和技术应用风险，促进金融创新。深化网络安全治理技术合作，重点加强数据法规的互认与风险监测网络的共建共享，以携手共建网络空间命运共同体为引领，以防范隐私数据在技术应用与网络互联过程中的泄露风险，引导网络安全建设领先国家通过技术推广、技术援助等途径帮助其他国家筑牢筑强网络安全系统，推动各国打开"一带一路"数字治理新局面，共同营造公平开放、安全健康的数字经济发展环境。同时，健全监管信息共享、风险联动响应与跨区域应急处理机制，通过签署金融科技合作备忘录，深化监管协调与信息共享，提升共建国家金融科技风控能力及跨境监管合作水平（胡群，2021）。

第三，加速技术标准统一与信息共享进程。统一支付协议、数据格式及加密标准等核心技术标准，是构建无缝跨境金融服务体系的基石。强化"一带一路"倡议下国家间金融科技标准的互联互通，提升我国在全球金融科技标准制定中的领导地位与影响力。派遣专家深度融入国际标准化组织（ISO）的金融服务技术委员会等核心机构，积极参与前沿技术在金融领域应用的标准制定工作。同时，充分利用"一带一路"共建国家标准信息平台及全球数字金融中心等国际平台，优先从中国—东盟、中非合作论坛等合作基础稳固的框架出发，聚焦于我国具有显著优势的金融科技领域，如移动支付、数字银行、法定数字货币等，深化与共建国家间的标准信息共享与合作，促进金融科技实践案例、标准规范及成功经验的广泛交流，实现知识互鉴与资源双向流动，共同推动"一带一路"共建国家金融科技行业的整体飞跃，实质性增强我国在国际标准制定中的参与度，并提升其国际竞争力与影响力（胡群，2021）。

二、丰富合作平台与机制

针对中东欧各国在数字技术基础设施与总体发展水平上的显著差异，建议采取灵活且适应性强的策略框架推进数字金融合作。该框架应紧密围绕各国当前发展阶段、实际需求及潜力，动态调整与优化。波罗的海国家与斯洛文尼亚作为领跑者，可引领技术交流与标准制定；捷克、克罗地亚等国应聚焦其优势领域深化合作；而希腊、保加利亚等国则需加强基础设施与技能建设，同时吸引并留住人才（中国国际问题研究院，n.d.）。因此，在推进数字金融合作进程中，建议采取一种高度灵活且适应性强的策略框架，紧密围绕各成员国当前的发展阶段、实际需求及潜在能力进行动态调整与优化。

第一，制定差异化合作策略，打造分阶段合作方案。根据数字经济与社会指数（DESI）报告（2022），波兰和匈牙利在数字技术和产业融合方面相对领先，罗马尼亚居中，捷克共和国和斯洛伐克则相对落后。因此，合作策略应针对各国实际情况进行个性化调整。对于波兰和匈牙利，可重点推进高级金融科技应用，如人工智能在风险管理中的应用；对于罗马尼亚，可关注数字支付和移动银行等领域的合作；对于捷克共和国和斯洛伐克，则可优先考虑基础设施建设和普惠金融服务。此外，在推动中东欧国家货币和支付系统整合时，鉴于各国间本币结算的障碍和数字金融科技应用的不完善，构建一个包含短期、中期、长期目标的分阶段合作方案显得尤为重要。该方案以智能、便利的无纸化文件流为中间步骤，降低市场壁垒和贸易风险，为数字货币结算打下基础，并通过完善法律和监管框架，建立跨境数字货币交换机制，解决技术兼容性问题，最终从根本上推动中东欧国家数字货币结算的发展。

第二，强化数字金融架构建设，深化标准协同与法制对接。鉴于发达国家及其跨国企业在数字金融领域的领先地位，中国与中东欧国家应携手推进数字金融标准的国际互认与立法协同，构建涵盖统一监管框架、跨境数据流管理规则、网络安全协作机制及数字身份认证标准的全方位治理体系。各国需增强抵御外部数字金融霸权及支付体系潜在风险的能力，主动融入全球数字经济规则制定进程，捍卫自身数字主权与金融安全。通过G20、APEC等高端国际舞台及多边合作机制，积极参与数字贸易规则、数据开放共享、网络安全与隐私保护等领域的国际标准创设，提升发展中国家在全球数字经济治理中的话语权和规则塑造力，共同塑造公正、透明、高效的全球数字经济治理新秩序（何雄浪和潘宇欣，2023）。同时，各国应聚焦公民隐私保护、反洗钱、反恐融资及跨国犯罪防控等关键领域，加强政策对话与协同，合力打造安全、灵活、高效且成本优化的全球数字金融架构，促进数字经济健康可持续发展（沈陈和郭明英，2022）。

第三，完善数字基础设施，构建综合服务平台。依托大数据等数字技术融通各国金融信息、数据通道，打造集大数据系统、区块链中枢系统于一体的协调高效的"一带一路"双多边融资开发合作中心，积极引导多方金融资源有机聚合。深度整合5G、大数据、物联网等前沿技术，加速数字基础设施的迭代升级，确保数字网络的广泛覆盖与高效运行。通过汇聚既有金融科技成果，并采纳"四位一体"的金融科技架构策略，构建一个集全面性、层次性与高度包容性于一体的综合数字金融服务平台（刘玲等，2023）。此平台将补齐数字服务体系的短板，不仅作为金融机构与用户之间的精准对接桥梁，提升交易透明度与成功率，还可根据市场动态与用户反馈，灵活调整金融服务策略，增强用户满意度与忠诚度。同时，依托大数据分析与区块链技术，实现对资金流动与贸易流程的全程可追溯，有效降低贸易风险，促进贸易通道的顺畅无阻。利用这些先进技术挖掘投资潜力，精准定位中亚等地区的投资热点，引导资本合理流动，既助力区域经济发展，又通过发掘新兴投资领域，逐步缩小"一带一路"共建国家在金融科技发展上的差距，共同迈向数字经济合作的新高度。

第四，稳定政策环境，加强风险管理能力。"一带一路"共建国家可通过稳定政策环境、加强政府治理和改善投资环境来降低系统性风险发生的可能，促进共建国家间交易的透明性、安全性;改变政策偏向性,以此吸引资本流入并提高国内企业的竞争力,同时加强地区间的合作对话,通过签订贸易合作协议、达成统一制定规则意识等外交和政治手段解决政治隐患。对于金融科技发展所带来的一系列风险,有关部门需完善监管框架和相应法规,密切关注市场动向,及时调整监管政策,并对市场交易行为严加监控。同时,加大科技创新投入、加强信息交流以降低操作风险,为经济稳定发展提供支持。

第五,构建统一跨境贸易信用体系,降低法律和政策壁垒。利用区块链、物联网等新兴技术对交易货品进行信用标记,并利用贸易白名单和黑名单制度来区分守约客户和违约客户,以降低项目风险。提高各国对于统一规则制定的积极性和参与度,依托国际贸易跨境平台,借鉴国际先进经验,结合各国实际情况,构建具有"一带一路"特色的统一跨境贸易信用体系。同时,加强各国对于调整后的相关法律和政策的沟通,增强政策透明度,从而加强交易稳定性,如通过多边和双边贸易协议谈判、加强国内产业结构调整和创新能力提升,降低对外贸易的依赖,加强内需和区域贸易的发展。

三、扩大合作试点示范项目

在数字经济时代,技术融合与自主创新成为中东欧数字金融发展的关键引擎。为加速该区域数字金融的蓬勃发展,亟须通过扩大合作试点示范项目,验证技术应用,融合先进技术与本土创新,奠定坚实基础。政府应领航金融科技创新,激发初创企业活力,促进生态繁荣。同时,推动产业融合,构建示范网络,引领金融机构数字化转型,树立区域金融合作典范,共绘金融科技新未来。

第一,强化技术融合与自主创新双轮驱动。作为数字金融发展的核心动力,技术融合与自主创新应并驾齐驱。各国应依托新工业革命伙伴关系创新基地,优先在数字支付、信贷、结算等关键领域开展试点示范项目,在快速验证技术可行性的同时,通过跨境金融实践提前识别并应对潜在安全风险,进而促进技术创新的快速迭代,确保技术应用的安全可靠。

第二,政府主导,激活金融创新生态。政府应站在金融科技发展的前沿,通过制定针对性扶持政策、提供资金援助、优化创新环境等举措，为金融科技初创企业注入强劲动力。同时，加强国际合作，促进中东欧国家间的数字化转型经验交流，结合各自产业特色，将中国及其他成功国家的金融科技案例本土化，探索出各具特色的产业创新之路，增强区域金融科技的国际竞争力。

第三，深化产业融合，共建数字金融示范网络。倡导新开发银行及中东欧本土金融机构积极参与新工业革命伙伴关系创新基地的项目合作，携手构建覆盖银行间业务与跨境交易结算的数字金融示范工程。通过产业深度融合，加速金融机构的数字化、网络化、智能化转型步伐，为区域及全球金融合作树立典范，引领金融科技发展的新方向。

四、强化复合型人才支撑

在"一带一路"倡议深入实施、追求高质量发展的关键时期，数字金融科技人才的稀缺性日益凸显，成为制约该领域持续健康发展的瓶颈。鉴于金融科技融合了信息技术、金融工程等多个学科，其复杂性和高要求使得市场上可直接获取的复合型人才极为有限，加强人才培养与储备成为当务之急。面对"一带一路"共建国家多样的官方语言背景，小语种语言人才的匮乏进一步加剧了复合型人才的短缺。因此，中东欧国家应携手并进，在职业教育与高等教育领域深化合作，创新人才培养模式，促进金融科技与小语种能力的深度融合，共同打造一支既精通数字技术又熟悉金融业务、掌握多门语言的复合型人才队伍，为"一带一路"倡议下的数字金融发展提供强有力的智力支持与人才保障。

第一，深化教育合作，共育复合精英。中东欧国家应秉持开放共享理念，依托各自在数字技术、金融领域的优势资源，建立合作办学机制，共同开发跨国教育项目与学位课程。通过举办学术交流、研讨会等活动，促进前沿知识、实践经验的跨国界传播与融合。此外，引入先进的在线教育平台和技术工具，打破地域壁垒，为区域内学生提供全球视野下的金融科技教育，培养具备国际竞争力与跨文化交流能力的复合型人才。

第二，普及数字教育，消除认知差异。中东欧国家需加大对数字素养教育的投入,针对不同社会群体设计定制化培训课程,特别是要关注弱势群体与偏远地区的需求。利用现代科技手段,如在线学习平台、移动应用等,提供便捷、高效的学习资源,提升全民数字技能水平。同时,鼓励社会各界参与数字素养教育,形成政府引导、企业支持、社会参与的良好氛围,共同推动数字素养的普及与提升。

第三,强化政策引领,推动普惠金融。为实现数字金融的包容性发展,中东欧国家应制定并实施一系列政策措施,确保技术红利惠及全体民众。这包括但不限于设立专项基金支持数字金融基础设施建设、开展数字金融知识普及活动、降低弱势群体使用数字金融服务的成本等。同时,加强监管合作,保障数字金融市场的健康有序发展,防止技术滥用与风险传导。通过这些举措,中东欧国家将能够缩小数字鸿沟,促进区域经济的均衡发展,共同迈向更加繁荣的未来。

第六章

科技创新与资本市场的协同路径

在"一带一路"倡议下,中国与中东欧国家的数字经济合作正在蓬勃发展。本章将探讨科技创新与资本市场如何通过政策协同、市场协同、机制协同和人才协同四个维度实现协同发展,从而推动中国与中东欧国家在数字经济领域的深度合作。通过这四个维度的努力,中国与中东欧国家可以构建一个更加开放、包容和创新的数字经济合作生态系统。确保中国与中东欧在科技创新与资本市场方面的合作持续、稳定发展。这不仅有助于推动各国的科技创新和经济发展,还将为"一带一路"倡议下的国际合作提供新的动力和模式。

第一节 政策协同:筑牢合作基石 优化政策生态

政策协调在推动中国与中东欧国家在数字经济领域的深度合作中占据核心地位。它不仅能够确保参与各方在数据流动、网络安全、隐私保护及知识产权保护等关键问题上保持方向一致性和稳定性,从而避免合作障碍,还通过优化资源配置,引导技术、资金、市场等要素在合作框架内合理流动,实现优势互补。此外,政策协调降低了交易成本,提升了合作效率,并通过建立互信基础,增强了双方的合作意愿。面对全球性的数字经济挑战,政策协调促进了跨国界的应对策略制定,对维护全球数字经济的健康发展至关重要。更重要的是,它促进了可持续发展目标的实现,确保了数字经济合作在经济增长的同时,也兼顾了环境保护和社会公平。因此,各国应高度重视政策协调工作,携手推进数字经济领域的深度合作与繁荣。

一、完善法律法规体系

在当今全球数字化浪潮的推动下,数据已成为驱动经济发展的关键要素,而数据保护与隐私安全则成为这一进程中不可忽视的基石。随着信息技术的飞速发展,跨境数据流动日益频繁,不仅促进了全球经济的深度融合,也对各国的数据保护法律体系提出了更高要求。在此背景下,欧盟的《通用数据保护条例》(GDPR)与中国新近实施的《个人信息保护法》作为各自区域内数据保护领域的里程碑式法规,其重要性不言而喻,两者在促进全球数据保护标准提升、强化个人隐私权益保障方面发挥了关键作用。欧盟的 GDPR 自 2018 年生效以来,以其严格的数据处理规则、高额的违规罚款以及广泛的适用范围,为全球数据保护设立了新的标杆。该条例不仅要求企业在收集、处理、存储和传输个人数据时遵循最小必要原则、透明性原则和目的限制原则,还赋予了数据主体一系列权利,如访问权、更正权、删除权以及数据可携带权等,极大地增强了个人对其数据的控制权。GDPR 的实施,不仅提升了欧盟内部的数据保护水平,也促使全球范围内的企业重新审视其数据管理策略,以适应更加严格的数据保护要求。与此同时,中国在 2021 年正式实施的《个人信息保护法》,标志着中国在个人信息保护领域迈出了重要一步。该法旨在建立健全个人信息保护制度,规范个人信息处理活动,保障个人信息权益,促进个人信息合理利用。与 GDPR 相似,《个人信息保护法》也强调了处理个人信息应遵循合法、正当、必要和诚信原则,明确了个人信息处理者的义务,并赋予了个人查询、更正、删除等权利。此外,该法还建立了个人信息保护投诉、举报机制,以及违法行为的法律责任追究制度,为个人信息保护提供了强有力的法律保障。

国际合作在应对网络安全挑战中发挥着关键作用(Klimburg-Witjes & Wentland, 2021)。鉴于中欧双方在数据保护领域的共同追求与努力,中国与中东欧国家在数字经济合作中,如何协调并兼容这两大法律框架,成了一个亟待解决的问题。为此,中国和中东欧国家可以积极探索建立联合工作组的可能性，该工作组将专注于研究如何在尊重各自法律体系差异的基础上，寻求数据保护法律的协调路径。具体而言，工作组可以围绕以下几个方面展开工作。

（一）加强法律互认与对话机制

首先，建立定期的官方对话平台是基石。双方政府可以设立专门的数据保护与合作委员会或工作小组，作为高层对话的常设机构，定期就数据保护法律的最新发展、政策导向及实践挑战进行深入交流。这样的平台不仅能够确保双方政府间信息的及时传递与共享，还能为后续的立法和监管合作奠定坚实基础。

其次，推动双边或多边法律互认协议的签署是重要步骤。鉴于中欧双方在数据保护法律上存在一定差异，通过签署法律互认协议，可以在一定程度上消除法律障碍，促进跨境数据流动的便利化（刘作奎，2022；鞠维伟和顾虹飞，2022）。这种协议可以明确双方在数据保护标准、执法程序、司法协助等方面的互认范围与条件，为跨境企业提供可预测的法律环境，降低其合规成本。

再次，加强学术研究与交流是增进理解与信任的有效途径。双方可以鼓励高校、研究机构及行业协会等组织，围绕数据保护法律、技术、政策等方面开展联合研究，分享研究成果与经验。通过举办研讨会、论坛、培训班等活动，促进学者、专家及从业人员之间的交流与互动，加深彼此对数据保护法律的理解与认识。

复次，推动行业自律与标准制定也是不可忽视的一环。双方可以共同推动建立行业性的数据保护自律组织，制定符合双方法律要求的数据保护标准与规范。这些标准与规范可以作为企业合规的依据，引导企业建立健全数据保护管理制度，提升数据保护水平。同时，通过行业自律组织的监督与评估，可以及时发现并纠正违规行为，维护数据保护法律的权威性与有效性。

最后，加强公众宣传与教育是提升全社会数据保护意识的关键。双方可以通过各种渠道和方式，如媒体宣传、公益广告、在线课程等，向公众普及数据保护知识，提高公众对个人数据保护重要性的认识。通过增强公众的自我保护意识与能力，可以形成全社会共同参与数据保护的良好氛围，为数据保护法律的有效实施提供有力支持。

综上所述，中国与中东欧国家在加强法律互认与对话机制方面，需要政府、企业、学术界及公众等各方共同努力。通过建立官方对话平台、签署法律互认协议、加强学术研究与交流、推动行业自律与标准制定以及加强公众宣传与教育等措施的综合实施，可以增进双方对数据保护法律的理解与信任，为跨境数字经济合作提供更加坚实的法律保障。

（二）探索建立跨境数据流动的安全评估与监管体系

首先，双方应共同制定跨境数据流动的安全评估标准与流程。这包括明确哪些类型的数据属于敏感数据，需要进行特别的安全评估；确立数据出境前的自我评估、第三方评估或政府审批等机制；以及制定详细的安全评估指标，如数据处理者的安全能力、数据保护措施的有效性等。通过标准化的评估流程，可以确保数据在跨境传输前已经过充分的安全审查，降低数据泄露和滥用的风险。

其次，加强数据传输过程中的加密保护是保障数据安全的关键。双方应推动采用国际先进的加密技术和标准，对跨境传输的数据进行加密处理，确保数据在传输过程中不被非法截获或篡改。同时，建立数据传输的监控与应急响应机制，及时发现并应对数据传输中的安全事件，减少损失。

再次，促进数据接收国监管措施的对接与互认是确保跨境数据流动合规性的重要一环。中国与中东欧国家可以加强在数据保护监管方面的合作，分享监管经验，协调监管标准，推动双方监管措施的对接与互认。这不仅可以降低企业跨境数据流动的合规成本，还可以提高监管效率，确保数据在跨境传输过程中始终符合双方的法律要求。此外，建立跨境数据流动的追溯与问责机制也是必不可少的。双方应明确数据跨境传输的责任主体，建立数据跨境传输的追溯体系，确保数据在跨境传输过程中的每一个环节都可以被追溯和问责。这不仅可以提高数据跨境传输的透明度，还可以有效遏制数据滥用和非法传输的行为。

最后，加强国际合作与交流是推动跨境数据流动安全评估与监管体系不断完善的重要途径。中国与中东欧国家可以积极参与国际数据保护规则的制定与讨论，分享各自在跨境数据流动安全评估与监管方面的经验与实践，共同推动全球数据保护水平的提升。

综上所述，中国与中东欧国家需要通过制定跨境数据流动的安全评估标准与流程、加强数据传输过程中的加密保护、促进数据接收国监管措施的对接与互认、建立跨境数据流动的追溯与问责机制以及加强国际合作与交流等措施，共同探索并建立跨境数据流动的安全评估与监管体系，确保数据在跨境传输过程中的安全性与合规性。

（三）推动数据保护技术的研发与应用

首先，双方应加大对数据保护技术研发的投入力度。通过设立专项研究基金、支持高校与科研机构合作、鼓励企业技术创新等方式，激发数据保护技术的研发活力。重点研发领域包括数据加密、匿名化处理、数据脱敏、访问控制、入侵检测与防御等关键技术，为跨境数据流动提供坚实的技术保障。

其次，促进数据保护技术的交流与共享。建立技术交流平台，定期组织技术研讨会、展览会等活动，促进双方技术专家、企业代表之间的深入交流。通过分享成功案例、交流技术难题、探讨解决方案等方式，推动数据保护技术的快速迭代与升级。同时，鼓励双方企业开展技术合作，共同研发适应跨境数据流动需求的新技术、新产品。

再次，推动数据保护技术标准的制定与互认。在技术研发与应用的基础上，双方应积极参与国际数据保护技术标准的制定工作，推动形成统一、兼容的技术标准体系。通过技术标准的互认，降低跨境数据流动中的技术壁垒，确保数据在不同国家和地区之间能够顺畅流通。同时，鼓励企业采用国际先进的数据保护技术标准，提升企业的数据保护能力和市场竞争力。

复次，加强数据保护技术的培训与推广也是至关重要的。双方可以共同开展数据保护技术培训项目，为政府官员、企业人员、技术人员等提供系统的培训课程和实践指导。通过培训，提升相关人员的数据保护意识和技能水平，推动数据保护技术在各领域的广泛应用。同时，利用媒体、网络等渠道加强数据保护技术的宣传与推广，提高全社会对数据保护技术的认知度和接受度。

最后，构建数据保护技术的监测与评估体系。双方应建立数据保护技术的监测与评估机制，定期对数据保护技术的研发、应用情况进行评估与反馈。通过监测与评估，及时发现技术漏洞和安全隐患，推动技术的不断改进与完善。同时，利用大数据技术、人工智能等先进技术手段，对数据保护技术的效果进行量化评估,为政策制定和技术研发提供科学依据。

总之,完善法律法规体系是一个长期和复杂的过程,需要中国与中东欧国家在多个层面展开合作。中国与中东欧国家在数字经济合作中,应高度重视数据保护与隐私安全,通过加强法律协调、技术创新与人才培养等多方面的努力,共同构建安全、高效、互利的跨境数字经济合作新生态。除了政府间的协调外,还应鼓励学术界、产业界和公民社会参与到法律法规的制定和完善过程中,以确保法律法规能够真正反映各方利益,并为数字经济合作创造有利的法律环境。

二、制定支持性产业政策

在全球化日益加深的今天,科技创新已成为国家竞争力的核心要素,对于促进产业升级、提升经济质量、改善人民生活水平具有不可估量的价值。因此,政府应扮演至关重要的角色,通过一系列精准有力的政策措施,为企业和研究机构在科技领域的探索与创新提供坚实的后盾。制定支持性产业政策是推动中国与中东欧国家数字经济合作的重要手段。这些政策不仅能够为企业提供直接的支持,还能创造有利的创新环境,促进跨境合作和技术交流。

首先,税收优惠政策是支持数字经济发展的重要工具。在全球数字经济蓬勃发展的今天,中国和中东欧国家均面临着把握这一历史机遇、加速经济转型与升级的重要任务。为此,双方政府可携手探索并实施一系列税收优惠政策,以精准扶持数字经济相关企业,激发市场活力,推动产业创新。具体而言,针对从事数字经济相关业务的企业,中国和中东欧国家可以考虑在税收层面给予其更多优惠与便利。例如,对于跨境数字服务提供商,鉴于其业务特性往往涉及跨国交易和复杂的服务链条,政府可以实施更为灵活的增值税政策。这包括但不限于降低增值税税率、简化增值税退税流程、提供跨境增值税抵扣便利等,以减轻企业税负,增强其国际竞争力。同时,针对投资数字基础设施的企业,如云计算中心、大数据中心、物联网平台等,政府可以给予更为慷慨的所得税减免政策。这类企业是数字经济发展的基石,其大规模投资对于提升国家数字能力、促进产业升级具有重要意义。通过所得税减免,可以有效降低企业的资金成本，鼓励其加大投资力度，加速数字基础设施的建设和布局。因此，中国和中东欧国家在制定数字经济税收优惠政策时，应充分考虑其对企业研发投入的激励作用。可以通过设立研发专项基金、提供研发费用加计扣除、延长研发设备折旧年限等方式，降低企业的研发成本，增强其创新动力。同时，还可以建立创新成果奖励机制，对取得显著创新成果的企业给予税收返还或额外奖励，以进一步激发其创新热情。

其次，财政补贴和资金支持在推动中国与中东欧国家数字经济合作中同样扮演着举足轻重的角色。为深化双方在科技创新与数字经济领域的合作，双方政府可以考虑共同设立联合创新基金，旨在支持跨境科技创新项目，特别是那些聚焦于人工智能、大数据、区块链等前沿技术领域的合作项目。这些领域是当前数字经济发展的热点和核心驱动力，通过联合创新基金的支持，可以加速技术突破和成果转化，推动数字经济的高质量发展。联合创新基金将提供专项资金支持，用于资助符合条件的跨境科技创新项目。项目申请需经过严格的评审程序，确保资金使用的有效性和针对性。同时，基金运作应遵循市场化原则，引入专业机构进行管理和运营，提高资金使用效率和透明度。此外，中小企业是数字经济的重要组成部分，也是最具活力和创新力的群体之一。然而，由于资金、技术等方面的限制，中小企业在参与跨境数字经济合作时往往面临诸多困难。中国和中东欧国家可以设立专项资金，用于支持中小企业参与跨境数字经济合作。这些资金可以用于技术研发、市场开拓、人才培养等方面，帮助中小企业克服资金不足的障碍，提升其竞争力和创新能力。同时，还可以建立中小企业服务平台，提供政策咨询、融资对接、技术转移等一站式服务，为中小企业参与数字经济合作创造更加便利的条件。

最后，市场准入政策也需要特别关注。中国和中东欧国家可以考虑在数字经济领域进一步放宽外资市场准入限制，降低外资进入数字服务业的门槛：包括简化外资审批流程、放宽外资持股比例限制、提高外资投资便利度等措施。通过更加开放的市场准入政策，可以吸引更多国际资本和技术进入，促进数字经济领域的竞争与合作，推动产业升级和创新发展。在开放市场准入的同时，还应注重维护市场公平竞争秩序。通过建立健全法律法规体系，加强反垄断和反不正当竞争执法力度，防止市场垄断和恶性竞争行为的发生。同时，鼓励国内外企业公平竞争，促进市场资源的优化配置和高效利用。同时，为了促进跨境数字贸易的便利化，中国和中东欧国家应共同努力简化跨境电子商务的海关程序，诸如推进海关信息化建设、实现通关流程电子化、提高海关查验效率等措施。通过优化海关流程，可以缩短货物通关时间、降低企业运营成本、提高贸易效率。此外，中国和中东欧国家可以探索建立"数字自由贸易区"的合作模式，为跨境数字贸易创造更加有利的环境。这包括在区域内实行更加开放的数据流动政策、推动数字产品贸易自由化便利化、加强数字监管合作等措施。通过建立"数字自由贸易区"，可以促进区域内数字经济的深度融合与发展。在建立"数字自由贸易区"的基础上，双方可以进一步拓展合作领域。除了传统的电子商务和金融服务外，还可以加强在云计算、大数据、人工智能等新兴技术领域的合作。通过共同研发、标准制定、市场推广等方式，推动数字经济领域的技术创新和产业升级。

总的来说，制定支持性产业政策需要中国与中东欧国家在多个层面展开合作。这些政策不仅要考虑到短期的经济刺激效果，还要着眼于长期的创新能力建设和产业升级。同时，政策的制定过程应该充分听取企业和学术界的意见，确保政策能够切实解决产业发展中的实际问题。此外，还需要建立政策评估机制，定期评估政策的实施效果，并根据评估结果及时调整政策方向。

三、加强政策沟通与协调

加强政策沟通与协调是促进中国与中东欧国家数字经济合作的关键。制度化的国际合作机制有助于降低合作成本，提高合作效率（Gu et al., 2020）。因此，这种高层对话机制可以为中国与中东欧国家的数字经济合作提供重要的制度保障。这种机制不仅能够为双方合作提供制度化的保障，还能促进政策协调、减少合作障碍，从而提高合作的效率和效果。

第一，建立高层对话机制。为了有效促进政策协调、减少合作障碍，并提升合作的效率和效果，中国与中东欧国家应高度重视并积极推进高层对话机制的建立。具体而言，设立"中国—中东欧数字经济合作高层论坛"是一个极具前瞻性和战略意义的举措。该论坛旨在搭建一个高规格、高水平的交流平台，汇聚双方政府高级官员、业界精英、知名学者以及行业领袖，共同就数字经济领域的合作议题进行深入探讨和交流。论坛的定期举办，如每年或每两年一次，将确保双方能够保持紧密的沟通联系，及时把握合作动态，共同规划合作蓝图。在论坛上，双方可以就数字经济政策、法律法规、技术标准、市场准入等关键问题进行深入磋商，协调立场，达成共识。同时，论坛还可以作为展示合作成果、分享成功经验的重要窗口，激励更多企业和机构参与数字经济合作。通过高层对话机制的建立，中国与中东欧国家将能够更有效地解决合作中遇到的重大问题。这些问题可能涉及跨境数据流动、网络安全、知识产权保护等敏感领域，需要双方政府、企业和学术界共同努力，寻求妥善的解决方案。高层对话机制将为此提供必要的政治支持和智力支持，推动双方在关键问题上取得突破，为合作的深入发展扫清障碍。此外，高层对话机制还有助于提升双方合作的透明度和可预测性。通过定期交流、信息共享和联合研究等方式，双方可以更加清晰地了解彼此的政策走向、市场环境和产业需求，从而制订出更加符合实际、切实可行的合作计划。这将有助于降低合作风险、提高合作效率，推动数字经济合作不断迈上新的台阶。

第二，建立"中国—中东欧数字经济研究中心"。该中心将作为双方智力交流与创新合作的重要平台，不仅致力于开展深入的数字经济政策研究，为两国政府决策提供科学、前瞻性的智力支持，还将聚焦于数字技术的联合研发，通过跨学科、跨国界的合作，推动技术创新与突破，共同应对数字经济时代的挑战（贾瑞霞，2020）。此外，为了促进双方学者、研究人员之间的思想碰撞与深度合作，研究中心还将定期组织学术交流活动。这些活动将涵盖数字经济领域的各个方面，包括政策研究、技术创新、产业发展等。通过搭建这一交流平台，双方学者可以分享研究成果、交流学术观点、探讨合作机会，共同推动数字经济领域的学术繁荣和科技创新。这一举措不仅符合三螺旋模型理念（Etzkowitz & Leydesdorff，2000），即政府、产业与学术界之间的紧密互动是推动创新的关键，也将为中国与中东欧国家在数字经济领域的合作注入新的动力与活力。

第三，构建信息共享平台。该平台将整合多方资源，为双方的合作提供全方位的信息支持。在推进中国与中东欧国家在数字经济领域的深度合作过程中，信息共享对于促进创新合作具有显著的正面影响（Caloghirou et al.，2004），构建信息共享平台显得尤为重要。这一平台不仅是双方政策沟通与协调的核心枢纽，更是促进资源整合、加速合作进程的重要工具。该平台将致力于整合政府、企业、研究机构及行业协会等多方资源，形成一个全面、开放、互动的信息生态系统。在政策沟通与协调方面，信息共享平台将发挥关键作用。它将定期发布和更新中国与中东欧各国在数字经济领域的政策文件、规划蓝图及实施进展，帮助企业和研究机构及时了解政策导向，把握合作机遇。同时，平台还将为双方政府提供一个高效的沟通渠道，促进政策对话与协调，共同解决合作中遇到的问题与挑战。这一平台的运作将为中国与中东欧国家数字经济合作的繁荣发展奠定坚实的基础。

第四，建立争议解决机制。鉴于数字经济的迅猛发展及其独特的跨境、高技术特性，传统的争议解决机制在面对数字经济合作中可能出现的复杂问题时，往往显得力不从心。为此，中国与中东欧国家应携手共进，创新性地设立专门的"数字经济争议解决中心"，以应对这一新兴领域的挑战。该中心将充分融合现代科技手段，特别是利用在线争议解决（ODR）平台，为跨境数字经济合作中的各方提供高效、便捷、低成本的争议解决服务。ODR平台将打破地理界限，实现24小时不间断服务，让争议双方能够随时随地参与调解、仲裁等程序，从而大幅缩短争议解决周期，降低企业运营成本。同时，该中心还将注重培养专业的ODR人才，确保争议解决的公正性和专业性，增强国际社会对数字经济争议解决机制的信任度。

除了争议解决机制的创新外，加强政策沟通与协调的持续性和有效性同样重要。为此，应建立定期评估和调整机制，以确保合作机制能够紧跟数字经济发展的步伐。具体而言，可以设立一个独立的评估委员会，由双方政府代表、业界专家及学者组成，定期对合作机制的运行情况进行全面评估。评估内容应涵盖政策执行效果、市场准入便利度、技术创新合作成果等多个方面，以客观反映合作机制的实际情况。根据评估结果，评估委员会将提出具体的改进建议，为双方政府决策提供有力支持。通过这种动态调整机制，中国与中东欧国家可以不断优化合作策略，提升合作效率，共同应对数字经济时代的机遇与挑战。

综上所述，加强政策沟通与协调需要中国与中东欧国家在多个层面展开深入合作。不仅要考虑到政府层面的需求，还要充分考虑企业和学术界的利益，只有这样，才能建立起真正有效的、可持续的国际合作机制。同时，还需要注意到数字经济的快速变化特性，政策的沟通与协调也应该具有足够的灵活性和适应性，能够随着数字经济的发展而不断调整和完善。

第二节 市场协同：融通资本项目 加速对接效率

中国与中东欧进行市场协同，促进资本与项目的有效对接，对于双方经济发展具有重要意义。这种协同不仅有助于优化资源配置，提高资本使用效率，还能激发市场活力，推动技术创新和产业升级。中东欧国家拥有丰富的资源和市场潜力，而中国则拥有雄厚的资本实力和技术优势。通过搭建高效的对接平台，双方可以更加精准地匹配资本与项目需求，实现互利共赢。这不仅能促进双方经济增长，还能增强彼此间的经济联系和合作深度，为构建更加紧密的中欧关系奠定坚实基础。因此，加强市场协同，促进资本与项目的有效对接，是中国与中东欧国家共同发展的重要方向。

一、促进跨境电子商务发展

跨境电子商务是数字经济时代推动国际贸易发展的重要引擎，也是中国与中东欧国家深化经济合作的关键领域。促进跨境电子商务发展不仅能够为双方企业开拓新的市场机会，还能推动相关产业链的升级和创新。

（一）建立跨境电子商务综合试验区

在全球数字经济蓬勃发展的背景下，跨境电子商务已成为推动国际贸易转型升级的重要力量。中国，作为全球电子商务的领军者，通过在国内多个城市设立跨境电子商务综合试验区，不仅极大地促进了国内电商产业的快速发展，也为全球电商合作树立了典范。这些试验区通过一系列创新措施，如简化通关程序、提供税收优惠、优化支付和物流体系等，有效降低了跨境电商企业的运营成本，提高了交易效率，为国内外企业搭建了更加便捷、高效的交易平台。

鉴于中东欧地区在地理位置、资源禀赋及市场潜力上的独特优势，中国与中东欧国家在跨境电子商务领域的合作前景广阔。为此，中国可以考虑与中东欧国家携手合作，共同在中东欧地区设立跨境电子商务综合试验区，以进一步深化双方市场协同，促进资本与项目的有效对接。这一合作举措将带来多重积极影响。首先，它将为中国企业进入中东欧市场提供更为便捷、低成本的渠道。通过试验区的优惠政策和服务支持，中国企业可以更加顺利地开拓中东欧市场，扩大产品销售和服务范围，实现国际化战略的深化。同时，中东欧企业也能借助中国成熟的电商平台和技术，更便捷地进入中国市场，分享中国庞大的消费市场和数字经济红利。其次，跨境电子商务综合试验区的设立将有助于推动双方经济互补性的增强。中国企业在技术创新、供应链管理等方面具有显著优势，而中东欧国家则在某些特定领域如制造业、农业等拥有丰富的资源和市场潜力。通过跨境电商的合作，双方可以实现产业链和供应链的深度融合，共同打造具有国际竞争力的产业集群（杨路明和施礼，2021）。最后，这种合作模式还将有助于促进双方规则的互认和标准的对接。在跨境电商领域，各国之间的规则差异和标准不统一一直是制约合作的重要因素。通过共同设立试验区并加强监管合作，双方可以共同推动跨境电商规则和标准的制定与完善，为双方企业创造更加公平、透明、可预期的营商环境。综上所述，建立跨境电子商务综合试验区是中国与中东欧国家进行市场协同、促进资本与项目有效对接的重要举措。这一合作将不仅促进双方电商产业的快速发展和深度融合，也将为双方经济的互补性增强和规则的互认对接提供有力支持。未来，随着双方合作的不断深入和拓展，跨境电子商务综合试验区将成为推动中欧经贸关系迈向新高度的重要力量。

（二）简化跨境支付流程

金融科技创新对跨境电子商务的发展具有重要推动作用（Gomber et al., 2018）。在当前全球贸易体系中，跨境支付作为电商交易的"血脉"，其便捷性、安全性和效率直接影响到跨境电商的整体发展。中国的支付宝和微信支付等第三方支付平台，在国内电子商务领域已经取得了巨大成功，它们以其便捷的操作、丰富的应用场景和强大的安全保障，深受消费者喜爱。然而，在跨境交易中，这些平台仍面临诸多挑战，如货币转换复杂、跨境监管差异、支付成本高企等。为了克服这些障碍，中国可以与中东欧国家的金融机构建立深度合作关系，共同开发适应跨境电子商务需求的支付解决方案。具体而言，双方可以携手建立中国—中东欧跨境支付平台，该平台应支持多种货币直接结算，减少中间环节，从而大幅降低跨境交易成本。同时，通过优化汇率转换流程，提高汇率透明度，让企业和消费者能够更清晰地了解支付成本，增强支付意愿。此外，区块链技术的引入将为跨境支付带来革命性的变化。区块链以其去中心化、不可篡改、高度透明的特性，能够极大地提升跨境支付的效率和安全性。中国与中东欧国家可以探索将区块链技术应用于跨境支付平台，实现交易数据的实时共享和验证，减少欺诈和错误交易的发生。同时，区块链还能简化跨境支付流程中的繁琐手续，缩短资金到账时间，提高交易效率。综上所述，简化跨境支付流程对于促进中国与中东欧跨境电子商务的发展至关重要。通过建立中国—中东欧跨境支付平台、支持多种货币结算、优化汇率转换流程以及探索区块链技术的应用等措施，双方可以共同推动跨境支付体系的创新和完善，为跨境电子商务的繁荣发展奠定坚实基础。

（三）构建完善的跨境物流体系

随着跨境电商的蓬勃发展，物流效率与服务质量直接关乎消费者体验及市场竞争力，物流效率对跨境电子商务的发展有显著影响（Yu et al.，2017）。因此，中国与中东欧国家应加强合作，共同打造覆盖两地的高效、便捷、智能的跨境物流网络。首先，建设跨境物流园区是提升物流效率的重要基础设施。通过在中东欧国家及中国的重要节点城市设立跨境物流园区，可以集中资源进行仓储、分拣、包装等作业，实现物流资源的优化配置。同时，物流园区还能提供一站式服务，包括报关、报检、退税等，大大简化跨境物流流程。其次，优化航空货运路线和开辟中欧班列新线路是提升跨境物流速度的关键举措。航空货运以其速度快、灵活性高的特点，适合运输高价值、急需的电商商品。而中欧班列则以其稳定、可靠、成本相对较低的优势，成为跨境电商大件商品运输的重要选择。通过加强两国间的航空货运合作，增加航班频次，开辟新的货运航线，可以进一步提升跨境电商物流速度。同时，积极探索中欧班列的新线路，扩大覆盖范围，提升运输能力，也是满足跨境电商物流需求的重要途径。此外，利用大数据和人工智能技术优化物流路径，提高配送效率，也是跨境物流体系建设的重要方向。通过收集和分析跨境物流数据，可以精准预测物流需求、优化物流资源配置、减少物流成本。同时，利用人工智能技术实现物流路径的自动规划、智能调度和实时监控，可以进一步提升物流效率和服务质量。最后，建立跨境电子商务商品的绿色通道，简化通关程序，缩短配送时间，是提升跨境电商消费者体验的关键措施。通过加强与海关、检验检疫等部门的合作，建立快速通关机制，对跨境电商商品实行优先处理、快速放行，可以缩短商品在口岸的滞留时间，加快配送速度。同时，加强两国间的监管互认和信息共享，提高通关效率，也是推动跨境电商物流发展的重要保障。综上所述，构建完善的跨境物流体系对于促进中国与中东欧跨境电子商务的发展至关重要。通过建设跨境物流园区、优化航空货运路线和中欧班列新线路、利用大数据和人工智能技术优化物流路径以及建立跨境电子商务商品的绿色通道等措施，可以共同打造高效、便捷、智能的跨境物流网络，为跨境电商的繁荣发展提供有力支撑。

（四）拓展跨境电商合作领域

在跨境电商这一蓬勃发展的领域里，中国与中东欧国家之间的合作早已超越了传统的商品交易范畴，正逐步向更加多元化、深层次的领域迈进。这种拓展不仅为双方市场注入了新的活力，也为促进文化交流、加深彼此了解搭建了更为宽广的桥梁。首先，数字产品的跨境电商合作正成为双方合作的新亮点。随着数字技术的飞速发展，音乐、电影、电子书、软件等数字产品在全球范围内的需求日益增长。中国与中东欧国家可以携手合作，共同探索数字产品跨境交易的新模式、新路径。例如，通过建设数字产品交易平台，实现双方数字产品的互通有无，让中东欧的优秀文化作品能够便捷地进入中国市场，同时中国的科技创新成果也能在中东欧国家找到更广阔的应用空间。这种合作不仅丰富了双方消费者的选择，也促进了双方在数字创意产业方面的交流与合作。同时，文化产品的跨境电商合作也展现出巨大的潜力。中东欧国家拥有丰富的文化遗产和独特的艺术风格，其手工艺品、艺术品、设计品等文化产品深受全球消费者喜爱。中国可以通过跨境电商平台，为中东欧的文化产品提供展示和销售的窗口，让更多中国消费者了解和欣赏到中东欧的文化魅力。同时，中国也可以借助跨境电商的力量，推动中华文化的国际传播，将中国的传统工艺、书画艺术、非遗产品等推向中东欧市场，促进双方文化的深度交流与融合。此外，旅游服务领域的跨境电商合作也值得双方深入探索。随着人们生活水平的提高和休闲旅游需求的增加，跨境旅游成为越来越多人的选择。中国与中东欧国家可以加强在旅游服务领域的合作，共同开发跨境旅游产品和服务。例如，通过跨境电商平台提供旅游预订、导游服务、特色体验等一站式解决方案，让游客能够轻松规划行程，享受更加便捷、个性化的跨境旅游体验。这种合作不仅有助于提升双方旅游产业的竞争力，还能加深两国人民之间的友谊和了解。总之，拓展跨境电商合作领域对于促进中国与中东欧国家的经贸合作和文化交流具有重要意义。中国与中东欧国家在这一领域有很大的合作空间，双方应抓住机遇，加强沟通与合作，共同推动数字产品、文化产品、旅游服务等新兴领域的跨境电商合作取得更加丰硕的成果。通过共同努力，不仅可以推动双方经贸关系的发展，还可以为全球跨境电子商务的发展提供新的模式和经验。

二、加强数字技术合作

数字技术作为第四次工业革命的核心驱动力，正在深刻改变着全球经济格局和产业结构。加强中国与中东欧国家在数字技术领域的合作，不仅能够促进双方技术创新和产业升级，还能为应对全球性挑战提供新的解决方案。

（一）建立联合研发中心

在当今全球数字化浪潮的席卷之下，加强国际合作，特别是数字技术领域的深度合作，已成为推动经济社会高质量发展的重要引擎。国际联合研发对促进技术创新具有显著的正面影响（Lee & Trimi，2018）。中国作为全球数字经济的重要参与者和贡献者，其先进的技术实力与庞大的市场需求为国际合作提供了广阔的空间。在此背景下,建立联合研发中心成为促进中国与中东欧国家数字技术合作的一条重要且高效的途径。

中东欧地区,以其独特的地理位置、丰富的历史文化底蕴以及日益增强的经济实力,正逐渐成为欧洲乃至全球数字经济版图上的新亮点。该地区在科研创新、人才储备及市场潜力等方面展现出巨大优势,与中国在数字技术领域的互补性尤为显著。因此,双方携手共建联合研发中心,不仅是对双方合作潜力的深度挖掘,更是对全球数字技术发展格局的积极贡献。具体而言,中国与中东欧国家可以在人工智能、大数据、云计算、5G等前沿技术领域共同设立联合研发中心。这些中心将成为双方科研合作与技术交流的重要平台,通过整合双方的科研资源、人才优势和技术积累,共同开展前沿技术研究,探索新技术、新业态、新模式。例如,在布达佩斯或华沙这样的中东欧中心城市设立"中国—中东欧人工智能联合研究中心",不仅能够吸引全球顶尖的人工智能专家汇聚一堂,还能聚焦自然语言处理、计算机视觉等前沿技术,推动这些技术在医疗、教育、智慧城市等多个领域的深度应用与融合创新。

"中国—中东欧人工智能联合研究中心"的成立,将极大地促进双方在技术研发、人才培养、产业应用等方面的深度合作。一方面,通过共同研发项目,双方可以共享科研成果,加速技术迭代升级,提升各自在人工智能领域的核心竞争力;另一方面,该中心还将为双方企业搭建起沟通的桥梁,促进技术成果向现实生产力的转化,推动数字经济与实体经济深度融合,为双方经济社会发展注入新的强劲动力。通过建立联合研发中心,中国与中东欧国家可以充分利用各自的优势资源,形成创新合力,共同应对全球性技术挑战,推动全球数字技术的创新发展。这种合作模式不仅有助于提升双方的技术创新能力和国际竞争力,还将为全球数字治理体系的完善贡献智慧和力量。

(二) 推动技术标准协同

在深化数字技术合作的广阔蓝图中,技术标准化对促进国际技术合作和贸易具有重要作用(Blind & Mangelsdorf,2016),推动技术标准协同无疑是至关重要的一环。随着中国在5G、物联网等前沿科技领域取得显著的技术突破与市场优势,如何将这些优势转化为全球影响力,成了一个亟待解决的问题。而技术标准，作为连接技术创新与市场推广的桥梁，其重要性不言而喻。因此，中国与中东欧国家携手推动技术标准协同，不仅是双方深化合作、共享成果的重要途径，也是共同塑造全球技术标准格局、促进数字经济发展的关键举措。

中国在5G、物联网等领域的技术领先地位，为双方合作奠定了坚实的基础。然而，要在全球市场中取得更大成功，就必须跨越技术标准的鸿沟，实现技术标准的互认与融合。中东欧国家作为欧洲大陆的重要组成部分，其独特的地理位置、开放的市场环境以及对新技术的高度关注，为中国与其在技术标准领域的合作提供了广阔的空间。为此，中国可以与中东欧国家共同发起成立"中国—中东欧5G技术标准工作组"，这一平台将汇聚双方的专家学者、行业领袖及政策制定者，围绕5G技术标准展开深入交流与合作。通过共同研究、探讨与制定符合双方利益及国际标准的5G技术规范，工作组不仅能够推动双方在技术标准上的对接与融合，还能促进5G技术在两地的快速部署与广泛应用。

"中国—中东欧5G技术标准工作组"的成立，将带来多重积极影响。首先，它有助于加速5G技术在中东欧地区的普及与发展，提升该地区的信息化水平与竞争力。其次，通过共同参与国际标准的制定，中国与中东欧国家将能够更好地维护自身利益，推动建立更加公平、合理、开放的国际技术标准体系。最后，这种合作模式还将为双方企业创造更多合作机会，促进产业链上下游的深度融合与协同发展。除了5G领域外，物联网等其他数字技术领域的标准协同工作也同样重要。中国可以与中东欧国家建立更广泛的合作机制，共同推动物联网、大数据、云计算等技术标准的对接与融合，为双方乃至全球的数字经济发展提供有力支撑。

(三) 促进技术转移和产业化

在全球数字经济的迅猛发展中，技术转移与产业化已成为推动产业升级、增强国家竞争力的核心要素，技术转移对促进区域创新和经济发展发挥着重要作用 (Audretsch et al., 2014)。中国，作为数字技术领域的佼佼者，不仅在国内市场取得了显著成就，更在国际舞台上展现出了强大的创新能力和市场潜力。与此同时，中东欧国家以其独特的地理位置、丰富的文化底蕴以及在某些细分领域的深厚积累，为双方的技术合作提供了广阔的空间和互补性。为了进一步深化中国与中东欧国家在数字技术领域的合作，促进技术转移与产业化，双方应积极探索建立高效、便捷的技术转移机制。这一机制将基于平等互利、共同发展的原则，旨在实现技术资源的优化配置和高效利用。通过技术转移，中国可以将其在5G、人工智能、大数据等前沿领域的先进技术和管理经验带到中东欧国家，助力其相关产业的技术升级和转型升级。这不仅有助于提升中东欧国家的产业竞争力，还将为中国企业拓展海外市场、实现国际化发展提供新的机遇。

同时，中东欧国家在某些细分领域（如精密制造、绿色能源、生物医药等）也拥有独特的技术优势和丰富的研发资源。中国应充分利用这一优势，通过技术引进的方式，吸收和借鉴中东欧国家的先进技术和创新成果，以增强自身在这些领域的实力。这种双向的技术交流与合作，将促进双方技术的相互融合与创新，共同推动全球数字技术的发展与进步。为了有效推动技术转移与产业化进程，双方可以共同建立"中国—中东欧技术转移平台"。该平台将作为双方技术合作的窗口和桥梁，提供技术信息发布、项目对接、合作洽谈、知识产权交易等一站式服务。通过平台的运作，双方企业可以更加便捷地了解彼此的技术需求和供给情况，降低技术转移的成本和风险，提高合作效率和质量。

（四）推动数字技术在传统产业中的应用

在全球经济结构深刻变革的当下，数字技术的迅猛发展正以前所未有的力量重塑着传统产业的面貌。中国与中东欧国家，作为各自区域内的重要经济体，均拥有深厚的传统优势产业基础，如制造业的精密与高效、农业的丰饶与多样、服务业的细腻与包容。然而，面对数字化时代的浪潮，如何将这些传统产业的深厚底蕴与数字技术的创新活力相结合，实现转型升级与高质量发展，成为双方共同面临的重大课题。

在此背景下，建立"中国—中东欧产业数字化联盟"的构想应运而生。这一联盟旨在成为双方传统产业与数字技术深度融合的催化剂，通过搭建合作平台、共享资源、协同创新，推动数字技术在制造业、农业、服务业等广泛领域的深度应用，助力传统企业跨越数字鸿沟，实现数字化转型。在制造业领域，联盟将聚焦智能制造、工业互联网等前沿方向，推动双方在生产线自动化、智能工厂建设、供应链优化等方面的合作。通过引入先进的数字技术，提升制造过程的智能化、精准化水平，降低生产成本，提高产品质量与生产效率，增强制造业的国际竞争力。农业作为国民经济的基础，其数字化转型同样具有重要意义。联盟将关注智慧农业的发展，推动双方在农业物联网、精准农业、农产品追溯体系等方面的合作。通过运用大数据、云计算、人工智能等先进技术，实现对农业生产全过程的智能化管理，提高农业资源利用效率，保障食品安全与品质，促进农业可持续发展。服务业作为连接生产与消费的重要桥梁，其数字化转型对于提升消费者体验、优化资源配置具有关键作用。联盟将鼓励双方在金融服务、电子商务、文化旅游等服务业领域的数字化创新，推动移动支付、在线服务、虚拟体验等新型业态的发展。通过数字技术赋能服务业，提升服务效率与质量，拓宽服务范围与边界，为消费者带来更加便捷、高效、个性化的服务体验。

总的来说，加强数字技术合作是一个多维度、多层次的系统工程，需要政府、企业、高校、研究机构等多方参与。通过深化在研发、标准、人才、基础设施等方面的合作，中国与中东欧国家可以在数字技术领域形成优势互补、互利共赢的合作局面，共同推动数字经济的发展和技术创新。

三、推动数字服务贸易

数字服务贸易作为数字经济时代国际贸易的新形态，正在成为全球经济增长的新动力。推动中国与中东欧国家的数字服务贸易不仅能够促进双方服务业的发展和升级，还能为两地的企业和消费者带来更多元化的选择。

（一）建立数字服务贸易统计体系

建立数字服务贸易统计体系是推动全球数字服务贸易发展的基石性工作，尤其在当前数字化浪潮席卷全球、数字服务贸易日益成为国际贸易新引擎的背景下，建立数字经济统计体系的重要性更是不言而喻（Ahmad & Ribarsky，2018）。数字服务贸易的虚拟性和跨境性特质，使得传统的贸易统计方法显得力不从心，难以全面、准确地捕捉其动态变化、规模扩张以及对经济社会的深远影响。因此，创新统计理念，构建适应数字服务贸易特点的统计体系，成为各国政府、国际组织及业界共同面临的紧迫任务。中国，作为数字经济的先行者和引领者，在数字服务贸易领域取得了显著成就，积累了丰富的实践经验。同时，中东欧国家作为欧洲的重要组成部分，也展现出在数字服务贸易领域的巨大潜力和独特优势。双方的合作不仅有助于促进各自数字服务贸易的快速发展，更能为全球数字服务贸易统计体系的完善贡献智慧和力量。为了共同应对数字服务贸易统计面临的挑战，中国与中东欧国家可以携手合作，从以下几个方面入手。

首先，双方应共同研究制定适合数字服务贸易特点的统计标准。这包括明确数字服务贸易的定义范围、分类标准以及统计口径等，确保统计数据的准确性和可比性。通过深入分析和比较不同国家和地区的统计实践，结合数字服务贸易的实际情况，制定出既符合国际标准又具有可操作性的统计标准，为后续的统计工作奠定坚实基础。其次，双方应加强在数据采集和处理方面的合作。数字服务贸易的虚拟性和跨境性使得数据采集成为一大难题。为此，中国与中东欧国家可以共同开发或引进先进的数据采集技术，如大数据、区块链等，实现对数字服务贸易流量的实时监测和高效采集。同时，双方还应加强数据共享机制建设，促进统计数据的互联互通和资源共享，提高数据使用的效率和价值。再次，双方应共同推动统计方法的创新。传统的贸易统计方法往往侧重于货物贸易的实物量统计，而数字服务贸易则更注重价值量的衡量。因此，中国与中东欧国家可以共同探索适应数字服务贸易特点的统计方法，如基于交易额的统计方法、基于用户数量的统计方法等，以更加全面、准确地反映数字服务贸易的实际情况。最后，双方还应加强在统计分析和政策研究方面的合作。通过对统计数据的深入分析和挖掘，揭示数字服务贸易的发展规律、趋势及存在的问题，为政策制定提供科学依据。同时，双方还可以共同开展政策研究，探讨如何优化政策环境、促进数字服务贸易的健康发展。通过政策引导和支持，推动数字服务贸易在更广阔的领域和更深层次上实现合作与发展。

（二）简化数字服务贸易准入制度

中国与中东欧国家在数字服务领域的合作潜力巨大，为了进一步促进双方在这一领域的深度融合与发展,中国可以主动与中东欧国家展开协商,共同推动实施更加开放的市场准入政策。这一举措不仅有助于提升双方数字服务贸易的便利化水平,还能激发市场活力,促进技术创新和产业升级。

首先,针对软件开发、数据处理、云计算等核心数字服务领域,双方可以协商放宽外资准入限制。这些领域是数字经济的重要组成部分,也是未来经济增长的重要引擎。通过放宽准入条件,可以吸引更多双方企业的投资与合作,促进技术交流与人才流动,共同提升数字服务的创新能力和国际竞争力。其次,为了降低市场准入的门槛,双方应致力于简化相关的行政审批程序。烦琐的审批流程往往成为企业进入新市场的一大障碍。通过优化审批流程、提高审批效率,可以为企业节省时间和成本,加快市场进入速度。同时,这也有助于提升政府的服务水平和透明度,增强市场的信心和预期。此外,探索建立"数字服务贸易负面清单"制度是一个值得尝试的创新举措。负面清单制度是一种国际通行的投资管理模式,它通过明确列出禁止或限制外资进入的领域,而对其他领域则实行全面开放。在数字服务贸易领域引入负面清单制度,可以更加清晰地界定市场准入的边界,减少不必要的政策壁垒和不确定性,为双方企业提供更加稳定和可预期的市场环境。

(三) 推动数字服务贸易创新

在推动数字服务贸易创新方面,中国与中东欧国家拥有广阔的合作空间与互补优势,可以携手探索数字服务贸易的新模式、新业态,共同引领全球数字服务贸易的创新发展。首先,双方可以深入合作,推动虚拟现实(VR)和增强现实(AR)技术在文化、教育、旅游等服务领域的广泛应用。这些前沿技术不仅能够为用户提供沉浸式的体验,还能打破传统服务模式的界限,创造出全新的服务场景和价值。例如,在文化领域,可以通过 VR 技术让用户身临其境地感受不同国家的文化遗产和艺术作品;在教育领域,AR 技术则可以为学生提供更加直观、生动的学习体验;在旅游领域,这些技术则能为用户提供更加个性化的旅游规划和体验。双方企业可以联合研发相关产品,共同开拓市场,实现互利共赢。其次,利用人工智能(AI)技术提供个性化的跨境服务也是双方合作的重要方向。随着 AI 技术的不断发展,其在服务贸易领域的应用越来越广泛。通过 AI 技术，可以为用户提供更加精准、高效的智能翻译、智能客服等服务，大幅提升服务的质量和效率。中国和中东欧国家可以共同建立跨境服务平台，利用 AI 技术为双方企业和个人提供更加便捷、个性化的服务体验。这不仅可以促进双方贸易的便利化，还能增强用户的忠诚度和满意度。此外，建立"中国—中东欧数字服务贸易创新园"是一个具有前瞻性和战略性的举措。该创新园可以作为一个集研发、孵化、加速、展示等功能于一体的综合性平台，为双方企业在数字服务贸易领域的创新项目提供全方位的支持和服务。通过整合双方资源，搭建创新生态，吸引更多的企业和人才参与到数字服务贸易的创新中来。创新园还可以定期举办各种交流活动和赛事，促进思想的碰撞和创意的火花，推动数字服务贸易领域的创新不断向前发展。

综上所述，推动数字服务贸易的发展是一个多维度、多层次的复杂系统工程。中国与中东欧国家在这一领域的合作潜力巨大，双方不仅拥有各自独特的数字服务贸易优势，还面临着共同的发展机遇和挑战。通过加强合作，双方可以共享资源、互学互鉴，共同探索适合双方国情的数字服务贸易发展路径。这种合作不仅能够促进双方服务业的快速发展和转型升级，提升服务质量和效率，还能够为全球数字服务贸易的繁荣贡献新的模式和经验。

第三节 机制协同：搭建长效平台 稳固合作机制

一、构建产学研协同创新体系

在"一带一路"倡议的框架下，中国与中东欧国家在数字经济领域的合作正面临前所未有的机遇，构建产学研协同创新体系是推动这一合作深入发展的关键举措。这一体系旨在整合中国和中东欧国家的产业、学术和研究资源，形成协同效应，从而加速数字经济领域的创新和发展。

（一）建立跨国产学研合作平台

建立跨国产学研合作平台是推动中国与中东欧国家在数字服务贸易领域协

同创新的关键基石。这一平台应设计为虚拟与实体相融合的综合性体系,旨在打破地域界限,为双方的企业、高等院校及研究机构搭建起一座无缝对接的桥梁,促进知识、技术、资金及人才等核心要素的跨国界流动与融合。具体而言,可以构想一个"中国—中东欧数字经济创新中心"作为合作的核心载体。该中心不仅是一个物理空间上的集合点,更是一个虚拟网络中的信息交汇枢纽,通过先进的信息技术手段实现全球范围内的即时沟通与协作。创新中心的选址可以灵活多样,既可以固定在中东欧国家的某个具有战略意义或资源优势的城市,也可以采用创新的轮换机制,每年轮流在不同的参与国设立,以此促进各国间的深入交流与相互理解。

在创新中心内,各方可以围绕数字服务贸易的核心议题,如数据安全、云计算、人工智能应用、区块链技术等,共同开展前沿研究与技术创新。通过设立联合实验室、共享研究数据库、组织学术研讨会及工作坊等形式,实现科研资源的优化配置与高效利用。同时,鼓励企业参与技术创新过程,推动产学研深度融合,加速科技成果向现实生产力的转化。是构建协同创新体系的基础。这种平台可以采取虚拟和实体相结合的形式,为中国和中东欧国家的企业、高校和研究机构提供交流、合作的空间。例如,可以建立中国—中东欧数字经济创新中心,作为各方合作的枢纽。这种创新中心可以设立在中东欧国家,也可以采取轮换制,每年在不同的参与国举办。通过这种平台,各方可以共享研究资源、交流创新思想、开展联合研究项目。

(二)促进跨国联合研发项目的实施

为进一步促进中国与中东欧国家在数字经济领域的跨国联合研发项目实施,我们需要采取一系列具体而全面的措施,以深化双方的合作,共同推动数字经济的创新与发展。

首先,设立专门的跨国联合研发基金是至关重要的一步。这一基金应当成为双方合作项目的重要资金来源,确保其稳定且可持续。基金可以由政府、企业和研究机构等多方共同出资,形成多元化的投资模式,既能够支持长期的基础研究,为科技创新奠定坚实基础,又能够兼顾应用开发的需求,推动科技成果的快速转化与落地。通过设立这样的基金,我们可以为双方合作项目提供充足的资金支持,降低研发风险,激发创新活力。

其次,建立联合项目评估和管理机制是确保项目高质量实施的关键。为此,我们可以组建一个由双方专家共同参与的评审委员会,负责项目的筛选、评估和监督工作。这个委员会应当具备高度的专业性和公正性,能够客观评价项目的科学价值、技术难度和市场前景,确保只有优质的项目才能获得支持。同时,我们还应当引入国际先进的项目管理方法,如敏捷开发和精益创新等,以提高项目的执行效率和质量。通过这些措施,我们可以确保每个项目都能够按照既定的目标和计划有序推进,最终实现预期的研究成果和应用效果。

最后,为促进双方的文化交流和互学互鉴,我们还可以组织定期的交流活动和培训项目。这些活动可以包括学术研讨会、技术交流会、实地考察等形式,让双方的研究人员有机会面对面交流思想、分享经验。同时,我们还可以邀请国际知名的专家学者来中国或中东欧国家进行授课和培训,提升双方的研究水平和创新能力。通过这些活动,我们可以增进双方的了解和信任,为未来的合作奠定坚实的基础。

(三)促进科技成果转化

在推动科技成果的商业化和产业化进程中,明确转化目标与市场定位、完善科技成果转化服务体系、提升科技成果的商业化能力以及促进科技成果的国际化转化,是四个至关重要的环节,它们相互交织,共同构成了科技成果转化的完整路径。

首先,明确转化目标与市场定位是科技成果转化的起点和基础。任何一项科技成果,在推向市场之前,都必须经过深入的市场调研和技术评估。市场调研旨在了解目标市场的规模、增长潜力、竞争格局以及消费者的真实需求,为科技成果找到最适合的市场切入点。技术评估则是对科技成果的技术成熟度、创新性、实用性以及潜在商业价值进行全面评估,确保科技成果具备转化为现实生产力的基本条件。通过明确转化目标与市场定位,可以确保科技成果的转化方向与市场需求相契合,提高转化的成功率和经济效益。

其次,完善科技成果转化服务体系是加速科技成果转化的关键。科技成果转化涉及多个环节和多个主体,需要建立专业的服务机构和服务平台来提供全方位的支持。技术转移机构作为科技成果转化的重要推手，应发挥桥梁和纽带作用，为科技成果的评估、包装、推广和交易提供一站式服务。同时，搭建科技成果转化信息平台，实现科技成果供需信息的有效对接，降低信息获取成本，提高转化效率。此外，政府应出台相关政策措施，如税收优惠、资金补贴、项目扶持等，为科技成果转化提供政策支持和资金保障，降低转化风险，激发转化活力。

再次，在提升科技成果的商业化能力方面，需要注重商业模式的创新和市场营销的策略制定。商业模式是科技成果转化为现实生产力的关键路径，应根据科技成果的特点和市场需求，探索适合的商业模式，如技术许可、技术转让、合作开发、风险投资等。同时，组建专业的商业化团队，负责科技成果的市场推广、商务谈判和运营管理等工作，确保科技成果能够顺利进入市场并实现商业化运作。市场营销方面，应制定有效的营销策略，提升科技成果的品牌知名度和市场占有率，通过精准的市场定位和差异化的产品策略，吸引目标消费者，实现科技成果的商业价值最大化。

最后，促进科技成果的国际化转化是提升我国科技创新能力和国际竞争力的重要途径。随着全球化的深入发展，中国与中东欧国际科技合作与交流日益频繁，科技成果的国际化转化已成为不可逆转的趋势。我国应积极与中东欧进行国际科技合作与交流，拓展科技成果的国际市场，吸引跨国企业和风险投资机构的关注和支持。通过跨境孵化器等资源，推动科技成果在国际市场的孵化和落地，实现科技成果的跨国转化和商业化。

总的来说，构建中国与中东欧国家的产学研协同创新体系是一个复杂而长期的过程，需要各方的持续努力和投入。通过建立合作平台、促进联合研发、促进科技成果转化等措施，可以逐步构建起一个高效、开放、创新的协同创新体系。这不仅能够推动中国与中东欧国家在数字经济领域的深度合作，还能为"一带一路"倡议下的科技创新合作提供有益的经验和模式。在未来，随着5G、人工智能、量子计算等新兴技术的发展，数字经济将迎来更大的发展机遇。中国与中东欧国家的产学研协同创新体系也将面临新的挑战和机遇。因此，需要各方保持开放和灵活的态度，不断调整和优化合作模式，以适应快速变化的科技和经济环境，推动数字经济合作向更高水平、更深层次发展。

二、建立知识产权保护与共享机制

在中国与中东欧国家的数字经济合作中,知识产权保护与共享机制的建立至关重要。这不仅是保护创新成果、激励持续创新的重要手段,也是促进技术转移和知识传播的关键保障。在"一带一路"倡议下,构建一个平衡、有效的知识产权保护与共享机制,将为中国与中东欧国家在数字经济领域的深度合作奠定坚实基础。

(一)建立统一的知识产权保护标准

在全球化日益加深的今天,知识产权保护已成为促进国际经济合作与发展的重要基石。中国与中东欧国家,作为拥有不同法律传统和经济背景的地区,共同面临着如何在保护创新成果、激发创新活力与促进跨国合作之间找到平衡点的挑战。为此,建立统一或至少是高度兼容的知识产权保护标准显得尤为重要,这不仅是双方合作深化的必然要求,也是推动全球知识产权保护体系向前发展的重要力量。

第一,加强国际合作与对话是建立统一知识产权保护标准的前提。中国和中东欧国家应充分认识到知识产权保护对于促进双方经济合作的重要意义,积极建立并维护定期的知识产权对话机制。通过政府间、行业协会及企业层面的深入交流,双方可以增进对彼此知识产权保护制度的理解和尊重,识别并探讨合作中的法律差异和潜在冲突点。同时,积极参与世界知识产权组织和相关国际条约的制定与实施,借鉴国际先进经验,推动双方知识产权保护制度的不断完善和统一。

第二,制定共同认可的合作框架是推进统一标准建立的关键步骤。这一框架应明确双方合作的总体目标、基本原则、合作机制及具体实施措施。在立法层面,双方应努力推动各自国内法律制度的完善与兼容,减少因法律差异带来的合作障碍。同时,加强在执法层面的合作与信息共享,建立联合执法机制,共同打击跨国知识产权侵权行为。此外,还应注重提升公众对知识产权保护的认识和重视程度,通过宣传教育、专业培训等方式增强全社会的知识产权意识。

第三，为了确保统一知识产权保护标准的有效实施，建立评估与监督机制同样不可或缺。首先，双方应定期对合作框架的实施效果进行评估和调整，确保标准的适用性和有效性。同时，加强对知识产权保护工作的监督力度，确保各项措施得到有效落实和执行。这不仅有助于及时发现和解决问题，还能为双方合作的持续深化提供有力保障。其次，需要建立高效的知识产权登记和审查机制。在数字经济时代，技术创新日新月异，传统的知识产权登记和审查机制可能无法满足快速变化的需求。因此，可以考虑利用区块链等新兴技术，建立一个快速、透明、可追溯的知识产权登记系统。这个系统可以实现跨国知识产权的快速登记和查询，大大提高知识产权保护的效率。同时，还可以建立专门的数字经济知识产权审查机构，加快对数字经济领域创新成果的审查速度。

（二）建立知识产权纠纷解决机制

在全球化浪潮的推动下，跨国合作日益频繁，知识产权作为创新的核心驱动力，其保护与争议解决机制成为衡量国际合作成熟度与效率的重要标尺。中国与中东欧国家，作为不同法律文化背景下的经济体，在携手共进的道路上，知识产权纠纷的妥善解决显得尤为重要。为了构建一个既公正又高效的纠纷解决生态，我们有必要深入探讨并加强知识产权纠纷解决机制的建设，以确保合作关系的稳定与持续发展。

首先，知识产权纠纷的解决机制应当具备高度的公正性。在跨国合作的复杂环境中，不同法律体系间的差异可能导致对同一问题存在不同解读，从而引发争议。因此，建立一个独立的、专业的知识产权仲裁机构显得尤为重要。这一机构应当汇聚来自中国与中东欧国家的法律专家、技术专家及行业代表，他们不仅精通各自国家的法律体系，还具备丰富的国际仲裁经验，能够依据国际公认的法律原则和商业惯例，对纠纷进行客观、公正的裁决。同时，仲裁程序的透明度也应得到保障，确保双方当事人的合法权益得到充分尊重与保护。

其次，高效性是知识产权纠纷解决机制不可或缺的另一要素。在快速变化的市场环境中，时间就是金钱，效率就是生命。因此，我们需要制定一套适用于中国与中东欧国家的知识产权仲裁规则，这些规则应当简洁明了、易于操作，能够有效缩短仲裁周期，降低当事人的时间成本和经济负担。同时，还可以探索引入快速仲裁、简易程序等创新机制，针对一些事实清楚、争议不大的案件进行快速处理，以提高纠纷解决的整体效率。

此外，随着信息技术的飞速发展，建立在线纠纷解决平台也成为可能。这一平台可以打破地域限制，实现远程在线仲裁、调解等多元化纠纷解决方式。通过在线平台，当事人可以随时随地提交证据、参与听证会，极大地提高了纠纷解决的便捷性。同时，平台还可以集成智能辅助系统，利用大数据、人工智能等技术手段对案件进行初步分析、预测结果，为当事人提供更加精准、高效的法律服务。

值得注意的是，知识产权纠纷的解决不仅是法律层面的问题，更涉及商业合作、技术创新等多个领域。因此，在构建纠纷解决机制时，我们还应当注重跨学科、跨领域的合作与协调。可以邀请行业协会、技术转移机构、科研机构等共同参与纠纷解决过程，为当事人提供更加全面、专业的咨询和建议。

（三）促进知识产权的合理共享

在全球化日益加深的今天，知识产权保护已不再仅仅是国家内部法律制度的范畴，而是跨越国界，成为促进全球经济一体化、技术创新与文化传播的重要基石。随着中国与中东欧国家经贸合作的不断深化，如何在尊重各自法律体系的基础上，构建一个既能够保护创新者权益，又能够促进知识自由流动与共享的知识产权保护体系，成为双方合作中亟待解决的问题。我们必须认识到，知识产权保护的核心在于平衡创新与共享的关系。一方面，创新是推动社会进步和经济发展的核心动力，因此必须给予创新者充分的法律保护，以激励其持续投入研发，产出更多高质量的科技成果。另一方面，知识的传播与共享也是推动社会进步的重要力量。通过知识的自由流动，可以加速技术的普及与应用，提高全社会的生产效率和创新能力。因此，在构建知识产权保护体系时，必须兼顾这两方面的需求，既要保护创新者的合法权益，又要促进知识的合理共享。为了实现这一目标，可以从以下几个方面入手。

首先，可以借鉴国际先进经验，在中国与中东欧国家间建立数字经济领域的专利池。这一机制旨在鼓励企业将其非核心专利纳入池中，通过交叉许可的方式降低创新门槛，促进技术资源的优化配置。专利池的建立不仅有助于解决企业在跨国合作中面临的专利许可难题，还可以加速技术的传播与应用，推动相关产业的协同发展。同时，为了确保专利池的公正性和有效性，需要建立严格的审查机制和管理制度，确保纳入池中的专利具有真实性和有效性，避免不必要的法律纠纷。

其次，可以推广开源文化，建立开放源代码平台。开源文化强调知识的共享与协作，通过开放源代码的方式，可以鼓励企业和个人将技术成果以开源形式分享给全社会。这种方式不仅有助于降低创新成本，提高创新效率，还可以促进技术的快速迭代和创新。在中国与中东欧国家之间建立开源社区和平台，可以加强双方在技术创新领域的交流与合作，共同推动全球科技生态的繁荣发展。

再次，中国与中东欧国家在法律体系、文化背景等方面存在差异，因此在知识产权保护方面也存在一定的差异。为了消除这些差异带来的合作障碍，需要加强双方之间的沟通与协作，共同探索适应双方需求的知识产权保护模式。同时，还可以积极参与世界知识产权组织的活动，学习借鉴其他国家的先进经验和做法，推动全球知识产权保护体系的不断完善和发展。

最后，还需要加强公众对知识产权保护的认识和意识。通过加强宣传教育、举办培训活动等方式，提高全社会对知识产权保护的重视程度和认知水平。只有当公众充分认识到知识产权的重要性并自觉遵守相关法律法规时，才能构建一个健康、有序的知识产权保护环境。特别是要针对数字经济领域的新型知识产权问题，如人工智能创作、大数据保护等，开展专门的培训和研究（Correa & Viñuales，2016）。

（四）建立知识产权价值评估和交易平台

在数字经济蓬勃发展的当下，知识产权已然跃升为各国竞相争夺的战略资产，其价值远超传统资产范畴，成为驱动经济增长、塑造国际竞争力的关键力量。鉴于其重要性，构建一个公正、透明且高效的知识产权价值评估与交易平台，不仅是促进知识产权有效流转与深度利用的必要之举，更是推动中国与中东欧国家在数字经济领域深度合作、共谋发展的重要桥梁。

首先，这一平台作为信息汇聚的中心，它将全面收集并整合中国与中东欧国家的知识产权数据资源，包括但不限于专利、商标、著作权等，形成一个全面、准确、及时更新的知识产权信息库。这不仅能够为双方企业提供丰富的信息资源，也为后续的价值评估与交易活动奠定了坚实的基础。

其次，平台将提供专业的知识产权价值评估服务。鉴于知识产权的复杂性和特殊性，其价值往往难以直接量化。因此，平台将引入专业评估机构与资深评估专家，运用科学的评估方法和技术手段，对知识产权的市场价值、技术成熟度、法律状态等进行全面、深入的评估。这将有助于消除信息不对称，为交易双方提供客观、公正的价值参考，促进交易的公平性和合理性。

最后，平台将致力于打造安全、便捷的知识产权交易渠道。通过引入先进的交易系统和支付结算机制，平台将确保交易过程的透明化、标准化和规范化，降低交易风险，提高交易效率。同时，平台还将提供一系列增值服务，如法律咨询、合同起草、融资对接等，为交易双方提供全方位的支持和保障。

尤为重要的是，这一平台的建立将极大地促进中国与中东欧国家之间的技术转移和知识产权交易。通过平台，双方企业可以更加便捷地寻找到符合自身需求的知识产权资源，实现技术的快速引进与消化吸收。同时，平台也将为中方企业提供一个展示自身创新成果的国际舞台，助力其将数字经济领域的创新成果快速转化为现实生产力，推动产业升级和经济转型。

在实施上述措施时，需要注意以下几点：首先，要充分尊重各国的法律制度和文化传统，在建立统一标准的同时，保留必要的灵活性。其次，要注重平衡保护和共享之间的关系，既要保护创新者的合法权益，又要防止知识产权垄断阻碍创新。最后，要充分利用数字技术（如区块链、人工智能等）提高知识产权保护和管理的效率。

三、完善风险防控机制

在中国与中东欧国家的数字经济合作中，完善风险防控机制是确保合作顺利进行、促进双方互利共赢的关键环节。随着数字技术的快速发展和应用范围的不断扩大，数字经济领域的风险也呈现出多样化、复杂化的特点。因此，建立一个全面、有效的风险防控机制对于推动中国与中东欧国家在数字经济领域的深度合作至关重要。

(一) 建立全面的风险识别和评估体系

在推进中国与中东欧国家在数字经济领域的深度合作过程中,构建一个全面、高效的风险识别和评估体系显得尤为关键。这一体系不仅是保障合作稳定与可持续性的基石,更是双方企业在复杂多变的国际环境中稳健前行的指南针。

首先,需深刻认识到数字经济合作所面临的多元化风险挑战。技术风险,作为其中最为直观的一环,涵盖了技术创新的不确定性、技术兼容性问题,以及技术更新换代速度加快导致的投资贬值等。市场风险则主要体现在市场需求波动、竞争加剧、消费者偏好变化等方面,这些因素都可能对合作项目的盈利能力和市场前景产生深远影响。此外,法律风险和政治风险同样不容忽视,包括不同国家间法律法规的差异、政策变动、贸易壁垒,以及地缘政治紧张局势等,都可能对合作项目的顺利实施构成潜在威胁。

其次,建立一个科学、系统的风险识别和评估体系显得尤为重要。这一体系应当具备以下几个核心要素:一是全面性,即能够覆盖技术、市场、法律、政治等多个维度的风险,确保无遗漏;二是科学性,即采用科学合理的评估方法和模型,确保评估结果的准确性和可靠性;三是动态性,即能够适应外部环境的变化,及时更新和调整评估指标和参数;四是可操作性,即能够为合作双方提供具体、可行的风险应对策略和建议。

在具体实施上,可以借鉴国际上通行的风险评估模型,如 SWOT 分析、风险矩阵、蒙特卡罗模拟等,同时结合中国和中东欧国家的具体国情和市场环境,开发出一套适合双方合作特点的风险评估工具。这些工具应当具备高度的灵活性和可定制性,能够根据合作项目的具体情况进行个性化调整和优化。

最后,利用大数据和人工智能技术也是提升风险评估效率和准确性的重要途径。通过收集和分析大量的历史数据、实时数据以及外部信息,我们可以建立风险预警系统,实现对潜在风险的实时监测和预警。这一系统能够自动识别出异常数据和趋势,及时向合作双方发出警报,并提供初步的风险分析报告和应对建议。这将有助于双方企业迅速响应风险事件,采取有效措施降低损失和影响。

值得注意的是,风险识别和评估并非一次性工作,而是一个持续不断的过程。在合作项目的全生命周期中,我们都需要保持对风险的关注和警觉,定期进行风险评估和复审工作。同时,还需要加强合作双方之间的沟通和协作机制建设,共同应对可能出现的风险挑战。通过共享信息、交流经验、协同应对等方式,我们可以更好地把握合作机遇、化解合作风险、推动合作项目的顺利实施和持续发展。

(二) 制定针对性的风险防控策略

在数字经济合作中,面对复杂多变的风险挑战,制定并实施针对性的风险防控策略是确保合作项目稳健运行、实现共赢发展的关键环节。这一策略的制定,需要基于前期全面而深入的风险识别和评估结果,针对不同类型的风险,采取差异化的应对措施,以构建全方位、多层次的风险防御体系。

1. 针对技术风险

技术作为数字经济合作的核心驱动力,其不确定性往往成为合作项目的主要风险来源之一。为了有效应对技术风险,合作双方应加强技术标准的协调与统一,确保不同技术系统之间的兼容性和互操作性。此外,建立联合研发中心或技术联盟,共同投入资源进行技术创新和研发,不仅可以加快技术迭代速度,提升技术创新能力,还能在研发过程中及时发现并解决潜在的技术难题,降低技术风险。同时,加强知识产权保护意识,完善知识产权管理制度,也是防范技术泄露和侵权风险的重要手段。

2. 针对市场风险

市场需求的波动性和竞争态势的激烈性,使得市场风险成为合作项目不可忽视的重要因素。为了应对市场风险,合作双方应加强市场调研和预测工作,及时掌握市场动态和消费者需求变化,为产品策略和服务模式的调整提供有力支持。同时,建立灵活的商业模式和定价机制,根据市场反馈和竞争态势进行快速响应和调整,以保持市场竞争力。此外,加强品牌建设和营销推广工作,提升品牌知名度和美誉度,也是降低市场风险、拓展市场份额的有效途径。

3. 针对法律风险

在数字经济合作中，涉及跨国运营的项目往往面临更为复杂的法律环境。为了防范法律风险，合作双方应加强法律咨询和合规审查工作，确保合作项目符合相关法律法规的要求。同时，建立争议解决机制，明确争议解决的方式和程序，以便在出现法律纠纷时能够迅速、有效地解决。此外，加强国际合作与交流，积极参与国际规则制定和标准制定工作，也是提升合作双方在国际法律环境中的话语权和影响力的重要手段。

除了上述针对特定风险类型的防控策略外，合作双方还应注重风险管理的全面性和系统性。通过建立健全的风险管理制度和流程，明确风险管理职责和权限，加强风险管理的培训和宣传工作，增强全员风险管理意识和能力。同时，建立风险信息共享机制，促进合作双方之间的信息共享和沟通协作，共同应对可能出现的风险挑战。特别是在数据安全和隐私保护方面，需要建立严格的管理制度和技术措施，确保数据的安全使用和跨境流动（Dhar et al.，2024）。

（三）建立多层次的风险分担机制

在数字经济合作的广阔舞台上，风险的分担机制是确保合作持续深入、稳定进行的重要基石。鉴于合作中涉及的复杂性与不确定性，构建一个多层次、多元化、灵活高效的风险分担机制显得尤为迫切。这一机制应当涵盖政府、企业、金融机构等多个层面，通过协同合作，共同应对合作过程中可能出现的各类风险。

1. 政府层面的风险分担

政府作为数字经济发展的重要推动者和监管者，其在风险分担机制中扮演着至关重要的角色。一方面，政府可以通过制定和实施一系列优惠政策、财政补贴、税收减免等措施，为合作企业提供强有力的政策支持，降低其运营成本和市场风险。另一方面，政府还可以设立专项风险补偿基金，对合作过程中因不可抗力或政策调整等因素导致的损失进行一定程度的补偿，以减轻企业的经济负担。此外，政府还应加强与国际组织的合作，争取更多的国际援助和资金支持，为合作项目的顺利推进提供有力保障。

2. 企业层面的风险管理

作为数字经济合作的主体，企业在风险管理中具有不可替代的作用。企业应当通过合理的合同设计，明确合作各方的权利和义务，特别是风险承担的比例和方式，以规避潜在的法律纠纷和财务风险。同时，企业还可以积极购买商业保险，如项目延误险、货物损失险等，以转移和分散部分风险。此外，加强内部风险管理机制建设，提高风险识别和应对能力，也是企业有效管理风险的重要途径。

3. 金融机构的风险支持

金融机构在数字经济合作中扮演着资金融通和风险管理的双重角色。它们可以通过提供创新的金融产品和服务，如信贷支持、担保服务、风险对冲工具等，帮助企业对冲风险、降低融资成本。例如，金融机构可以针对数字经济合作项目的特点，设计专门的融资方案，包括长期贷款、股权融资、债券发行等多种形式，以满足企业不同阶段的资金需求。同时，金融机构还可以利用自身的专业优势，为企业提供风险管理咨询和解决方案，助力企业稳健发展。

为了进一步推动中国与中东欧国家在数字经济领域的合作，可以考虑建立专项的风险共担基金。该基金由中国和中东欧国家政府、企业、金融机构等多方共同出资设立，旨在为重大合作项目提供风险保障。基金可以通过投资入股、提供贷款担保、风险补偿等方式，支持合作项目的顺利开展。同时，基金还可以建立专业的风险管理团队，对合作项目进行全面的风险评估和监控，确保资金的安全和有效使用。通过这一机制的建立，可以进一步增强合作双方的信心和决心，推动数字经济合作向更高水平迈进。

（四）建立应急响应机制

在数字经济合作领域，尽管我们采取了诸多措施来防控风险，但风险事件的突发性与不可预测性仍然要求我们必须具备高度的警觉性和应对能力。因此，建立一套快速、有效的应急响应机制显得尤为重要。这一机制不仅能够在风险事件发生时迅速启动，有效减轻损失，还能通过不断优化和完善，提升合作双方的整体抗风险能力。

首先，成立中国—中东欧数字经济合作应急响应小组。为了加强合作双方在应对突发事件时的协调与配合，应成立专门的应急响应小组。该小组由来自中国和中东欧国家的政府代表、企业高管、专家学者及金融机构代表组成,负责统筹协调合作中的应急管理工作。小组应明确各成员单位的职责分工,建立高效的沟通协作机制,确保在风险事件发生时能够迅速响应、协同作战。

其次,制定应急预案。应急预案是应急响应机制的重要组成部分。针对数字经济合作中可能出现的各类风险事件,如技术故障、市场波动、法律纠纷等,应制定详细的应急预案。预案应明确应急响应的启动条件、处置流程、资源调配方案及后续恢复措施等关键内容,确保在风险事件发生时能够有序、高效地进行应对。同时,预案还应根据实际情况进行定期修订和完善,以适应不断变化的合作环境和风险挑战。

再次,定期进行应急演练。应急演练是检验应急预案有效性、提升应急响应能力的重要手段。中国—中东欧数字经济合作应急响应小组应定期组织应急演练活动,模拟不同类型的风险事件场景,检验应急预案的可行性和可操作性。通过演练,可以发现并纠正预案中的不足之处,提高各成员单位的应急响应速度和协同作战能力。同时,演练还能增强合作双方的应急意识和危机感,为应对真实风险事件做好充分准备。

最后,建立智能化的应急决策支持系统。随着科技的不断发展,人工智能和大数据技术为应急响应机制注入了新的活力。通过构建智能化的应急决策支持系统,可以实现对风险事件的实时监测、预警和智能分析,为应急响应提供科学、精准的决策支持。该系统可以集成多源数据资源,运用先进的算法模型进行数据挖掘和分析,快速识别风险事件的性质和规模,预测其发展趋势和可能的影响范围。同时,系统还能根据应急预案和实际情况自动生成应对方案,为应急响应小组提供决策参考和行动指南。这将极大地提高应对突发事件的能力和效率,保障数字经济合作的顺利进行。

总的来说,完善风险防控机制是保障中国与中东欧国家数字经济合作健康发展的重要保障。通过建立全面的风险识别和评估体系、制定针对性的风险防控策略、建立多层次的风险分担机制、建立应急响应机制等措施,可以有效降低合作中的各类风险,为双方的深度合作创造良好的环境。在"一带一路"倡议的框架下,这种机制的建立将为中国与中东欧国家的数字经济合作提供坚实的保障,推动双方在数字经济领域实现互利共赢,共同构建数字丝绸之路。

第四节 人才协同：培育科创英才 深化交流共享

一、建立联合培养机制

建立联合培养机制是加强科技创新人才培养的核心策略之一，它旨在整合高校、科研机构和企业的优势资源，共同培养满足创新需求的高素质人才。这种机制不仅能够提高人才培养的质量和效率，还能够更好地满足市场和产业的实际需求，促进科技创新和经济发展。国际化教育经历对学生的创新能力和跨文化交流能力有显著正面影响（Zhou & Chen et al., 2020），联合培养机制的核心在于打破传统的单一培养模式，构建多方参与、优势互补的培养体系。在这个体系中，高校主要负责基础理论和专业知识的教育，科研机构提供前沿科技研究的环境和机会，而企业则提供实际应用场景和项目实践机会。通过这种多方协同的方式，可以培养出既有扎实理论基础，又具备实践能力和创新思维的复合型人才。

具体而言，建立联合培养机制可以从以下几个方面着手。

（一）构建联合培养的课程体系

在数字经济时代，构建一套高效且前瞻性的联合培养课程体系，不仅是应对行业快速变化、技术迭代加速的迫切需求，更是培养具有国际视野、创新能力与实践经验的数字经济人才的关键举措。在跨国合作的背景下，系统的人才培养体系对于应对数字经济带来的技能挑战至关重要（Elia et al., 2021），这一体系的构建，需要高校、科研机构与企业三者之间建立紧密的合作机制，共同探索并实践一种全新的教育模式。

首先，课程体系的构建应立足于行业前沿与市场需求，确保教学内容与数字经济领域的最新发展紧密相连。高校作为知识传授与理论研究的主体，应主动邀请企业高管和科研机构专家参与课程设计过程，将他们在实践中积累的宝贵经验、行业趋势的深刻洞察以及前沿科技的最新研究成果融入课程内容之中。这种"产学研"深度融合的方式,不仅能够使课程内容更加贴近实际,激发学生的学习兴趣与探索欲,还能有效缩短学生毕业后适应职场的时间,提升他们的就业竞争力。

在具体实施上,课程体系应注重理论与实践的有机结合。一方面,通过增设案例分析、模拟演练等教学环节,让学生在课堂上就能接触到真实世界中的复杂问题,培养他们的问题解决能力和创新思维。另一方面,大幅增加实践性课程的比重,如设立企业实习课程、科研项目参与课程等,让学生有机会深入企业一线,亲身体验数字经济领域的实际工作场景,参与真实的项目研发与运营管理。这种"做中学"的方式,不仅能够加深学生对理论知识的理解与掌握,还能帮助他们积累宝贵的实践经验,为未来的职业生涯奠定坚实的基础。

其次,课程体系还应注重培养学生的跨文化沟通能力与国际视野。随着全球化的深入发展,数字经济领域的国际合作日益频繁,具备跨文化沟通能力的人才成为市场上的稀缺资源。因此,在课程设置上,应增加国际交流与合作的内容,如开设跨国界的项目合作课程、组织国际学术研讨会等,让学生有机会与来自不同国家和地区的同学、专家进行交流与合作,拓宽他们的国际视野,提升他们的跨文化沟通能力。

为了确保联合培养课程体系的有效实施,还需要建立一系列配套的支持机制。例如,建立课程质量评估与反馈机制,定期对课程教学效果进行评估,收集学生、教师及企业的反馈意见,及时调整优化课程体系;建立师资共享与交流机制,鼓励高校、科研机构与企业的优秀教师与专家进行跨领域、跨机构的交流与合作,共同提升教学质量与科研水平;建立学生创新创业支持机制,为学生提供创新创业指导、资金扶持等资源,激发他们的创新创业热情,培养他们的创新创业能力。

(二) 实施"双导师制"或"多导师制"

在深化联合培养课程体系的同时,实施"双导师制"或更为灵活的"多导师制"是提升教育质量、促进学生全面发展的又一重要举措。这一制度通过为学生配备来自不同背景与领域的导师团队,构建起一个全方位、多层次的指导网络,旨在为学生提供更加全面、深入的学习与成长支持。

"双导师制"或"多导师制"的核心在于实现教育资源的优化配置与互补。每位导师都拥有其独特的专业优势和实践经验,能够为学生带来不同的视角与指导方向。高校导师,作为学术领域的专家,主要负责学生的学术指导和基础理论知识的传授,引导学生深入探索学科前沿,培养其扎实的学术功底和严谨的科研态度。科研机构导师则以其对前沿科技研究的敏锐洞察力和丰富实践经验,为学生提供最新的科研动态和技术指导,激发学生的创新思维和实践能力。而企业导师的加入,更是为学生搭建了理论与实践之间的桥梁,他们通过分享实际工作中的问题与解决方案,指导学生如何将所学知识应用于解决实际问题,同时传授项目管理和职场沟通等实用技能。这种多元化的指导体系不仅有助于学生的专业知识学习,更重要的是促进了学生综合能力的培养。在多位导师的共同指导下,学生能够接触到更广泛的知识领域和更复杂的实际问题,从而锻炼其跨学科思考、综合分析和解决问题的能力。此外,通过与不同背景导师的交流与合作,学生还能够学会如何与不同类型的人建立有效的沟通与合作关系,这对于其未来的职业发展和社会适应能力都具有重要意义。

为了确保"双导师制"或"多导师制"的有效实施,需要建立一系列完善的管理与运行机制。首先,要明确各导师的职责与分工,确保每位导师都能充分发挥其专业优势,为学生提供有针对性的指导。其次,要建立导师间的沟通协调机制,促进导师之间的信息共享与合作交流,形成合力共同推动学生的成长与发展。最后,还要建立健全的考核评价机制,对导师的指导效果进行定期评估与反馈,以便及时发现问题并采取措施加以改进。

(三) 建立联合实验室和研究中心

在全球数字经济浪潮的推动下,建立跨国联合研究中心已成为中国与中东欧国家深化科技合作、促进知识共享与人才交流的关键一步。跨国联合研究中心能够有效促进知识的创造和传播,同时也能培养具有国际视野的高层次人才(Zhang et al., 2021)。这一举措不仅顺应了时代发展的潮流,更是双方共同应对全球性挑战、推动数字经济繁荣的重要路径。

1. 精准定位合作领域,共筑科技创新高地

首先,需要深入分析中国与中东欧国家在数字经济领域的优势与互补性,精准定位合作领域。人工智能、5G 通信、智慧城市等前沿科技领域，凭借其巨大的发展潜力与广泛的应用前景，自然成为双方合作的焦点。其次，在这些领域建立联合研究中心，意味着将汇聚双方最顶尖的科研力量与资源，共同探索未知领域，攻克技术难题。这不仅能够加速科技创新的步伐，还能为双方乃至全球的数字经济发展注入新的活力。

2. 实施双向交流模式，促进人才与知识自由流动

为了确保联合研究中心的有效运行与持续发展，必须打破地域与文化的界限，实施双向交流模式。这意味着中国专家将有机会长期驻守中东欧国家的研究机构，与当地的科研团队并肩作战，共同推进研究项目。同时，中东欧的专家学者也将被邀请到中国，与中国的科研团队进行深入交流与合作。这种双向交流模式不仅有助于增进双方的了解与信任，还能促进科研思路的碰撞与融合，激发更多的创新火花。此外，它还能为双方培养具有国际视野与跨文化交流能力的科研人才，为未来的国际合作奠定坚实的基础。

3. 鼓励联合研究项目，共谋科技突破与发展

联合研究中心的核心任务之一是推动联合研究项目的开展。这些项目应当紧密围绕双方共同关心的科技问题或产业需求进行设计，旨在通过跨学科、跨领域的合作研究，推动前沿技术的突破与应用。为了支持这些项目的实施，需要积极争取国际科研基金的支持，为项目提供充足的资金保障。同时，还需要建立科学的项目管理机制与评价体系，确保项目能够按计划顺利推进并取得预期成果。通过这些联合研究项目的实施，我们不仅能够推动双方科技实力的提升与产业升级，还能为全球科技进步与发展作出积极贡献。

4. 设立青年学者与研究生交换项目，培养数字经济未来领袖

为了培养具有国际竞争力与创新能力的数字经济人才，联合研究中心还应设立青年学者与研究生交换项目。这些项目将为双方的青年学者与研究生提供宝贵的海外学习与研究机会，让他们能够亲身体验不同文化背景下的科研环境与工作方式。在交换期间，他们将有机会参与对方的科研项目、参加学术研讨会与讲座、与优秀的科研团队进行交流与合作。这种跨文化的交流与学习不仅能够拓宽他们的国际视野与学术思维，还能培养他们的跨文化沟通能力与团队协作精神。更重要的是，通过参与这些项目，他们将有机会成为未来数字经济领域的领袖人物与推动者。

（四）建立联合评估机制

在数字经济时代，人才的培养不再局限于传统的学术框架之内，而是需要更加全面、多元的评价体系来衡量学生的综合素质与潜力。因此，建立联合评估机制成为提升人才培养质量、促进教育与产业深度融合的关键一环。

联合评估机制的核心在于打破单一评估主体的局限，将高校的学术评估与科研机构、企业的实践评估标准相结合，形成一套多维度、全方位的评估体系。具体而言，我们可以将学生参与科研项目的成果、企业实习的表现、创新能力、团队协作能力、社会责任感等多个方面纳入评估范畴，通过量化指标与质性评价相结合的方式，全面而深入地了解学生的能力与潜力。这种多元化的评估机制不仅能够更准确地反映学生的综合素质，还能够为后续的人才选拔和就业提供更全面的参考。对于高校而言，联合评估机制有助于其优化课程设置、教学方法与评价体系，更好地适应产业需求与社会发展；对于学生而言，则能够激励他们积极参与实践活动、提升自我能力，为未来的职业发展奠定坚实的基础。

此外，联合评估机制的建立还需要加强各方之间的沟通与协作。高校、科研机构与企业应建立常态化的交流机制，共同制定评估标准、分享评估信息、优化评估流程，确保评估结果的公正性、客观性与有效性。同时，还应注重评估结果的反馈与运用，将评估结果作为人才培养、教学改革与科研创新的重要依据，推动人才培养质量的持续提升。

通过以上措施，联合培养机制可以实现人才培养的全方位、多层次协同，有效提高科技创新人才的质量和数量。这种机制不仅能够更好地满足产业和市场的需求，还能促进高校、科研机构和企业之间的深度合作，推动整个创新生态系统的良性发展。同时，它也为人才提供了更广阔的发展空间和更多样化的职业选择，有利于吸引和留住优秀人才，为国家的科技创新和经济发展提供强有力的人才支撑。

二、促进人才跨境流动

跨国专业人才网络对促进技术创新和经济发展的重要作用（Saxenian,

2005）。促进人才跨境流动是加强科技创新人才培养与交流的重要环节，它不仅能够提升国家的科技创新能力，还能促进国际科技合作和文化交流。在全球化背景下，人才跨境流动已成为推动科技创新和经济发展的关键因素。通过合理的政策设计和有效的实施措施，可以实现人才的"引进来"和"走出去"，从而构建一个开放、互动、共赢的国际人才生态系统。

（一）要建立健全的人才引进机制

在当今全球化日益加深的时代背景下，建立健全的人才引进机制已成为推动国家发展、增强国际竞争力的关键一环。这一机制的完善不仅关乎国家科技实力的提升，更直接影响到经济社会的全面进步与可持续发展。完善的人才服务体系是吸引和留住国际人才的关键因素，尤其是在促进"一带一路"共建国家的人才交流方面（Liu et al., 2019）。因此，需要从多个维度出发，构建一套全面、高效、具有吸引力的人才引进体系。

首先，简化高层次外国人才的入境和工作许可程序是当务之急。传统烦琐的签证申请、居留许可办理流程往往成为制约国际人才流动的一大障碍。为此，我们可以借鉴国际先进经验，设立专门的"绿色通道"，为顶尖科学家、创新型企业家等高层次人才提供一站式、快速便捷的入境和居留服务。这不仅能够显著提升人才引进的效率，还能向全球传递出我国开放包容、求贤若渴的积极信号，吸引更多优秀人才纷至沓来。

其次，在薪酬待遇和科研条件方面，同样需要进行提升和优化。对于高层次人才而言，除了基本的薪资水平外，他们更看重的是能够充分发挥自身才能、实现职业价值的平台和环境。因此，应当根据人才的实际需求和贡献度，制定具有竞争力的薪酬体系，并配套提供先进的科研设备、充足的科研经费以及国际化的学术交流平台。同时，鼓励和支持企业、高校、科研院所等用人单位建立灵活多样的激励机制，如股权激励、项目奖励等，以激发人才的创新创造活力。

再次，除了物质层面的保障外，完善的生活服务保障也是吸引和留住人才的重要因素。高层次人才往往携家带口来到新的国家工作和生活，他们的子女教育、医疗保障等问题直接关系到他们的生活质量和归属感。因此，需要为引进的外国人才提供全方位、高质量的生活服务保障。比如，可以与国际知名学校合作建立国际学校，为外国人才的子女提供优质的教育资源；与医疗机构合作建立外籍人士专属医疗服务体系，提供便捷的医疗服务；还可以建设一批国际化的社区和住宅区，为外国人才提供舒适的生活环境。

最后，还需要注重人才引进的后续管理和服务。一方面，要建立完善的人才评估体系，对引进的人才进行定期评估和考核，确保他们能够在新的岗位上持续发挥作用、创造价值。另一方面，要加强与引进人才的沟通交流，了解他们的需求和困难，及时为他们排忧解难、提供帮助。同时，还要积极搭建人才交流平台，促进不同领域、不同背景的人才之间的交流与合作，形成人才聚集效应和创新合力。

（二）要鼓励本国人才"走出去"

在全球化的浪潮中，鼓励本国人才"走出去"不仅是提升国家软实力、促进国际交流与合作的重要途径，也是培养具有国际视野、创新能力和竞争力人才的关键举措。这一战略的实施，旨在打破地域限制，让本国人才在更广阔的舞台上展现才华，同时也为国家带回宝贵的国际资源和经验。

首先，支持学生出国留学是"走出去"战略的重要组成部分。通过设立专门的留学基金，增加公派留学名额，我们可以为更多优秀学生提供前往国际一流大学和研究机构深造的机会。这些机构不仅拥有先进的教学设施和科研条件，还汇聚了全球顶尖的学者和专家，为学生提供了无与伦比的学习环境和资源。在留学期间，学生们将接触到最前沿的学术成果和技术动态，与来自世界各地的同学交流思想、碰撞智慧，从而拓宽视野、增长见识。更重要的是，这段经历将使他们更加深入地了解不同文化的差异与融合，培养跨文化交流的能力，为未来的国际合作奠定坚实的基础。

除了学生留学外，鼓励科研人员和技术专家参与国际交流和合作项目同样至关重要。科研人员是科技创新的主力军，他们的国际交流与合作对于推动科技进步、提升国家竞争力具有重要意义。因此，我们应该积极为科研人员搭建国际交流平台，支持他们参与国际科研项目、出席国际学术会议、进行短期或长期的海外访学。这些活动不仅能够让科研人员直接接触到国际前沿的科研动态和技术趋势，学习先进的科研方法和管理经验，还能够促进他们与国际同行建立深厚的友谊和合作关系，为未来的科研合作奠定坚实的基础（顾伟男等，2020）。

其次，鼓励本国人才"走出去"还有助于建立广泛的国际学术网络。在国际化背景下，学术网络已经成为推动科技创新和学术交流的重要力量。通过参与国际交流和合作项目，本国人才可以结识来自不同国家和地区的学者和专家，建立广泛的联系和合作关系。这些联系将成为未来国际合作的重要桥梁和纽带，为国家的科技创新和经济发展提供有力的支持。

（三）完善留学人员回国服务体系

在全球化背景下，完善留学人员回国服务体系不仅是国家人才战略的重要组成部分，也是促进人才回流、增强国家创新能力的重要举措。这一体系的完善，旨在构建一个全方位、多层次、高效便捷的服务网络，为海外留学人员回国发展提供有力支持。

首先，建立有效的联系和服务机制是完善回国服务体系的基础。利用现代科技手段，如建立专门的在线信息平台或社交媒体群组，定期更新并发布国内最新的政策信息、行业动态和就业机会，确保留学人员能够及时获取这些信息，了解国内的发展状况和需求。同时，设立专门的机构或部门，负责与海外留学人员进行定期联系，了解他们的研究进展、职业发展需求及遇到的困难，为他们提供个性化的咨询和服务。

其次，定期举办海外人才交流会也是促进留学人员回国的重要途径。这类交流会不仅可以为留学人员提供一个展示自己成果、交流经验的平台，还能让他们与国内的企业、高校、科研机构等建立联系，了解国内的科研环境、产业需求和发展趋势。通过面对面的交流，留学人员可以更加直观地感受到国内的发展活力和机遇，从而增强回国发展的信心和决心。

再次，在提供政策信息和就业机会的同时，还需要为回国人才创造良好的科研环境和职业发展空间。这包括设立特殊的研究基金，支持回国人才开展高水平的科研活动；提供住房补贴等优惠政策，减轻他们在生活上的压力；以及建立多元化的职业发展通道，为他们提供更多的晋升机会和发展空间。通过这些措施，我们可以让回国人才感受到国内的温暖和关怀，激发他们的创新创造活力，为国家的科技进步和经济发展贡献自己的力量。

最后，还需要注重留学人员回国后的融入和适应问题。由于文化差异、工作环境变化等原因，一些留学人员在回国后可能会面临一定的适应困难。因此，我们需要为他们提供必要的培训和指导，帮助他们更快地适应国内的工作和生活环境。同时，我们也需要加强与国际社会的联系和合作，推动留学人员回国发展的国际化进程，让他们在国际化的平台上发挥更大的作用。

通过以上措施，可以有效促进科技创新人才的跨境流动，实现人才资源的全球优化配置。这不仅能够提升国家的科技创新能力和国际竞争力，还能促进国际科技合作和文化交流，为构建人类命运共同体做出积极贡献。同时，也为科技创新人才提供了更广阔的发展平台和更多元化的职业选择，有利于激发人才的创新潜力，推动全球科技进步和经济发展。

三、搭建人才交流平台

在中国与中东欧国家的数字经济合作中，人才是推动创新和发展的核心要素。建立常态化的人才交流机制，如组织定期的学术研讨会、技术论坛、创新大赛等，为中国与中东欧国家的科技人才提供交流和合作的机会。知识共享对组织创新有显著促进作用（Wang & Noe，2010），搭建有效的人才交流平台不仅可以促进知识和技能的传播，还能加深双方的相互理解，为深度合作奠定坚实的基础。本节将详细探讨如何构建多元化、高效率的人才交流平台，以推动中国与中东欧国家在数字经济领域的协同发展。

（一）建立线上人才交流平台

在数字化浪潮的推动下，线上平台正逐步成为连接全球人才、促进知识交流与合作的核心枢纽。这种综合性的在线平台可以显著提高跨国人才交流的效率和效果。例如，Liu 等人（2020）的研究发现，基于互联网的人才交流平台能够有效克服地理距离和时差的限制，促进知识的快速传播和创新的产生。鉴于中国与中东欧国家在数字经济领域的广阔合作前景，建立一个专属的线上人才交流平台显得尤为关键。这一平台旨在打破地域限制，加速人才、信息与资源的流动，为双方数字经济的发展注入强劲动力。该平台的核心功能设计紧密围绕数字经济人才交流的需求展开。

首先，人才数据库的建立是基础。这个数据库将全面收录中国和中东欧国家在数字经济领域的精英人才，包括顶尖专家、学者、技术人员等，他们的专业背景、研究方向、项目经验等详细信息将被精心整理并对外展示。这不仅为需求方提供了便捷的搜索与筛选工具，也为人才自身搭建了展示才华、拓展人脉的宝贵平台。

其次，在线论坛的设立为双方专家提供了实时交流、思想碰撞的广阔空间。论坛将围绕数字经济的前沿技术、行业动态、政策导向等热点话题设立多个讨论区，鼓励用户积极参与、畅所欲言。通过这种方式，不仅可以促进专业知识的传播与共享，还能激发新的创意与合作灵感。

最后，虚拟会议室的提供为远程交流与合作提供了强有力的技术支持。该平台将采用先进的视频会议技术，确保用户能够享受到高质量、低延迟的远程会议体验。无论是研讨会、工作坊还是日常沟通会议，都能在这里得到高效、便捷的解决方案。

综上所述，建立这样一个全面、高效、便捷的线上人才交流平台，将为中国与中东欧国家在数字经济领域的深度合作奠定坚实的基础。我们期待这一平台的成功运行能够推动双方数字经济的繁荣发展，共同开创更加美好的未来。

（二）组织定期的线下交流活动

在当今这个数字化飞速发展的时代，尽管线上交流平台以其跨越时空界限的便捷性极大地促进了全球范围内的信息共享与合作，但不可否认的是，面对面的交流仍然占据着不可替代的重要地位，尤其是在构建深厚人际关系、推动实质性合作方面。定期的面对面交流活动对于建立跨文化信任和促进知识转移具有重要作用，特别是在数字经济这样快速发展的领域（Vătămănescu et al.，2019）。因此，为了进一步加强中国与中东欧国家在数字经济领域的交流与合作，定期组织线下交流活动显得尤为必要且迫切。

首先，年度数字经济峰会是连接双方的重要桥梁。我们提议每年轮流在中国和中东欧国家举办"中国—中东欧数字经济峰会",这一盛会不仅将汇聚来自两国政府的高层官员,还将吸引众多企业家、知名学者及行业技术专家共襄盛举。峰会期间,与会者将围绕数字经济的最新发展趋势、政策导向、技术创新以及合作机遇等议题展开深入讨论,为双方搭建起一个高层次的对话与合作平台,共同探索数字经济时代下的新机遇与新挑战。

其次,针对特定技术领域或行业应用的主题研讨会也是不可或缺的。这类活动往往更加聚焦、深入,能够有效促进相关领域专业人士之间的直接对话与思想碰撞。通过组织小型而精致的研讨会,我们可以为参会者提供更加宽松的交流环境,鼓励他们就具体问题进行深入探讨,从而推动技术创新与行业应用的深度融合。

再次,中国—中东欧数字创新大赛的举办也将为两地的创新人才提供一个展示自我、交流创意的绝佳舞台。大赛旨在挖掘并扶持具有潜力和市场前景的数字创新项目,通过提供资金、技术、市场等多方面的支持,助力优秀项目实现从概念到市场的跨越。这不仅将激发两地创新活力,还将为双方数字经济合作注入新的动力。

最后,数字技术展览则是展示双方最新科技成果、促进技术交流与商业合作的重要窗口。展览将覆盖人工智能、大数据、云计算、物联网等多个前沿领域,通过实物展示、现场演示、互动体验等多种方式,让参观者直观感受到数字技术的魅力与潜力。同时,展览还将为参展商提供丰富的商务对接机会,促进双方企业在技术合作、产品推广、市场拓展等方面的深度合作。

综上所述,定期组织的线下交流活动将为中国与中东欧国家在数字经济领域的合作注入新的活力与动力。我们期待通过这些活动的举办,进一步加深双方的了解与信任,拓宽合作领域与渠道,共同开创数字经济合作的新篇章。

(三)促进企业间的人才交流

在数字经济迅猛发展的时代背景下,企业作为这一领域的主力军,其间的人才交流与合作显得尤为关键。为了进一步深化中国与中东欧国家在数字经济领域的合作,我们需从多个维度促进企业间的人才交流,以激发创新活力,推动产业升级。

首先，鼓励中国和中东欧国家的数字经济企业建立人才交换项目，是打破地域界限、促进知识共享的重要途径。这一举措不仅能够让员工亲身体验不同文化背景下的工作环境与业务模式，还能通过实际工作中的交流与合作，增进彼此之间的理解和信任。这种深入的人才交流，有助于培养具有国际视野的复合型人才，为企业的国际化发展奠定坚实的人才基础。

其次，支持跨国创业团队的形成，是激发创新潜能、加速科技成果转化的有效手段。中国和中东欧国家可以共同搭建合作平台，为有志于跨境创业的团队提供资金、技术、市场等多方面的支持。通过跨国创业团队的协作，双方可以共享创新资源，共同攻克技术难题，推动数字经济领域的创新与发展，有助于拓宽市场渠道，提升品牌国际影响力。

再次，建立中国—中东欧数字经济企业家联盟，是促进企业间交流合作的又一重要举措。该联盟可以定期组织交流活动，邀请来自不同国家的数字经济企业家共聚一堂，分享成功经验，探讨行业趋势，寻求合作机遇。这种面对面的交流方式，有助于加深企业家之间的了解和信任，为未来的合作奠定坚实的基础。同时，联盟还可以发挥桥梁纽带作用，推动政府与企业之间的对话与合作，共同推动数字经济领域的政策创新与发展。

最后，鼓励大企业与初创企业之间的合作，是激发市场活力、促进创新思维碰撞的重要途径。大企业拥有雄厚的资金实力、丰富的市场资源和成熟的运营经验，而初创企业则具有敏锐的市场洞察力、灵活的创新机制和强大的执行力。双方的合作可以实现优势互补、资源共享，共同推动数字经济领域的创新与发展。同时，这种合作模式还有助于初创企业快速成长，为市场注入新的活力。

综上所述，促进企业间的人才交流是推动中国与中东欧国家数字经济合作的重要一环。这种企业间的人才交流不仅可以促进技术和管理经验的传播，还能推动商业模式的创新和市场的拓展（刘辉等，2024）。通过建立人才交换项目、支持跨国创业团队、建立企业家联盟以及鼓励大企业与初创企业合作等多种方式，我们可以进一步激发创新活力，推动产业升级，共同开创数字经济合作的美好未来。

第七章

面临的挑战与对策建议

本章主要探讨在"一带一路"科技创新与资本市场的协同发展，特别是中国与中东欧数字经济合作过程中所面临的挑战与机遇，并提出相应的应对策略与建议。首先，分析合作过程中遇到的主要挑战，如政策法规、技术标准等差异，并同时指出潜在的机遇，如新兴市场的开拓、技术创新的合作等。其次，针对这些挑战，提出具体的应对策略与建议，包括加强政策沟通、推动技术创新合作、优化资本配置等。最后，合作过程中可能遇到的风险进行评估，并提出相应的防范措施，以确保中国与中东欧在数字经济合作顺利、稳健推进。

第一节 面临挑战与机遇

一、政策与法规差异

（一）数据隐私保护法规的不同

在中国与中东欧国家的数字经济合作中，数据隐私保护法规的差异构成了显著挑战。中国的《个人信息保护法》（PIPL）虽然在某些方面借鉴了GDPR，但在实施细节和执行力度上仍有差距（Yakovleva & Irion, 2020）。这些差异不仅深刻影响着合作的顺利推进，还对企业的合规运营、数据流动及国际合作环境带来了多重考验。

首先,合规难度的显著增加是首要挑战。由于各国数据隐私保护法规的条款复杂且标准不一,企业在跨国经营中需同时遵循多个法律框架,这无疑加大了合规的复杂性和成本。中东欧国家与中国的法律标准差异,使得企业在数据传输、处理和使用过程中需细致区分并遵守各自的规定,这无疑提高了合规的门槛。

其次,合作障碍因法规差异而加剧。数据隐私保护法规的不同可能引发双方对数据安全和合规性的担忧,进而削弱合作的基础信任。在合作谈判中,双方需投入更多时间和精力就数据隐私保护条款进行深入讨论,这不仅延长了谈判周期,还可能因难以达成共识而阻碍合作进程。

再次,数据流动受到限制成为又一挑战。数据隐私保护法规的差异可能导致跨境数据传输面临诸多障碍,限制了数字经济的全球化发展。中东欧国家可能实施的本地化存储要求,更是对跨国企业全球数据布局和运营策略构成了直接挑战。企业需重新评估数据流动策略,以确保在遵守各国法律的前提下实现数据的有效流通。

最后,技术和资源的投入压力也随之增大。为了满足不同国家的数据隐私保护要求,企业需不断升级技术、改进流程,并投入大量资源进行员工培训和教育。这不仅增加了企业的运营成本,还对企业的技术能力和资源调配能力提出了更高要求。

(二)知识产权保护制度的差异

在"一带一路"倡议背景下,中国与中东欧国家的数字经济合作面临着知识产权保护制度差异的挑战。这些差异不仅反映了各国法律体系和经济发展阶段的不同,也直接影响着科技创新成果的保护和跨境技术转让的效率。

首先,跨境技术转让的法律风险增加。中国与中东欧国家在跨境技术转让方面的法律框架和监管要求存在差异,这种差异可能使企业在进行技术转让时面临更高的法律风险。不同国家对于技术出口管制、外资并购中的技术审查以及技术转让合同的具体规定各不相同,这可能导致企业在跨境技术合作中难以把握合规边界,增加了因违反当地法律而受到处罚的风险。这种法律风险不仅可能损害企业的经济利益,还可能影响企业的声誉和创新积极性,进而降低双方合作的意愿。

其次，知识产权纠纷解决机制的不同。中国与中东欧国家在知识产权纠纷解决机制上也存在差异。不同国家的知识产权法律体系、司法程序和仲裁制度各不相同，这可能导致跨境知识产权纠纷的解决过程复杂且耗时。当合作双方发生知识产权纠纷时，需要面对不同的法律体系和程序规则，增加了纠纷处理的成本和不确定性。此外，不同国家对于知识产权侵权行为的认定标准和赔偿力度也存在差异，这可能导致纠纷解决的结果难以预测，进一步增加了合作的风险。

再次，对新兴技术和商业模式的保护力度不同。中国与中东欧国家在对新兴技术和商业模式的保护力度上也存在差异。新兴技术和商业模式的发展需要强有力的知识产权保护作为支撑，但不同国家对于这类技术和模式的保护态度和保护措施各不相同。一些国家可能更加注重新兴技术和商业模式的保护，通过制定专门的法律和政策来鼓励创新；而另一些国家则可能在这方面相对滞后，保护力度不足。这种差异可能导致在数字经济领域的创新合作中，合作双方的利益诉求难以得到满足，进而影响合作的深入发展。

最后，知识产权估值和交易标准的差异。中国与中东欧国家在知识产权估值和交易标准上也存在差异。知识产权的估值和交易涉及多个方面，包括专利、商标、著作权等不同类型的知识产权，以及知识产权的评估方法、交易方式、合同条款等。不同国家在这些方面可能存在不同的标准和惯例，导致跨境知识产权融资和交易活动面临诸多挑战。例如，在知识产权估值方面，不同国家可能采用不同的评估方法和标准，导致估值结果存在差异；在交易方式方面，不同国家可能偏好不同的交易模式和合同条款，增加了交易的复杂性和风险。这些差异可能影响跨境知识产权融资和交易的效率和成功率，进而影响数字经济合作的深化和拓展。

二、技术标准不统一

（一）5G 与物联网标准的差异

1. 5G 技术标准的多元化

5G 作为新一代移动通信技术，其高速率、低时延、大连接的特点为数字经济的发展提供了强大的技术支持。然而，5G 技术标准的制定并非一蹴而就，而是经历了长期的研发、测试、验证和商用部署过程。在这个过程中，不同国家和地区基于自身的技术实力、产业基础和市场需求，制定了不同的 5G 技术标准。这种多元化的标准体系虽然在一定程度上促进了技术创新和市场竞争，但也给跨国合作带来了挑战。中国与中东欧国家在 5G 技术标准上存在差异，主要体现在频谱分配、网络架构、核心技术等方面。例如，中国在 5G 频谱分配上采取了较为灵活的政策，为 5G 的快速发展提供了有力保障；而中东欧国家由于历史原因和国情差异，在频谱分配上可能面临更多的限制和挑战。这种差异可能导致双方在 5G 网络建设、设备采购、服务提供等方面存在障碍，影响合作的顺利进行。

2. 物联网标准的碎片化

物联网作为数字经济的重要组成部分，其标准的统一对于实现万物互联、促进数字经济与实体经济深度融合具有重要意义。然而，物联网技术的复杂性和多样性导致了物联网标准的碎片化现象。不同行业、不同领域甚至不同企业都在制定自己的物联网标准，这使得物联网市场的标准化进程变得异常艰难。中国与中东欧国家在物联网标准上的对接和互认也面临诸多挑战。一方面，双方可能采用不同的物联网标准体系，导致设备无法互联互通；另一方面，双方在物联网技术的应用场景、业务模式等方面存在差异，这也增加了标准对接的难度。因此，在物联网领域，中国与中东欧国家需要加强合作，共同推动物联网标准的统一和互认，为双方数字经济合作奠定坚实基础。

（二）人工智能伦理标准的不一致

人工智能伦理标准的不一致也是中国与中东欧国家在数字经济合作中面临的一个重要挑战。随着人工智能技术的快速发展和广泛应用，其伦理问题日益凸显。不同国家和地区在人工智能伦理标准的制定上存在差异，这主要体现在数据隐私保护、算法透明度、责任归属等方面。中国与中东欧国家在人工智能伦理标准上的不一致可能导致双方在合作过程中产生分歧和争议。例如，在数据隐私保护方面，中国可能更加注重数据的合理利用和共享，而中东欧国家可能更加注重数据的安全和隐私保护。这种差异可能导致双方在数据流通、算法应用等方面存在障碍，影响合作的顺利进行。

1. 数据隐私保护的差异

随着人工智能技术的广泛应用，数据隐私保护问题日益凸显。不同国家和地区在数据隐私保护方面存在不同的法律法规和政策要求。中国作为数据大国，在数据利用和共享方面具有较高的效率和灵活性；而中东欧国家由于历史原因和文化背景的差异，对数据隐私保护的要求可能更为严格。这种差异可能导致双方在人工智能合作过程中产生分歧和争议，影响合作的顺利进行。例如，在跨境数据流动方面，中国可能更加注重数据的合理利用和共享，以促进数字经济的发展；而中东欧国家可能更加关注数据的安全和隐私保护，对跨境数据流动进行严格的监管和限制。这种差异可能导致双方在数据交换、算法训练等方面存在障碍，影响人工智能技术的合作与应用。

2. 算法透明度与责任归属的争议

人工智能技术的复杂性和不确定性使得算法透明度成为关注的焦点。不同国家和地区在算法透明度方面存在不同的标准和要求。中国可能更加注重算法的创新和实用性，而在算法透明度方面相对宽松；而中东欧国家可能更加关注算法的公平性和可解释性，要求算法具有较高的透明度。此外，人工智能技术的责任归属问题也是双方合作中的一大挑战。由于人工智能技术的自主性和不可预测性，其在使用过程中可能产生一系列不可预见的风险和后果。不同国家和地区在责任归属问题上存在不同的法律规定和司法实践，这可能导致双方在合作过程中产生争议和纠纷。

三、市场准入与公平竞争

（一）数字服务市场准入限制

首先，中东欧各国在数字经济领域的政策法规存在差异，这导致数字服务市场准入面临一定的限制。不同国家对于外资进入数字服务市场的态度、审批流程、外资持股比例等方面的规定不尽相同，这增加了中国企业进入中东欧市场的难度和不确定性。其次，随着数字经济的快速发展，数据安全和隐私保护成为全球关注的焦点。中东欧国家对于数据安全和隐私保护的要求也在不断提高，这要求中国企业在进入市场时必须严格遵守当地的相关法律法规，确保用户数据的安全和隐私得到充分保护。然而，由于不同国家在数据保护和隐私法律方面的差异，中国企业可能需要投入更多的时间和资源来适应和满足这些要求。最后，数字服务市场的准入还受到技术标准和互操作性的影响。中东欧国家在技术标准和互操作性方面可能存在不同的要求和规范，这可能导致中国企业在提供数字服务时面临技术障碍和兼容性问题。为了克服这些障碍，中国企业需要加强与中东欧国家在技术标准制定和互操作性方面的合作与交流。

（二）本土企业与跨国公司间的竞争问题

首先，在中东欧国家的数字服务市场中，本土企业与跨国公司之间存在激烈的竞争。本土企业通常更了解当地市场需求和消费者习惯，而跨国公司则拥有更先进的技术和更丰富的市场经验。这种竞争关系可能导致市场份额的争夺变得尤为激烈，给中国企业在中东欧市场的拓展带来挑战。其次，中东欧国家政府为了促进本土企业的发展，可能会出台一系列政策来扶持本土企业，包括税收优惠、资金补贴等。这些政策可能在一定程度上削弱跨国公司在市场中的竞争力，使得中国企业在进入市场时面临更加不利的竞争环境。同时，品牌认知度和信任度是企业在市场中取得成功的重要因素。与本土企业相比，中国企业在中东欧市场的品牌认知度和信任度可能相对较低。这要求中国企业在进入市场时加强品牌建设和市场推广工作，提高消费者对品牌的认知度和信任度。

四、潜在机遇

在全球科技革命和产业变革的浪潮中，数字经济作为新兴的经济形态，正逐步成为推动各国经济复苏和高质量发展的重要力量。中国与中东欧国家在数字经济领域的合作，不仅符合全球经济发展的趋势，也为双方带来了新的发展机遇和合作空间。

（一）数字经济成为全球经济增长的新引擎

在21世纪的科技浪潮中，数字经济如同一股强劲的东风，正以前所未有的速度重塑着全球经济版图。随着互联网、大数据、云计算、人工智能、区块链等前沿技术的不断突破与融合应用,数字经济已经从边缘逐渐走向中心,成为全球经济不可或缺的重要组成部分,更是推动全球经济复苏与增长的新引擎。据《全球数字经济白皮书(2024年)》的权威数据显示,2023年,美国、中国、德国、日本、韩国五个全球科技与经济强国在数字经济领域取得了显著成就,其数字经济总量已超过惊人的33万亿美元,同比增长率超过8%。这一数字不仅彰显了数字经济在全球经济中的重要地位,更预示着数字经济正以前所未有的速度和规模推动着全球经济的增长。尤为引人注目的是,这些国家的数字经济占GDP比重已达到60%,这意味着数字经济已成为支撑和引领这些国家经济发展的核心力量。

在此背景下,中国与中东欧国家在数字经济领域的合作显得尤为重要和迫切。作为世界上最大的发展中国家和拥有庞大市场潜力的地区之一,中国在数字经济领域取得了举世瞩目的成就。而中东欧国家则拥有独特的地理位置、丰富的自然资源和良好的工业基础,在数字经济领域也具有广阔的发展前景。双方加强数字经济合作,不仅可以实现优势互补和互利共赢,还可以共同分享数字经济带来的经济增长红利,为全球经济复苏与增长贡献重要力量(白洁等,2020)。

(二)"一带一路"倡议提供合作平台

"一带一路"倡议自提出以来,不仅重新定义了全球经济合作的格局,更为中国与中东欧国家在数字经济领域的深度合作搭建了一座坚实的桥梁。这一倡议以互联互通为核心,通过基础设施建设、产业转型、数字能力提升等多维度合作,为双方数字经济的繁荣发展奠定了坚实的基础。

在基础设施建设方面,"一带一路"倡议促进了中国与中东欧国家之间的交通、通信等基础设施的互联互通(刘思琦,2024)。例如,中巴经济走廊的建设不仅极大地改善了巴基斯坦的交通条件,也为两国在数字经济领域的合作提供了强有力的支撑。通过这条走廊,双方可以更加便捷地共享数据资源、传输信息,为电子商务、远程医疗、在线教育等数字经济的核心领域创造更多发展机遇。同时,中欧班列的常态化运行,不仅缩短了中欧之间的物流时间,也加速了双方数字经济产品的流动和交易,为双方数字经济合作注入了新的活力。

在产业转型方面,"一带一路"倡议鼓励双方利用数字技术推动传统产业转型升级。中东欧国家拥有丰富的工业基础和制造业资源,而中国则在数字技术、智能制造等领域积累了丰富的经验。通过共建产业园区、开展技术合作等方式,双方可以共同推动传统产业的数字化、智能化改造,提升产业附加值和竞争力。这种合作不仅有助于中东欧国家实现经济结构的优化升级,也将为中国数字经济的持续发展提供新的增长点。

在数字能力提升方面,"一带一路"倡议推动了双方在数字技术研发、人才培养、标准制定等方面的深入合作。双方可以共同建设数字技术研发中心、实验室等创新平台,加强在人工智能、区块链、大数据等前沿技术领域的联合研发。同时,通过互派留学生、开展专业培训等方式,加强双方在数字经济领域的人才培养和交流。此外,双方还可以加强在数字经济标准制定方面的合作,推动形成统一或兼容的标准体系,为双方数字经济合作的深化提供有力保障。

特别值得一提的是,在"一带一路"倡议的框架下,中巴经济走廊、中欧班列等重点项目中的数字技术广泛应用和深度融合,将进一步推动双方数字经济合作的深化。这些项目不仅为双方数字经济产品的流通提供了便捷通道,也为双方在数字技术创新、应用、推广等方面的合作提供了广阔舞台。通过这些项目的实施,双方可以更加紧密地联系在一起,共同探索数字经济合作的新模式、新路径。

(三)中东欧国家数字化转型需求迫切

中东欧地区,虽然整体经济水平在全球版图中相对滞后,但其在数字化转型的浪潮中却展现出了惊人的活力和潜力。面对全球数字化趋势的加速发展,中东欧国家普遍认识到,数字化转型不仅是提升国家竞争力的关键路径,也是实现经济可持续发展的重要驱动力。因此,近年来,中东欧国家纷纷出台了一系列国家战略,旨在推动本国数字经济的发展,为未来的经济增长奠定坚实基础。

中东欧国家在数字化转型方面有着巨大的市场需求。随着技术的不断进步和普及，中东欧国家的企业和民众对于高效、便捷、智能的数字化服务需求日益增长。从政府服务到企业运营，从教育医疗到日常生活，数字化转型正渗透到社会的方方面面。同时，中东欧国家在人才储备、基础设施建设等方面也具备了一定的基础，为数字化转型提供了有力支撑。此外，中东欧国家在数字化转型方面还具有显著的潜力。一方面，中东欧国家拥有相对较低的数字化水平，这意味着它们在数字化领域有着广阔的发展空间。另一方面，中东欧国家与西欧等发达国家在地理位置上相邻，便于吸收和借鉴先进的数字化技术和经验。这种区位优势为中东欧国家在数字化转型过程中实现跨越式发展提供了可能。

为了抓住数字化转型的机遇，中东欧国家纷纷出台了国家层面的数字经济发展战略。这些战略通常包括加强数字基础设施建设、推动数字技术创新和应用、培养数字化人才、促进数字经济与实体经济深度融合等方面的内容。通过这些战略的实施，中东欧国家旨在打造良好的数字经济发展环境，为数字经济的发展提供有力保障。

中国与中东欧国家在数字经济领域的合作具有广阔的前景和重要的现实意义。一方面，中国作为数字经济发展的领军国家之一，在数字技术研发、应用推广等方面具有丰富的经验和资源。通过与中东欧国家的合作，中国可以将其在数字经济领域的成功经验和先进技术带到中东欧地区，助力中东欧国家实现数字化转型和经济发展。另一方面，中东欧国家在数字化转型方面的需求和潜力为中国企业提供了巨大的市场机遇。中国企业可以通过参与中东欧国家的数字经济建设项目、提供数字化解决方案等方式，拓展其海外市场份额并提升国际竞争力。同时，双方还可以在数字技术研发、人才培养等领域开展深入合作，共同推动全球数字经济的发展和繁荣。综上所述，中东欧国家在数字化转型方面展现出了巨大的市场需求和潜力。通过加强国家战略层面的合作与推动，中国与中东欧国家有望在数字经济领域实现互利共赢的共同发展。这不仅有助于推动中东欧国家的经济转型升级和可持续发展，也将为中国数字经济的全球化发展注入新的动力。

第二节 应对策略与建议

一、建立双边（多边）数字经济协调机制

（一）强化政策对话与战略协同

在深化中国与中东欧国家数字经济合作的进程中，建立高规格的政策对话机制尤为重要。首先，应设立定期举办的数字经济合作部长级会议，作为双方政策对话的最高级别平台。这一会议将邀请双方数字经济相关部门的部长级官员参与，围绕数字经济政策、战略规划、合作重点等核心议题展开深入交流与讨论（蒿琨，2020）。会议内容将广泛涵盖数字经济发展趋势的分析、政策环境的评估、合作项目的进展汇报以及新合作倡议的提出，旨在通过高层对话达成政策共识，为双方合作明确方向，提供战略指导。其次，为进一步提升政策对话的深度与广度，我们建议成立由双方政府官员、专家学者、企业代表共同组成的数字经济合作专家委员会。该委员会将作为政策对话的智囊团，负责深入研究数字经济领域的热点问题，分析合作面临的机遇与挑战，并据此提出具有前瞻性和可操作性的政策建议。最后，专家委员会还将通过定期举办研讨会、论坛等活动，搭建起学术交流与思想碰撞的桥梁，促进双方在数字经济领域的知识与经验共享，为合作注入新的活力与灵感。

通过设立部长级会议与专家委员会这两大平台，中国与中东欧国家将能够建立起更加紧密、高效、深入的政策对话机制。这一机制不仅有助于双方及时把握数字经济发展的最新动态与趋势，更能够在政策层面形成高度协同与默契，为双方企业在数字经济领域的合作创造更加有利的环境与条件。同时，通过政策对话的深化与拓展，双方还将进一步挖掘合作潜力，拓宽合作领域，推动数字经济合作向更高层次、更广范围发展，共同开创数字经济合作的新篇章。

（二）制定共同发展战略与规划

在推动中国与中东欧国家数字经济合作向纵深发展的道路上，联合发布数

字经济合作战略规划成为一项至关重要的举措。这一战略规划的制定,旨在明确双方合作的总体目标、重点领域、实施时间表和具体措施,确保合作方向的明确性和协同性。战略规划的内容应深入体现双方的利益关切和共同愿景,通过凝聚共识,为合作奠定坚实的战略基础。

为了确保战略规划的有效实施,需要制订详尽的实施计划,明确各方责任分工和关键时间节点。这将有助于我们跟踪合作进展,及时解决实施过程中遇到的问题,确保合作项目能够按照既定目标顺利推进。同时,建立科学、公正的评估机制也至关重要,通过定期对战略规划执行情况进行评估和调整,可以及时总结经验教训,优化合作策略,确保合作成果的最大化。此外,加强战略对接与协同也是推动数字经济合作深入发展的关键。中国可充分利用自身在"一带一路"倡议、数字中国建设等方面的战略优势,与中东欧国家的数字经济战略进行深度对接。双方应在数字基础设施建设、数字贸易、数字技术创新等关键领域寻找合作契合点,通过共同推进合作项目,实现互利共赢(裴长洪,2021)。

在战略对接与协同的过程中,可以借鉴中国与欧盟在数字经济领域合作的成功经验。例如,在数字单一市场建设方面,双方可以探索建立更加开放、透明的市场规则,促进数据、服务、资本等要素的自由流动;在跨境数据流动方面,双方可以加强政策沟通和技术合作,确保数据流动的安全性和高效性;在网络安全领域,双方可以共同构建网络安全防御体系,提升网络空间的安全性和稳定性。

二、推动法规互认与标准对接

在当今全球化的浪潮中,数字经济作为新兴的经济形态,正以前所未有的速度重塑着全球经济版图。中国与中东欧国家,作为地理位置上虽远隔千山万水,但在经济发展、科技创新等方面却拥有广泛合作潜力和共同利益的重要伙伴,加强在数字经济领域的法规比较研究与互认,不仅有助于促进双方经济的深度融合,更是构建开放、包容、非歧视的数字经济环境的必要之举。

(一) 加强法规比较研究与互认

随着数字技术的飞速发展,数据已成为新的生产要素,而围绕数据的收集、处理、传输、存储及利用等方面的法律法规,成为保障数字经济健康有序发展的关键。中国与中东欧国家,在各自的发展历程中,基于不同的社会制度、文化背景和经济结构,形成了各具特色的数字经济法规体系。这些法规体系在保护个人隐私、维护网络安全、促进电子商务发展等方面发挥着不可替代的作用,但同时也存在着一定的差异和壁垒,影响了双方企业在数字经济领域的深度合作与资源共享。

为了打破这一困境,中国与中东欧国家应携手建立数字经济法规比较研究机制。这一机制旨在通过深入比较双方在数据保护、网络安全、电子商务等领域的法律法规,阐述其背后的立法理念、制度设计和实施效果,进而找出法规之间的差异和共同点。这一过程不仅是对各自法律体系的一次全面审视,更是增进相互理解和信任的重要途径。通过比较分析,双方可以更加清晰地认识到彼此在数字经济监管方面的优势和不足,为后续的法规互认工作奠定坚实的理论基础和科学依据。

在比较研究的基础上,双方应共同发布法规比较研究报告。这份报告将成为双方政府、企业和公众了解彼此法规体系的重要窗口,为双方开展数字经济合作提供权威的法律参考。同时,针对法规差异,报告可提出具体的解决方案和建议,旨在推动双方法规的逐步趋同。这些解决方案和建议应兼顾双方的利益诉求,既体现公平、公正的原则,又符合数字经济发展的实际需要。

(二) 推动标准对接与互认

在数字经济蓬勃发展的今天,标准作为技术进步的桥梁和国际贸易的基石,其重要性日益凸显。中国与中东欧国家,作为全球经济版图中不可忽视的力量,加强在数字经济领域的标准对接与互认,不仅是促进双方经济融合、提升产业竞争力的关键举措,也是推动全球数字经济治理体系完善、构建开放型世界经济的重要一环。

首先,中国与中东欧国家应积极参与国际标准的制定工作,共同推动数字经济领域标准的制定与修订（巴殿君和吕博尧，2024）。这不仅是双方在国际舞台上发声、争取话语权的重要途径，更是促进双方技术标准相互融合、提升产业国际竞争力的有效手段。双方可以成立联合工作组或专家团队，就共同关心的标准问题进行深入研究和讨论，提出符合双方利益、具有国际前瞻性的标准制定建议。这些建议应涵盖数据保护、网络安全、云计算、物联网、人工智能等多个领域，确保标准制定的全面性和前瞻性。

其次，在标准制定合作的过程中，中国与中东欧国家还应充分利用国际标准化组织（ISO）、国际电信联盟（ITU）等国际平台，加强与国际社会的合作与交流。通过参与国际标准的制定和修订过程，双方可以及时了解国际标准的最新动态和发展趋势，为中国标准与国际标准的接轨和互认创造有利条件。同时，双方还可以在国际平台上展示各自在数字经济领域的标准制定成果和实践经验，提升中国标准在国际社会的影响力和认可度。

最后，在标准制定合作的基础上，中国与中东欧国家应进一步建立标准互认机制，明确双方在数字经济领域标准互认的范围、程序和条件。标准互认机制的建立将有助于消除双方在技术标准上的壁垒和障碍，促进技术、产品、服务的自由流通和公平竞争。通过签署标准互认协议或备忘录等方式，双方可以就数字经济领域的特定标准达成共识，确保双方在技术、产品、服务等方面的兼容性和互操作性。

为了确保标准互认机制的有效实施，双方应建立相应的认证和检测体系。这些体系应具备权威性、公正性和高效性，能够为双方企业提供便捷、可靠的标准互认服务。通过认证和检测体系的建立，双方可以确保符合标准的产品和服务能够顺利进入对方市场，降低企业运营成本和市场风险。同时，双方还应加强标准互认的宣传和推广工作，提高双方企业和公众对标准互认的认知度和接受度。通过举办培训班、研讨会等活动形式，双方可以普及标准互认的相关知识和政策规定，引导企业和公众积极参与标准互认工作。

三、市场开放与公平竞争机制

中国与中东欧国家在数字经济合作过程中逐步放宽市场准入限制并建立公

平竞争监管机制是一个复杂而富有挑战性的过程,需要双方在相互理解、互利共赢的基础上不断推进。这一过程首先需要认识到,数字经济作为新兴领域,其发展速度快、影响范围广、创新模式多样,传统的市场准入和监管模式往往难以适应其特点。因此,中国与中东欧国家需要以开放、包容、创新的态度,共同探索适合数字经济发展的市场准入和监管机制。

(一) 逐步放宽市场准入限制

在深化中国与中东欧国家数字经济合作的过程中,放宽市场准入限制是一个至关重要的环节,它不仅是双方经济合作深化的体现,也是促进数字经济领域创新与发展、实现互利共赢的必由之路。具体而言,中国与中东欧国家在放宽市场准入限制方面,可以遵循以下路径和策略,逐步构建更加开放、包容和协同的数字经济合作生态。

首先,双方应基于平等互利、合作共赢的原则,共同推动数字经济领域市场准入规则的优化与调整。这要求双方政府层面加强政策沟通与协调,就市场准入的具体要求、程序、标准等进行深入讨论,并努力达成共识。通过制定或修订相关法律法规,明确外资在数字经济领域的准入条件、经营范围、股比限制等,为外资企业提供更加清晰、透明、可预期的市场环境。

其次,双方可以选取数字经济中的重点领域作为市场准入放宽的突破口。这些领域通常具有技术含量高、创新性强、市场潜力大等特点,如电子商务、云计算、大数据、人工智能等。在这些领域,双方可以率先放宽外资准入限制,允许对方企业以独资、合资、合作等多种形式参与市场竞争,共同分享数字经济带来的发展机遇。同时,双方还可以加强在技术标准、服务规范、知识产权保护等方面的合作,推动形成统一或兼容的标准体系,降低市场准入的技术门槛。

在放宽市场准入限制的过程中,双方还需要加强宣传和引导工作。通过举办论坛、展览、研讨会等活动,展示双方在数字经济领域的合作成果和发展前景;加强媒体宣传报道,提高公众对数字经济合作的认识和关注度;引导社会舆论积极向上发展,为数字经济合作营造良好的社会氛围。通过这些措施的实施,可以进一步推动中国与中东欧国家在数字经济领域的合作向更深层次、更广领域发展。

最后,为了促进外资企业在数字经济领域的落地和发展,双方还可以提供一系列的政策支持和服务保障。这包括提供税收优惠、财政补贴、融资支持等激励措施,降低外资企业的运营成本(孙玉琴和卫慧妮,2022);建设和完善数字经济基础设施,如数据中心、云计算平台、宽带网络等,为外资企业提供良好的运营环境;加强人才培养和引进工作,为外资企业提供充足的人力资源支持。同时,双方还可以建立便捷的沟通渠道和服务平台,为外资企业提供政策咨询、市场信息、法律援助等全方位的服务。

(二)建立公平竞争监管机制

在放宽市场准入限制的同时,也需要建立健全的公平竞争监管机制,以防止市场垄断、不正当竞争等问题的出现。中国与中东欧国家可以考虑建立联合监管机构,负责制定和执行数字经济领域的竞争规则。这个机构可以由双方监管部门的代表组成,定期召开会议,协调监管政策,处理跨境竞争案件。在制定竞争规则时,需要充分考虑数字经济的特点,如网络效应、数据的重要性、多边市场等,制定适应数字经济特点的反垄断和反不正当竞争规则。

同时,双方还应建立数字经济领域的市场监测和预警系统,及时发现和处理市场中出现的不公平竞争行为。这个系统可以利用大数据和人工智能技术,对市场交易数据、用户投诉、舆情信息等进行实时分析,快速识别可能存在的垄断行为、价格操纵、虚假广告等问题。一旦发现问题,监管机构可以迅速介入调查,采取必要的措施维护市场秩序。

为了提高监管的透明度和公信力,双方可以建立第三方评估机制,定期对市场准入政策和竞争监管措施的实施效果进行评估,并公布评估结果。这不仅可以推动监管政策的不断完善,也可以增强市场主体对监管的信心。此外,还可以建立企业和消费者参与机制,通过公开听证、意见征集等方式,让各方利益相关者参与到监管政策的制定和执行过程中来,从而使监管更加贴近市场实际,更好地平衡各方利益。

中国与中东欧国家在数字经济合作中逐步放宽市场准入限制并建立公平竞争监管机制,不仅能够为双方企业创造更多发展机遇,促进数字经济的创新和发展，还能为构建开放、包容、普惠的全球数字经济治理体系作出贡献。需要强调的是，放宽市场准入限制和建立公平竞争监管机制是一个长期的过程，需要双方保持耐心和恒心，在实践中不断总结经验，完善政策。在这个过程中，可能会遇到各种挑战，如数据安全问题、文化差异带来的沟通障碍、监管理念的分歧等。面对这些挑战，双方需要保持开放和包容的态度，通过对话协商解决分歧，找到平衡点。同时，也要认识到，数字经济的发展是一个动态过程，市场准入政策和监管机制也需要与时俱进，不断适应新的技术发展和市场变化。

第三节　风险评估与防范

一、地缘政治风险

中东欧地区，作为欧洲的一个独特而复杂的板块，其政治格局的多样性与不稳定性，以及国际关系的错综复杂，对中国与该区域国家在数字经济领域的合作构成了显著的影响。这种影响不仅体现在合作的深度与广度上，更关乎合作项目的可持续性与未来发展前景。

（一）面临的政治风险

1. 政治格局的复杂性及其对合作的影响

首先，历史遗留问题的阴影。中东欧地区的历史是一部充满变革与冲突的篇章。从第二次世界大战后的铁幕降下到冷战的终结，再到欧盟东扩带来的政治版图重塑，该地区经历了多次重大的政治变革。这些变革虽然为中东欧国家带来了民主化与现代化的机遇，但同时也遗留下了诸多未解的历史问题，如领土争端、民族矛盾等。这些问题如同一颗颗定时炸弹，随时可能因外部因素的触动而引发新的政治动荡。对于中国与中东欧国家在数字经济领域的合作而言，这种历史遗留问题所带来的不确定性无疑增加了合作的难度与风险。合作项目可能会因地区内的政治动荡而被迫中断或调整，导致投资损失与资源浪费。

其次，地缘政治竞争的舞台。中东欧地区位于欧洲的心脏地带，是连接东西方的桥梁，也是大国博弈的重要舞台。美国、俄罗斯、欧盟等大国在该地区均有重要利益，彼此间的竞争与博弈异常激烈。这种地缘政治竞争不仅体现在军事、安全等领域，也渗透到了经济、文化等各个方面（宫高杰和王雪，2024）。在数字经济领域，大国之间的竞争尤为激烈，因为它们都意识到数字经济将成为未来国际竞争的关键领域。然而，这种竞争也可能对中国与中东欧国家的合作造成负面影响。一方面，大国可能通过政治、经济等手段干预合作进程，试图维护自身在该地区的利益；另一方面，合作双方也可能因受到外部压力而不得不调整合作策略，甚至放弃原本计划好的合作项目。

最后，内部政治变迁的不确定性。中东欧国家的政治体制和政党格局多样，内部政治变迁频繁。这种频繁的政治更迭不仅使得政策制定与执行缺乏连续性，也给国际合作带来了不确定性（丁纯等，2023）。在中国与中东欧国家的数字经济合作中，这种不确定性尤为突出。一方面，政府更迭可能导致原本签署的合作协议或项目面临重新评估与谈判的风险；另一方面，新政府上台后可能调整原有的经济政策和发展战略，使得合作项目的实施与推进面临挑战。此外，中东欧国家内部的政治斗争也可能对合作产生负面影响。例如，某些政治势力可能出于自身利益考虑而阻挠或破坏合作项目的实施。

2. 国际关系的影响及其对合作的挑战

第一，地区政治动荡的连锁反应。中东欧地区的政治动荡不仅局限于单一国家内部，还可能引发地区性的连锁反应。例如，一国发生的政治危机可能迅速蔓延至周边国家，导致整个地区陷入动荡不安之中。这种地区性的政治动荡将对中国与中东欧国家的数字经济合作产生严重影响。一方面，动荡局势将破坏合作项目的实施环境，使得合作双方难以正常开展工作；另一方面，动荡局势也可能导致贸易壁垒增加、投资环境恶化等不利后果，进而影响合作项目的经济效益与可持续发展。

第二，国际关系紧张对合作的压力。国际关系的紧张同样可能对中国与中东欧国家的数字经济合作产生不利影响。在全球化的今天，国家间的相互依存度不断加深，国际关系的变化往往牵一发而动全身。当国际关系出现紧张时，各国往往会采取更加保守和谨慎的合作态度,以减少潜在的风险与损失。对于中国与中东欧国家的数字经济合作而言,这种保守和谨慎的态度可能导致合作项目的推进速度放缓、合作深度受限等不利后果。此外,大国之间的博弈和竞争也可能使得合作双方在决策时面临更大的压力和挑战。例如,某些大国可能通过政治、经济等手段干预合作进程,试图迫使合作双方放弃或调整原有的合作计划。

第三,大国博弈对合作策略的影响。大国在中东欧地区的博弈不仅限于政治、军事等传统领域,也涉及经济、科技等新兴领域。在数字经济领域,大国之间的竞争尤为激烈。为了在这场竞争中占据有利地位,大国可能采取各种手段来影响中国与中东欧国家的合作。例如,它们可能通过提供资金、技术、市场等资源来拉拢中东欧国家,使其更倾向于与自己合作;或者通过施加政治、经济压力来阻挠中国与中东欧国家的合作(高歌,2023)。这种大国博弈将使得合作双方在制定合作策略时面临更加复杂的局面。一方面,合作双方需要权衡各方利益与风险,以制定出既符合自身利益又能够应对外部压力的合作策略;另一方面,合作双方还需要加强沟通与协调,以共同应对大国博弈带来的挑战与风险。

(二) 政治风险防范策略

在应对中东欧地区政治格局的复杂性与国际关系的紧张局势时,中国与中东欧国家在数字经济领域的合作需展现出高度的灵活性和务实精神。以下是对这一过程中应采取的具体策略及未来展望的详细阐述。

1. 加强政治沟通与互信建设

首先,双方应加大高层互访的频率和深度,通过面对面的交流,增进对彼此政治体制、发展理念及战略目标的理解和认同。其次,建立常态化的对话机制,如定期举行部长级或更高层级的会晤,就数字经济合作中的重大问题进行深入讨论,形成共识。除了政府层面的沟通外,还应鼓励民间组织、学术机构、企业等多元主体加强交流与合作。最后,通过文化、教育、旅游等领域的民间交往,增进人民之间的相互了解和友谊,为数字经济合作奠定坚实的社会基础。

2. 完善合作机制与平台建设

双方应共同探索建立多层次、宽领域的合作机制，包括政府间合作框架、行业协会交流平台、企业合作联盟等。这些机制将覆盖政策协调、标准制定、技术研发、市场推广等多个环节，为合作项目的顺利实施提供全方位支持。数字经济合作离不开完善的基础设施支撑。双方应加大在数字通信、云计算、大数据中心等基础设施领域的合作力度，共同推动中东欧地区数字基础设施的升级与完善。这将为数字经济合作提供坚实的物质保障。在合作模式上，双方应勇于探索和创新。除了传统的贸易和投资合作外，还可以尝试建立联合研发中心、共建产业园区、开展第三方市场合作等新型合作模式。这些模式将有助于实现资源共享、优势互补和互利共赢。

3. 关注政策动态与市场需求变化

双方应密切关注中东欧国家及欧盟的政策动态，特别是与数字经济相关的法律法规、监管政策等。通过设立专门的研究机构或委托第三方机构进行政策跟踪与分析，为合作双方提供及时、准确的政策信息。同时，双方还应加强对中东欧地区数字经济市场需求的调研与分析。通过深入了解当地消费者的需求偏好、行业发展趋势及竞争格局等信息，为合作项目的精准定位和市场拓展提供有力支持。在掌握政策动态和市场需求的基础上，双方应灵活调整合作策略与方向。对于不符合市场需求或政策导向的合作项目，应及时进行调整或终止；对于具有广阔市场前景和良好政策支持的领域，则应加大投入力度，推动合作项目落地实施。

4. 加强风险管理与应对能力建设

双方应建立健全的风险评估与预警机制，对合作过程中可能出现的政治风险、经济风险、技术风险等进行全面评估和预判。通过定期发布风险评估报告和预警信息，为合作双方提供及时的风险提示和应对建议。为降低合作风险，双方应采取多元化策略来分散风险。例如，在投资合作中引入多方投资者共同参与；在技术研发中采取联合攻关的方式降低技术风险；在市场推广中采取多元化渠道策略以应对市场变化等。另外，双方还应加强风险应对能力的建设。通过加强人才培训、完善应急预案、建立快速响应机制等措施，提升合作双方在面对突发事件和危机时的应对能力和效率。这将有助于保障合作项目的顺利实施和双方利益的最大化。

二、汇率波动与金融风险

随着全球经济一体化的加速推进和信息技术的飞速发展，数字经济已成为推动全球经济增长的新引擎。然而，这一新兴经济形态的跨境特性，使得其不可避免地面临着汇率波动带来的复杂影响，以及由新兴数字金融服务所引发的全新金融风险。在此背景下，如何有效管理这些风险，确保数字经济合作的稳健前行，成为合作双方共同面临的重大课题。

（一）面临的风险

1. 汇率波动：数字经济合作的双刃剑

汇率，作为国际经济交往中的核心变量，其细微的波动都如同涟漪般扩散至全球经济的每一个角落，深刻影响着跨国企业的运营策略与财务表现。在数字经济这一新兴且蓬勃发展的领域，汇率的变动更是扮演了至关重要的角色，其影响力不仅广泛而且深远。数字经济合作，作为全球经济一体化的重要体现，极大地促进了跨国企业的资金流动、货物交易与服务提供。这种高度国际化的运作模式，使得企业不得不频繁地跨越国界，进行各种经济交易。在这一背景下，汇率的变动成了一个不容忽视的关键因素。一方面，当本国货币贬值时，出口型企业往往能够从中受益，因为以外币计价的产品在国际市场上变得更加具有竞争力，从而可能带来销售额和海外收入的显著提升。这种汇率优势为企业提供了额外的利润空间，促进了出口业务的增长。然而，另一方面，汇率的波动也可能成为悬在跨国企业头上的达摩克利斯之剑。当汇率发生不利变动时，企业若未能及时采取有效的汇率风险管理措施，其外汇敞口将面临巨大的风险。例如，若企业持有大量外币资产或负债，而未能通过远期合约、期权等金融工具进行对冲，那么一旦汇率发生不利变动，企业就可能遭受巨大的汇兑损失，进而侵蚀其利润甚至影响企业的正常运营。对于深度参与数字经济合作的企业而言，汇率波动的影响更为复杂且直接。

首先，数字产品的定价策略往往需要综合考虑成本、市场需求、竞争态势以及汇率变动等多重因素。汇率的变动会直接影响企业的成本结构，包括原材料采购、劳动力成本以及进口零部件等费用的变化，进而影响到产品的定价决策。同时，汇率的波动也会影响消费者对价格的敏感度，进而影响市场需求的变化。因此，企业在制定定价策略时，必须密切关注汇率的变动趋势，并灵活调整策略以应对潜在的风险。

其次，数字经济中的跨境支付和结算日益便捷，这不仅为企业提供了更加高效、快速的交易方式，也增加了企业面临汇率变动风险的可能性。随着跨境交易规模的扩大和频率的增加，企业需要更加频繁地进行外汇兑换和结算操作。这些操作不仅涉及汇率的实时变动，还受到各国金融监管政策、外汇市场供求关系等多种因素的影响。因此，企业必须建立健全的汇率风险管理体系，通过合理的风险管理和对冲策略来降低汇率波动带来的不确定性。

最后，数字经济的快速发展催生了大量以数据为驱动的新兴业态，如云计算、大数据分析等。这些业务往往具有高度的全球化和集成化特征，需要跨越国界进行数据的收集、处理和分析。在这一过程中，汇率的波动可能会对企业的运营成本、收入预期以及市场竞争格局产生深远影响。例如，云计算服务提供商需要向全球客户提供服务，并根据不同地区的汇率情况制定收费标准；大数据分析公司则需要考虑汇率变动对数据源获取成本、分析结果应用效果等方面的影响。因此，这些企业在布局全球市场时，必须充分考虑汇率风险的因素，并制定相应的应对策略。

2. 金融风险：新兴数字金融服务的双刃剑

在数字经济时代的大潮中，新兴数字金融服务无疑成为推动经济合作与发展的重要引擎。这些服务以其前所未有的高效性、便捷性和低成本特性，不仅极大地缩短资金与信息的流通时间，还极大地拓宽金融服务的边界，为数字经济合作注入了前所未有的活力。然而，正如一枚硬币的两面，新兴数字金融服务在带来诸多便利的同时，也悄然孕育了新的金融风险，对全球金融体系的稳定与安全构成了新的挑战。

跨境支付服务的普及，无疑是数字经济合作中的一大亮点。它打破了传统支付方式的地理限制，使得资金能够在全球范围内自由流动，极大地促进了国际贸易和投资活动。然而，这种高度的流动性和匿名性也为洗钱、恐怖融资等非法活动提供了温床。犯罪分子利用跨境支付系统的漏洞,可以轻松地将非法所得转移至海外,逃避监管与追责。因此,加强跨境支付服务的监管与反洗钱机制建设,成为防范此类风险的关键。

另一方面,加密货币等新型金融工具的兴起,更是对传统金融体系的一次深刻变革。它们以其去中心化、匿名性等特点吸引了大量投资者的关注,为金融市场带来了更多的活力与可能性。然而,加密货币市场的高度波动性和监管缺失也使其成为投机与操纵的温床。价格的大幅波动不仅给投资者带来了巨大的风险,还可能对整个金融市场的稳定造成冲击。此外,加密货币交易的匿名性也增加了监管的难度,使得反洗钱、反恐怖融资等工作面临新的挑战。

区块链技术的广泛应用则为金融领域带来了一场技术革命。它通过分布式账本技术提高了交易的透明度和安全性,降低了交易成本,为金融服务的创新提供了强大的技术支持。然而,区块链技术本身也面临着技术风险和操作风险。技术漏洞、黑客攻击等问题可能导致系统瘫痪或数据泄露等严重后果;而操作失误或不当使用也可能引发一系列风险事件。因此,在推广区块链技术的同时,必须加强技术安全管理和操作规范建设,确保技术的稳健运行和风险的有效控制。

(二) 汇率波动和金融风险防范策略

1. 构建数字经济合作的安全网

面对汇率波动与金融风险的双重挑战,加强金融监管合作成为确保数字经济合作稳健前行的关键。首先,合作双方应建立跨国监管框架,明确各自在跨境金融监管中的职责和权限,共同制定和执行跨境金融服务的监管标准。这有助于消除监管套利和监管空白,提高监管的有效性和一致性。其次,加强监管信息的共享与交流是构建跨国监管框架的重要基础。合作双方应建立定期沟通机制,及时分享监管政策、市场动态和风险预警信息,共同研判风险形势和趋势。这有助于双方及时发现并应对潜在的金融风险,避免风险在跨境传播中扩散和放大。同时,合作双方还应积极推动金融监管技术的创新与应用。利用大数据、人工智能等先进技术手段,对跨境金融活动进行实时监测和风险评估,提高监管的精准度和效率。最后,加强金融科技合作也是推动金融监管创新的重要途径。合作双方可以共同研发新型监管工具和技术平台，提高监管的智能化和自动化水平。

2. 建立数字金融风险预警机制

为了有效应对数字经济合作中的金融风险，建立数字金融风险预警机制至关重要。首先，合作双方应建立全面的风险评估体系，对数字金融活动进行多维度、多层次的风险评估。这包括但不限于市场风险、信用风险、操作风险、技术风险等多个方面。通过风险评估，可以及时发现并识别潜在的风险点，为制定针对性的风险防范措施提供依据。其次，建立风险预警系统是风险预警机制的重要组成部分。合作双方应利用大数据、云计算等先进技术手段，建立高效、灵敏的风险预警系统。该系统能够实时监测跨境金融活动的各项指标和数据变化，及时发现异常情况并发出预警信号。同时，该系统还应具备自动分析和智能判断功能，能够根据预设的预警规则和算法自动判断风险等级和危害程度，为监管部门提供科学的决策支持。最后，建立应急响应计划也是风险预警机制的重要环节。合作双方应制定完善的应急响应计划，明确应急响应的组织架构、职责分工、处置流程等关键要素。在发生金融风险时，能够迅速启动应急响应机制，按照既定流程进行处置和应对，最大限度地减少损失和影响。

3. 推动本币结算

为了降低汇率波动对数字经济合作的影响，推动本币结算成了一个重要的解决方案（朱小梅和汪天倩，2020）。首先，合作双方可以通过签订货币互换协议等方式，增加使用本币进行跨境结算的机会。货币互换协议不仅可以为双方提供一定额度的本币流动性，减少对外币的依赖，还能降低因汇率波动带来的交易成本和风险。其次，随着国际贸易和投资的不断深化，推动本币在国际市场上的计价和结算功能，提高本币的国际地位和使用率，也是降低汇率风险的重要途径。具体来说，合作双方可以加强政策协调，共同推动双边或多边贸易和投资中使用本币结算。这包括鼓励金融机构提供本币融资支持，建立本币清算和结算机制，以及加强本币跨境支付系统的建设等。最后，通过加强本币在国际金融市场上的交易和投资便利性，吸引更多国际投资者和交易者使用本币，从而进一步提升本币的国际影响力和接受度（刘永辉和赵晓晖，2021）。

4. 加强对数字金融创新的监管

新兴数字金融服务的快速发展为金融市场带来了创新与活力,但同时也带来了新的监管挑战。为了防范系统性金融风险,合作双方必须加强对数字金融创新的监管。首先,要建立健全的数字金融监管框架,明确监管原则、监管对象和监管手段,确保数字金融活动在合法合规的轨道上运行。其次,要加强对数字金融创新的风险评估和监测。利用大数据、人工智能等技术手段,对数字金融活动进行实时监测和风险评估,及时发现并识别潜在的风险点。同时,建立风险预警和应急响应机制,确保在风险发生时能够迅速、有效地进行处置和应对。最后,还要加强对数字金融市场的投资者保护。建立健全的投资者教育和风险提示机制,增强投资者的风险意识和自我保护能力。加强对数字金融产品的监管审查,确保其符合相关法律法规和监管要求,避免损害投资者利益。

5. 鼓励金融科技合作

金融科技的发展为跨境金融服务提供了新的可能性和解决方案。为了共同应对汇率波动与金融风险,合作双方应鼓励金融科技合作,共同开发安全、高效的跨境金融服务。首先,可以加强金融科技领域的研发合作,共同研发新型跨境支付、清算和结算系统,提高跨境金融服务的效率和安全性。其次,可以推动金融科技在风险管理领域的应用。利用大数据、人工智能等技术手段,对跨境金融活动进行智能化风险评估和监测,提高风险管理的精准度和效率。同时,可以开发新型风险管理工具和产品,为跨境金融服务提供更加全面和有效的风险保障。最后,还可以加强金融科技在监管领域的合作。利用区块链、分布式账本等技术手段,提高监管的透明度和可追溯性,降低监管成本和难度。通过金融科技的合作与创新,共同推动跨境金融服务的健康发展。

三、数据安全和隐私泄露风险

在数字经济合作日益紧密的今天,数据作为新的生产要素和战略资源,其价值和重要性不言而喻。然而,伴随着数据的广泛收集、处理、分析和跨境流动,数据安全和隐私保护问题也日益凸显,成为数字经济合作中不容忽视的核心风险点。

(一) 面临的风险

1. 数据安全风险

在数字经济合作日益加深的背景下,数据安全风险如同一把双刃剑,既为合作带来了前所未有的机遇,也潜藏着巨大的挑战。数据安全风险涉及数据的完整性、保密性和可用性等多个核心方面,这些方面直接关系到企业业务的安全稳定与可持续发展。

首先,数据的完整性是数据安全的基础。它要求数据在传输、存储和处理过程中保持其原始性、一致性和准确性,不受任何形式的破坏或篡改。在数字经济合作中,企业之间的业务协同和创新发展高度依赖于数据的共享与交换。一旦数据在传输过程中被恶意篡改或损坏,将直接影响合作双方的决策准确性和业务效率,甚至可能引发连锁反应,对整个合作体系造成不可估量的损失。

其次,数据的保密性是保护企业商业秘密和个人隐私的关键。在数字经济时代,企业积累了大量包含客户信息、经营策略、技术秘密等敏感数据的资产。这些数据一旦泄露给未经授权的第三方,将可能导致企业的核心竞争力受损,客户信任度下降,甚至面临法律纠纷和巨额赔偿。因此,确保数据的保密性对于维护企业的合法权益和声誉至关重要。

最后,数据的可用性也是数据安全不可忽视的方面。它要求数据在需要时能够被及时、准确地访问和使用,以支持企业的正常运营和决策过程。然而,在数字经济合作中,数据可能因各种原因(如系统故障、人为失误、恶意攻击等)而面临无法访问或使用的风险。这种风险将直接影响企业的业务连续性和客户满意度,给企业带来重大的经济损失和声誉损害。

2. 隐私泄露风险

在数字经济合作中,企业往往需要收集和处理大量个人数据,以提供更加个性化、精准的服务。然而,这些数据的处理必须严格遵守相关法律法规和隐私政策,确保用户的隐私权得到充分尊重和保护。一旦企业侵犯了用户的隐私权,不仅可能引发用户的不满和信任危机,还可能导致监管处罚,严重影响企业的声誉和长远发展。

首先,在数字经济时代,个人数据被广泛收集、存储和传输于各种系统和平台之间。然而，这些系统往往面临着来自内外部的各种安全威胁，如黑客攻击、病毒入侵、内部人员不当操作等，都可能导致数据泄露。一旦敏感数据如身份信息、交易记录、健康状况等被泄露，将给用户带来严重的经济损失和隐私侵犯。随着大数据和人工智能技术的发展，企业能够更深入地挖掘和分析用户数据，以提供更加个性化、精准的服务。然而，这种能力也可能被用于不正当目的，如数据贩卖、精准诈骗、定向骚扰等。数据滥用不仅侵犯了用户的隐私权，还破坏了市场秩序和社会信任。

其次，不同国家和地区在隐私保护方面的法律法规存在差异，且随着技术的发展和社会环境的变化而不断更新。企业在跨国合作中需要同时遵守多个法律体系，这增加了合规的难度和复杂性。一旦违反相关法律法规，企业将面临罚款、诉讼甚至市场准入限制等严重后果。随着隐私保护问题的日益突出，各国政府和国际组织纷纷加大了对数据保护的监管力度。然而，监管政策的制定和执行往往具有滞后性和不确定性，使得企业在应对隐私保护风险时面临诸多挑战。此外，监管政策的频繁变动也可能给企业带来额外的合规成本和风险。

最后，随着互联网技术的普及和教育水平的提高，用户对个人隐私的保护意识日益增强。用户越来越关注自己的数据如何被收集、使用和共享，对隐私泄露和滥用行为持零容忍态度。一旦企业侵犯了用户的隐私权，将迅速引发用户的不满和信任危机，影响企业的品牌形象和市场竞争力。在数字经济合作中，用户往往处于相对弱势的地位。由于信息不对称和权力不平衡，用户难以充分了解自己的数据被如何使用和共享，也难以有效维护自己的合法权益。一旦数据被滥用或泄露，用户将可能遭受经济损失、精神伤害甚至人身安全威胁。

（二）数据安全风险和隐私泄露防范策略

随着数据在经济活动中的重要性日益凸显，数据的跨境流动和使用成为合作中的敏感问题。中国与中东欧国家在数据保护法律法规、技术标准等方面存在差异，这可能导致数据共享和利用受阻，影响合作效率。更严重的是，如果出现数据泄露或滥用事件，将严重损害用户信任和企业声誉，甚至可能引发外交纠纷。为应对这一风险，双方需要加强在数据治理领域的合作，共同制定数据保护标准和跨境数据流动规则。

1. 建立健全数据安全管理制度

建立健全数据安全管理制度是保障数据安全的基石。依据中国与中东欧国家颁布的《数据安全法》《个人信息保护法》等法律法规，构建起一套全面、系统、可操作的数据安全管理体系。该体系应覆盖数据的全生命周期，从数据的收集源头开始，到存储、处理、传输、共享，直至最终的数据销毁，每一个环节都需要有明确的规范和流程。同时，组织应明确数据安全责任体系，设立专门的数据安全管理部门或岗位，确保数据安全工作有专人负责，责任到人。通过制定详细的数据安全管理制度，如数据分类分级制度、访问控制制度、数据备份与恢复制度等，为数据安全工作提供有力的制度保障。这些制度不仅要明确各项安全要求，还要建立相应的考核和问责机制，确保制度得到有效执行。

2. 加强技术保障

技术保障是数据安全与隐私保护的核心。随着信息技术的飞速发展，各种新型攻击手段层出不穷，对数据安全构成了严峻挑战。因此，加强技术保障显得尤为重要。首先，采用先进的加密技术是保护数据在传输和存储过程中不被非法获取和篡改的重要手段。透明加密技术因其不改变用户工作习惯、自动对敏感数据进行加密的特性而备受青睐。其次，实施严格的访问控制和身份验证机制是防止未经授权访问的关键。通过多因素认证、生物识别技术、强密码策略以及基于角色的访问控制等措施，可以大幅提升系统的安全性。再次，防火墙与入侵检测系统的部署也是必不可少的。合理配置防火墙规则可以有效阻止外部攻击，而入侵检测系统则能及时发现并响应潜在的威胁。最后，日志审计与行为分析技术的应用有助于组织发现异常行为模式，及时采取应对措施，防止事态扩大。

3. 数据分类与备份

数据分类与备份是确保数据安全的重要措施。数据分类是指根据数据的敏感性和重要性对其进行分类管理，以便采取不同的保护措施。通过数据分类，组织可以更加精准地识别出哪些数据需要重点保护，哪些数据可以相对放宽保护要求。这有助于优化资源配置，提高数据保护效率。同时，建立完善的数据备份机制也是至关重要的。数据备份不仅可以防止数据因硬件故障、人为误操作等原因而丢失或损坏，还可以在遭受网络攻击等突发事件时迅速恢复业务运行。因此，组织应定期备份重要数据，并确保备份数据的完整性和可用性。此外，还应定期进行数据备份的验证和测试工作,以确保在需要时能够顺利恢复数据。

4. 提升员工与用户意识

员工和用户是数据安全与隐私保护的第一道防线。他们的行为直接关系到数据安全的成败。因此,提升员工和用户的数据安全与个人隐私保护意识至关重要。这要求组织加强对员工和用户的培训教育工作,普及数据安全知识,增强防范意识。培训内容可以包括数据保护法律法规、数据安全管理制度、常见网络攻击手段及防范措施等方面。同时,组织还可以通过内部宣传、案例分享等方式营造重视数据安全与隐私保护的文化氛围,激发员工和用户的积极性和责任感。此外,组织还应鼓励员工和用户积极参与数据安全工作,如定期更新密码、不随意点击未知链接等简单但有效的安全措施。

5. 利用新技术提升保护能力

随着技术的不断进步和发展,利用新技术提升数据安全与隐私保护能力已成为趋势。人工智能与机器学习技术以其强大的数据处理和分析能力为数据安全防护提供了新的思路和方法。通过训练机器学习模型来识别并阻止潜在的安全威胁可以大幅提升安全防护的智能化水平。同时区块链技术也因其去中心化、不可篡改的特性而在数据备份、存储和传输等方面展现出巨大潜力。组织可以探索区块链技术在数据安全领域的应用场景如构建基于区块链的数据共享平台等以提升数据的安全性和可信度。此外云计算、大数据等新技术也为数据安全防护提供了新的工具和手段,组织应积极关注和利用这些新技术不断提升自身的数据安全防护能力。

综上所述,在全球化日益加深的今天,中国与中东欧国家在数字经济领域的合作日益紧密,但这一进程并非没有挑战。双方合作面临着来自政治、汇率和金融、数据安全与隐私泄露等多方面的风险。然而,正是这些挑战,凸显了双方深化合作、共同应对的重要性和紧迫性。通过合作,双方可以共享技术资源,促进创新,推动产业升级。同时,这种合作还有助于拓展国际市场,提升双方在全球化竞争中的地位。展望未来,随着技术的不断进步和国际合作的深入,中国与中东欧国家的数字经济合作将迎来更加广阔的发展空间。双方可以进一步加强在政策、资本、技术等方面的交流与合作,共同推动全球数字经济的发展与进步。

第八章

结论与展望

本章全面回顾并总结本研究的主要发现与结论,包括中国与中东欧在数字经济合作方面的现状、挑战、机遇以及协同发展的路径与策略,并对未来中国与中东欧在科技创新与资本市场协同发展方面的合作进行展望,探讨潜在的合作领域、合作模式以及可能面临的挑战与应对策略,旨在为双方未来的合作提供有益的参考与指导。

第一节 研究总结与发现

一、中国—中东欧数字经济合作现状

(一)中巴经济走廊建设中的数字经济合作

中巴经济走廊作为"一带一路"倡议下的旗舰项目,不仅在传统的基础设施建设(如公路、铁路、港口等)方面取得了显著进展,而且在数字经济领域也展现出强大的合作潜力和实际成果。这一合作不仅促进了巴基斯坦的数字化转型,也为中巴两国经济的可持续发展注入了新的活力。在数字基础设施建设方面,中巴双方共同致力于提升巴基斯坦的互联网接入能力、数据中心建设以及通信网络的现代化。中国企业在巴基斯坦投资建设了多个数据中心和通信基站,显著提高了当地的数据处理能力和网络覆盖范围。这些基础设施的完善为巴基斯坦的数字经济发展奠定了坚实的基础,也为两国在数字产业合作和

数字贸易发展方面提供了有力支撑。在数字产业合作领域，中巴双方围绕信息技术、电子商务、金融科技等多个方面展开了深入合作。中国企业在巴基斯坦投资设立了多家科技公司，与当地企业共同研发创新产品，推动巴基斯坦数字产业的快速发展。同时，双方还加强了在云计算、大数据、人工智能等前沿技术领域的合作，共同探索数字经济的新业态、新模式。这些合作不仅提升了巴基斯坦的数字技术水平，也为两国企业带来了更多的商业机会和合作空间。随着数字经济的蓬勃发展，中巴双方在数字贸易领域也取得了显著成效。双方通过电子商务平台、跨境支付系统等手段，促进了商品和服务的在线交易，降低了交易成本，提高了贸易效率。中国电商企业纷纷进入巴基斯坦市场，为当地消费者提供了丰富的商品选择和便捷的购物体验。同时，巴基斯坦的特色商品也通过电商平台走向中国市场，实现了两国贸易的互利共赢。

（二）宁波与中东欧国家的数字经济合作

作为中国与中东欧国家经贸合作的重要窗口和前沿阵地，浙江省宁波市在数字经济国际合作领域展现出了独特的魅力和强大的实力。作为该省的核心城市，宁波凭借其深厚的数字经济基础、完善的产业链以及前瞻性的政策规划，与中东欧国家在数字经济领域展开广泛而深入的合作，取得令人瞩目的成果。为促进与中东欧国家的数字经济合作，宁波市积极打造省级跨境电子商务产业园。这些园区不仅为中东欧国家的企业提供了集仓储、物流、通关、支付、营销等为一体的综合性服务平台，还通过政策扶持、资源整合等方式，降低了企业的运营成本，提高了市场竞争力。园区内的企业可以便捷地接入中国市场，利用中国庞大的消费群体和完善的电商生态体系，实现业务的快速增长。同时，为了解决跨境贸易中的支付和融资难题，宁波市还设立了跨境外汇支付融资平台。这一平台为中东欧国家的企业提供了安全、高效、便捷的跨境支付和融资服务，降低了企业的资金风险和融资成本。通过该平台，企业可以更加灵活地进行资金运作，加速资金周转，提高经营效率。此外，宁波市还成功举办了多届中国—中东欧国家博览会暨国际消费品博览会。这些活动不仅展示了中国与中东欧国家在数字经济领域的合作成果，还为双方企业搭建了交流合作的桥梁。博览会期间，来自中东欧国家的企业带来了众多特色商品和先进技术，与中国企业进行了深入的商务洽谈和合作对接。这些活动不仅促进了双方贸易往来的增加，也为未来在数字经济领域的深度合作奠定了坚实基础。

（三）中欧商业对话中的数字经济合作

中欧商业对话作为促进中欧关系深化与发展的重要机制，在数字经济领域发挥着不可替代的作用。这一平台不仅为双方政府、企业、学术界及社会各界提供了直接沟通与交流的机会，还促进了双方在数字经济领域的相互理解和合作共识的形成。在中欧商业对话中，双方充分认识到数字经济带来的巨大机遇。随着技术的不断进步和创新，数字经济已成为推动全球经济增长的新引擎。中欧双方在数字经济领域各有所长，欧洲在数据保护、隐私法规、技术创新等方面具有领先地位，而中国则在市场规模、电子商务、移动支付等领域展现出强大实力。通过加强合作，双方可以共享资源、优势互补，共同开拓新的市场，实现互利共赢。然而，中欧在数字经济合作过程中也面临着诸多挑战。这些挑战包括但不限于技术标准不统一、市场准入壁垒、数据流动与安全等问题。技术标准的不统一可能导致产品互不兼容，增加企业运营成本；市场准入壁垒则可能阻碍双方企业的公平竞争；数据流动与安全问题更是关系到国家安全和个人隐私的重要议题。因此，中欧双方需要在对话中坦诚交流，寻求共识，共同应对这些挑战。为了推动中欧数字经济合作的深入发展，双方需要不断探索新的合作路径。这包括加强政策沟通，推动数字经济政策的协调与对接；深化产业合作，共同打造数字经济产业链和生态圈（刁莉等，2023）；加强科技创新合作，共同推动数字技术的研发与应用；以及加强人才培养与交流，为数字经济合作提供有力的人才支撑。

二、科技创新与资本市场协同效应

（一）资本市场为科技创新提供资金支持和风险分散机制

科技创新是数字经济发展的核心驱动力。随着云计算、大数据、人工智能、区块链等前沿技术的不断突破，数字经济正以前所未有的速度改变着全球经济的面貌。这些技术创新不仅催生了新业态、新模式，还促进了传统产业的数字化转型，提高了生产效率和服务质量。科技创新通过优化资源配置、提升产业附加值、拓宽市场边界等方式，为数字经济发展注入强劲动力。资本市场在科技创新过程中发挥着至关重要的作用。一方面，资本市场为科技创新企业提供了多元化的融资渠道。科技创新企业，尤其是处于初创期和成长期的企业，往往面临资金短缺的问题。资本市场通过提供天使投资、风险投资、私募股权、IPO等多种融资渠道和方式，满足了这些企业不同发展阶段的资金需求。这些融资方式不仅为企业提供必要的资金支持，还帮助企业吸引了更多的资源和合作伙伴，加速了企业的成长和发展。另一方面，资本市场通过其特有的风险分散机制，降低了科技创新项目的投资风险。科技创新项目往往伴随着较高的风险，包括技术风险、市场风险、政策风险等。资本市场通过其特有的风险分散机制，如投资组合理论的应用，使得投资者可以将资金分散投资于多个项目或企业，从而降低单一项目的失败风险。同时，资本市场的激励机制也鼓励了投资者积极参与科技创新项目的投资，因为成功的科技创新项目往往能带来高额的回报。这种机制不仅激发投资者的投资热情，还促进科技创新项目的不断涌现和快速发展。此外，资本市场的信息披露和监管制度对于保护投资者权益、提高投资透明度具有重要意义。科技创新企业需要在资本市场上公开披露其经营状况、财务状况、研发进展等重要信息，这有助于投资者全面了解企业的真实情况，做出明智的投资决策。同时，监管机构对资本市场的严格监管也确保市场的公平、公正和透明，防止了内幕交易、操纵市场等违法行为的发生，保护了投资者的合法权益。

（二）资本市场在促进技术转移和合作中的关键作用

首先，资本市场为技术转移提供了必要的资金支持。科技创新企业，尤其是那些致力于技术引进、消化吸收和再创新的企业，往往需要大量的资金投入。通过资本市场，这些企业可以通过发行股票、债券等方式融资，获得足够的资金来满足技术转移和创新的需求。这种资金支持不仅有助于企业引进先进的技术和设备，还能推动企业进行自主研发和创新，提升企业的核心竞争力。在资本市场上，风险投资和私募股权等机构扮演着重要角色。这些机构通常专注于投资具有高增长潜力的科技创新企业，通过提供专业的资金支持和战略指导,帮助企业快速成长。在技术转移过程中,这些机构可以为企业提供必要的资金支持,降低企业的融资成本和风险,促进技术的快速转移和应用。

其次,资本市场有助于建立高效的技术交易平台。资本市场通过其特有的交易机制,为技术产权的流转和交易提供了高效平台。企业可以通过在资本市场上买卖股票、债券等金融产品,实现技术产权的间接交易。此外,一些专门的技术产权交易市场也应运而生,为企业之间的技术转移和合作提供了更加直接和便捷的途径。资本市场还是技术信息的聚合和扩散地。在资本市场上,企业会披露大量的技术信息和研发进展,这些信息有助于其他企业了解行业动态和技术趋势,从而做出更加明智的投资和合作决策。同时,资本市场还通过其信息传播渠道,将先进的技术和理念传播到更广泛的领域和地区,促进技术的快速传播和应用。

最后,资本市场还通过其特有的激励机制,鼓励企业和个人加大研发投入,推动技术创新和成果转化。企业可以通过向员工发放股权或期权等激励措施,将员工的利益与企业的长期发展紧密联系在一起。这种激励机制有助于激发员工的创新热情和积极性,推动企业不断进行技术创新和成果转化。资本市场还通过其市场化评价机制,对企业的技术创新能力和市场价值进行客观评价。这种评价机制有助于企业了解自身在行业中的地位和竞争力,从而更加有针对性地制定技术创新战略和合作计划。同时,市场化评价机制也有助于投资者更加准确地评估企业的投资价值和风险水平,为企业的融资和合作提供更加有力的支持。

三、中国与中东欧协同发展模式的有效性

(一) 中国与中东欧国家在科技创新领域互补性

中国,作为世界第二大经济体,其庞大的市场规模为科技创新提供了无与伦比的试验场和增长动力。随着经济的快速增长和人民生活水平的不断提高,消费者对高科技产品的需求日益增长,从智能手机、智能家居到新能源汽车、智能制造,每一个领域都蕴含着巨大的市场潜力。这种市场需求不仅促进了国内企业的技术创新和产业升级,也为国外先进技术进入中国市场提供了广阔的

空间。中国通过构建开放型经济新体制，积极引进外资和技术，为国内外企业搭建了公平竞争的舞台，促进了科技创新成果的快速转化和应用。同时，中国在人工智能、5G通信、新能源等前沿科技领域取得了举世瞩目的成就。在人工智能领域，中国不仅拥有全球领先的算法研究能力，还在应用场景拓展、商业模式创新等方面取得了显著突破。从智能语音助手到自动驾驶汽车，从智能制造到智慧城市，人工智能正深刻改变着中国的经济社会面貌。在5G通信领域，中国凭借在技术标准制定、网络建设、终端设备研发等方面的综合实力，成为全球5G商用化的领先者。新能源领域同样是中国科技创新的亮点之一，中国在风电、光伏、新能源汽车等领域的技术水平和市场规模均居世界前列，为推动全球能源转型和可持续发展作出了重要贡献（张锐，2024）。

中东欧国家，作为一个多元化的地区集合体，拥有丰富的历史文化底蕴和独特的科技创新能力。尽管在整体经济规模上可能不及中国等大国，但中东欧国家在特定科技领域却拥有深厚的积累和独特的优势。例如，在先进材料领域，中东欧国家凭借其在材料科学、纳米技术等方面的研究实力，开发出了一系列具有高性能、高附加值的新材料产品，广泛应用于航空航天、电子信息、生物医药等多个领域。在生物医药领域，中东欧国家凭借其在生命科学、药物研发等方面的优势，推出了一系列创新药物和治疗方法，为全球医疗健康事业作出了重要贡献。此外，中东欧国家在航空航天、信息技术、环境保护等领域也拥有不俗的表现和潜力。中东欧国家的科研环境同样值得称道。这些国家普遍重视科技创新，投入大量资源用于科研基础设施建设、人才培养和国际合作。许多中东欧国家拥有世界一流的科研机构和高等教育机构，吸引了来自全球的优秀学者和科研人才。这些机构不仅在基础理论研究方面取得了重要成果，还在应用技术研究、科技成果转化等方面发挥了重要作用。同时，中东欧国家还积极参与国际科技合作与交流，与包括中国在内的多个国家和地区建立了广泛的合作关系，共同推动全球科技创新事业的发展。

中国与中东欧国家在科技创新领域的互补性为双方合作提供了坚实的基础（忻红和李振奇，2021）。中国庞大的市场规模、丰富的应用场景和强大的制造能力为中东欧国家的特色技术提供了广阔的展示舞台和商业化路径。中东欧国家在先进材料、生物医药、航空航天等领域的独特技术优势则为中国企业的技术创新和产业升级提供了有力的支持。双方通过加强科技创新合作，可以实现资源共享、优势互补和互利共赢的发展目标。

（二）科技创新与资本市场的协同发展模式的有效性

科技创新与资本市场的协同发展为中国与中东欧国家的数字经济合作开辟了新的路径。这种模式不仅能够促进技术进步，还能推动经济增长，提高资源配置效率。在"一带一路"倡议的框架下，通过持续深化合作，优化政策环境，中国与中东欧国家能够在数字经济时代共同打造一个创新驱动、资本赋能的合作新典范。这不仅将为参与国带来实际利益，还将为构建开放、包容、互利共赢的全球创新生态系统做出重要贡献。随着数字技术的不断进步和资本市场的持续完善，我们期待看到更多创新成果在这一协同发展模式中孕育而生，为中国与中东欧国家的经济发展注入新的动力，最终实现共同繁荣的美好愿景。

科技创新与资本市场的协同发展模式在"一带一路"框架下展现出独特的有效性，主要体现在以下几个方面：首先，资本市场为科技创新提供必要的资金支持，通过股权融资、债券发行等多种渠道，使得高风险、高投入的科技创新项目能够获得持续的资金流；其次，资本市场的估值机制和退出机制为科技创新成果提供了变现途径，激励了创新者和投资者的积极性；再次，资本市场的信息传递功能有助于优化资源配置，引导资金流向最具潜力的科技创新领域；最后，科技创新反过来也推动了资本市场的发展，新技术的应用提高了市场效率，新的商业模式和产品不断丰富资本市场的内涵。在中国与中东欧数字经济合作的背景下，这种协同效应尤为明显。例如，在金融科技领域，区块链技术的应用不仅改变了传统金融服务模式，还催生了新型数字资产交易平台，形成了技术创新与资本市场共同演进的良性循环。

第二节 未来合作与展望

一、加强数字基础设施建设，共筑合作新基石

在数字经济时代，数字基础设施如同经济发展的高速公路，其完善程度直

接决定了数字经济发展的速度与广度。中国与中东欧国家作为不同地域、不同发展阶段的合作伙伴，在数字基础设施建设方面拥有广泛的合作空间与潜力。加强数字基础设施建设，不仅有助于提升双方数字经济合作的深度与广度，还能为双方经济的可持续发展奠定坚实基础。

互联网是数字经济的核心基础设施之一。中国与中东欧国家应携手推进互联网的普及与升级，确保双方民众和企业能够享受到高速、稳定、安全的网络服务。具体而言，双方可以加强在海底光缆、陆地光缆等互联网骨干网建设方面的合作，提升跨境数据传输的速度与质量。同时，推动互联网技术的创新与应用，如IPv6的部署与推广，为数字经济的未来发展预留充足的空间。

数据中心与云计算平台是支撑数字经济运行的重要基础设施。中国与中东欧国家可以共同投资建设数据中心与云计算平台，实现数据资源的共享与高效利用。通过引入先进的云计算技术和管理模式，提升数据处理能力、降低运营成本，为双方企业提供更加便捷、高效、安全的云服务。此外，双方还可以加强在数据中心绿色化、智能化等方面的合作，推动数据中心向低碳、环保方向发展（姚峪岩等，2021）。

5G与物联网技术是数字经济时代的重要驱动力。中国与中东欧国家应共同推进5G与物联网技术的研发与应用，加快构建覆盖广泛、技术先进、安全可靠的5G与物联网网络。通过5G与物联网技术的深度融合，推动智能制造、智慧城市、智慧农业等领域的创新发展，为双方经济转型升级注入新的动力。同时，双方还可以加强在5G与物联网安全方面的合作，共同应对网络安全挑战。

人工智能是数字经济时代的关键技术之一。中国与中东欧国家应共同加强人工智能技术的研发与应用合作，推动人工智能技术在智能制造、智慧金融、智慧医疗等领域的广泛应用。通过共建人工智能创新平台、联合开展科研项目等方式，提升双方在人工智能领域的创新能力与竞争力。同时，双方还应加强在人工智能伦理、法律等方面的交流与合作，确保人工智能技术的健康发展。

二、深化数字产业合作，共绘合作新蓝图

在数字经济时代，数字产业作为其核心驱动力，正以前所未有的速度重塑

全球经济格局。中国与中东欧国家，作为具有独特优势和发展潜力的合作伙伴，应深化在电子信息、智能制造、数字金融等关键数字产业领域的合作，共同探索数字产业发展的新路径，携手绘制数字经济繁荣的新蓝图（李长青等，2021）。

电子信息产业是数字经济的基石。中国与中东欧国家应加强在电子信息技术研发、产品设计、生产制造等方面的合作，推动产业链上下游的深度融合。双方可以共同建立电子信息产业合作园区，吸引国内外优质企业入驻，形成产业集聚效应。同时，加强在半导体、通信设备、智能终端等关键领域的联合研发，提升产品竞争力和市场占有率。此外，推动双方在电子商务、跨境电商等领域的合作，拓展数字贸易的新空间。

智能制造是制造业转型升级的重要方向。中国与中东欧国家应携手推进智能制造产业的发展，共同打造智能制造生态系统。双方可以加强在智能制造技术研发、标准制定、人才培养等方面的合作，推动制造业向数字化、网络化、智能化方向转型。通过联合研发智能制造装备、建设智能制造示范工厂等方式，提升制造业的生产效率和产品质量。同时，加强在工业互联网、物联网等基础设施领域的合作，为智能制造提供强有力的支撑。

数字金融是金融与数字技术深度融合的产物，为经济发展注入了新的活力。中国与中东欧国家应深化在数字金融领域的合作，共同推动金融服务的数字化、智能化发展。双方可以加强在数字货币、区块链、大数据等金融科技领域的研发与应用合作，推动金融产品和服务的创新。同时，加强在跨境支付、融资服务、风险管理等方面的合作，为双方企业提供更加便捷、高效、安全的金融服务。此外，推动双方在金融监管、合规等方面的交流与合作，共同维护金融市场的稳定和健康发展。

为了形成优势互补、互利共赢的产业合作格局，中国与中东欧国家应加强产业链上下游的协同合作。双方可以建立产业链合作机制，明确各自在产业链中的定位和优势，共同制定产业链发展规划和合作计划。通过联合研发、技术转移、市场开拓等方式，加强产业链上下游企业之间的合作与交流，推动产业链各环节的紧密衔接和协同发展。同时，加强在知识产权保护、品牌建设等方面的合作，提升双方数字产业的整体竞争力和影响力。

创新创业是推动数字产业发展的重要动力。中国与中东欧国家应加强在创新创业领域的合作,共同打造良好的创新创业生态。双方可以建立创新创业合作平台,为创业者提供政策咨询、资金支持、技术培训等一站式服务。同时,加强在创新创业赛事、交流活动等方面的合作,激发创新创业活力,培育更多具有创新精神和市场潜力的数字产业项目。通过创新创业合作,推动双方数字产业的持续繁荣和发展。

三、推动数字贸易发展,共创合作新生态

在数字经济蓬勃发展的今天,数字贸易作为其重要表现形式,正日益成为全球经济的新引擎。中国与中东欧国家,作为各自区域内的重要经济体,应携手并进,积极推动数字贸易的发展,共同探索数字经济下的贸易新生态。

跨境电商是数字贸易的先锋领域。中国与中东欧国家应进一步加强在跨境电商平台搭建、物流体系完善、支付结算便利化等方面的合作。双方可以共同打造跨境电商综合服务平台,为中小企业提供一站式跨境电商解决方案,降低其进入国际市场的门槛和成本。同时,推动建立跨境电商产业园区,吸引更多企业入驻,形成产业集聚效应,提升跨境电商的整体竞争力。此外,加强在跨境电商监管、税收等方面的协调与合作,为跨境电商的健康发展提供良好环境。

数字支付是数字贸易的重要支撑。中国与中东欧国家应共同推动数字支付技术的创新与应用,加强在支付清算、风险管理、跨境支付等方面的合作。双方可以探索建立数字支付合作机制,推动支付机构之间的互联互通,提升跨境支付的便利性和安全性。同时,加强在数字货币领域的研发与合作,为未来数字贸易的发展提供新的支付工具和手段。通过构建完善的数字支付体系,降低交易成本,提高贸易效率,推动数字贸易的快速发展。

数字物流是数字贸易的关键环节。中国与中东欧国家应共同优化数字物流网络,加强在物流信息化、智能化、网络化等方面的合作。双方可以推动建立数字物流信息平台,实现物流信息的实时共享和智能调度,提高物流效率和服务水平。同时,加强在冷链物流、绿色物流等特色物流领域的合作,满足数字

贸易中不同商品和服务的物流需求。通过优化数字物流网络，降低物流成本，缩短交货周期，提升数字贸易的竞争力。

随着数字贸易的快速发展，制定适应数字经济时代的贸易规则显得尤为重要。中国与中东欧国家应积极参与数字贸易规则的制定和谈判，共同推动建立公平、透明、包容的数字贸易规则体系。双方可以加强在数据流动、隐私保护、网络安全等方面的规则制定合作，为数字贸易的健康发展提供有力保障。同时，推动建立数字贸易争端解决机制，为数字贸易中的纠纷提供有效的解决途径。

四、加强数字治理合作，共筑安全新防线

随着数字经济的迅猛发展，数字治理的重要性日益凸显。为确保数字经济的健康、可持续发展，中国与中东欧国家应携手加强在数字治理领域的合作，共同应对数据安全、隐私保护、网络犯罪等全球性挑战。

中国与中东欧国家应加强在数字治理相关法律法规领域的交流与合作，推动形成国际认可的法律框架。双方可以共同研究制定跨境数据流动、网络安全、电子商务等领域的国际规则和标准，促进法律法规的互认与协调。同时，加强在司法协助、执法合作等方面的合作，为跨国数字犯罪案件的侦破和审判提供有力支持。在数字治理中，数据主权和隐私权益是各国普遍关注的核心问题。中国与中东欧国家应共同致力于保护本国数据主权和公民隐私权益，同时尊重他国的数据主权和隐私保护政策。双方可以加强在数据分类分级、数据跨境传输管理、数据使用权限控制等方面的合作，确保数据在合法、安全、可控的范围内流动和使用。

技术标准是数字治理的重要支撑。中国与中东欧国家应共同推动数字治理技术标准的制定与互认，确保不同国家和地区之间的数字系统能够顺畅互联互通。双方可以加强在云计算、大数据、人工智能等关键技术领域的技术标准合作，推动形成国际公认的技术标准体系。同时，加强在网络安全、数据加密等技术领域的合作，提升数字治理的技术保障能力。互操作性是数字系统互联互通的关键。中国与中东欧国家应共同推动数字治理系统的互操作性建设，加强

在接口标准、数据格式、通信协议等方面的合作。双方可以共同制定互操作性标准和规范，推动不同数字系统之间的无缝对接和协同工作。同时，加强在数字治理系统兼容性测试、认证和评估等方面的合作，确保数字治理系统的稳定性和可靠性。

面对数字经济带来的新挑战，中国与中东欧国家应共同建立数字治理监管合作机制，加强信息共享和监管协调。双方可以成立联合监管工作组或委员会，定期召开会议研究解决数字治理中的重大问题。同时，加强在跨境执法合作、联合调查取证等方面的合作，提升对跨国数字犯罪活动的打击力度和效率。此外，风险评估与预警是数字治理的重要环节。中国与中东欧国家应共同加强数字治理风险评估和预警机制建设，及时发现并应对潜在的安全风险。双方可以共同建立风险评估指标体系和方法论体系，对数字治理中的各类风险进行全面、系统、科学的评估。同时，加强在预警信息发布、应急响应等方面的合作，确保在发生数字安全事件时能够及时采取有效措施进行处置。

参考文献

[1] AC国际咨询北京分行—博宇恒业（2024）.拼多多破冰匈牙利：128万客户背后的商业启示与注册公司新机遇.Retrieved from https：//weibo.com/ttarticle/p/show？id=2309405034309248483361.

[2] Bakondi，B.（2021）.从政治，经济，医疗，教育各个方面全面评价中匈外交关系.POLGÁRI SZEMLE：GAZDASÁGI ÉS TÁRSADALMI TUDOMÁNYOS FOLYÓIRAT=CIVIC REVIEW：JOURNAL OF ECONOMIC AND SOCIAL SCIENCES，17：302－313.

[3] Dorina，琳.C.（2017）.中东欧国家与中国经贸关系研究（硕士）.Retrieved from https：//kns.cnki.net/kcms2/article/abstract？v=5iIAKlsf9WCcewMUu8D47hZIsBnu7zvd8SnxGSJpGe_ee7ZtK2jQ9EvkWY3bn2NSvkF6E5WmlMNFijYhn42TzfVogvqoxKgKfxOi3feiHOlAozxcVatdq_l1kAXew7ak－7z_nR0S3RTqC－Jzj_MhFrdGSfL2prBbMeYlRMRxf_wSp0jET6XAVJc167oCEvqaR8rVJ4PEk60=&uniplatform=NZKPT&language=CHS Available from Cnki.

[4] DTCStart顾问（2024）.阿里云在中东欧洲的拓展：助力地区经济发展.Retrieved from https：//www.dtcstart.com/35041/.

[5] TE智库（2024）.大数据（big data）.Retrieved from https：//baike.baidu.com/item/%E5%A4%A7%E6%95%B0%E6%8D%AE/1356941.

[6] WTO.《电子商务谈判进展报告》.

[7] 安晓明."一带一路"数字经济合作的进展、挑战与应对［J］.区域经济评论，2022（04）：123－131.DOI：10.14017/j.cnki.2095－5766.2022.0066.

[8] 巴殿君，吕博尧."一带一路"沿线国家数字经济合作的基础、挑战与路径［J］.河南社会科学，2024，32（01）：43－51.

[9] 巴殿君，王一然，左天全. "一带一路"高质量共建的内在逻辑及路径探析 [J]. 国际关系研究，2024（03）：118－134＋158－159.

[10] 白洁，梁丹旎，王悦. 中国与中东欧国家贸易的竞争互补关系及动态变化 [J]. 财经科学，2020，（07）：92－105.

[11] 北京金融科技产业联盟（2022）. 中国金融科技发展报告（2022）. 北京：社会科学文献出版社，2022.

[12] 蔡跃洲，马文君（2021）. 数据要素对高质量发展影响与数据流动制约. 数量经济技术经济研究.

[13] 曹鸿星，艾昱（2024）. 中东欧国家数字经济发展水平研究——兼论与中国的合作机遇. 区域国别学刊，8（02），33－58＋155－156. Retrieved from https：//kns. cnki. net/kcms2/article/abstract？v＝5iIAKlsf9WAQCwpJGJTk_OE0NcYV23b2igk0ULfbkNJDvcgPE0f49tklfuBPz3OJc－uwAvmueAzI_YPiU_k9dDxVaqpWrE1K3Xx5oQoNWeFRbW_QoQ2RgdVAdeI2IXdeRTQ－fkJNUQuXdqaqJMgIJUuvrt0oZzu5AXvgSujgpRCsv4AtNOiDAJnTgjRnXhpEcuLkUPv7Aaw＝&uniplatform＝NZKPT&language＝CHS.

[14] 曹宇芙，邓宗兵，文江雪. 数字贸易便利化对全球价值链升级的影响——来自"一带一路"沿线国家的经验证据 [J]. 华东经济管理，2024，38（06）：56－65. DOI：10.19629/j. cnki. 34－1014/f. 231212008.

[15] 车丽波. 数字金融赋能跨境电商：理论逻辑、现实困境与发展路径 [J/OL]. 西南金融，1－12 [2024－08－30]. http：//kns. cnki. net/kcms/detail/51.1587.F.20240821.1509.014.html.

[16] 陈福中. 数字经济、贸易开放与"一带一路"沿线国家经济增长 [J]. 兰州学刊，2020（11）：100－112.

[17] 陈光达. "一带一路"数字产品贸易偏好网络的结构演进及影响因素分析 [D]. 湖南科技大学，2022. DOI：10.27738/d. cnki. ghnkd.2022.000250.

[18] 陈佳鑫. "一带一路"国家数字化建设对我国跨境电商出口的影响（硕士）.2022，Retrieved from https：//link. cnki. net/doi/10.27362/d. cnki. gtsxy.2022.000414 Available from Cnki.

[19] 陈健（2021）. "一带一路"高质量发展的理论逻辑与实践方案. 财

经问题研究（07）：27-35. DOI：10.19654/j. cnki. cjwtyj. 2021.07.003.

［20］陈健. "一带一路"数字经济的布局难点与战略突破［J］. 郑州大学学报（哲学社会科学版），2023，56（01）：63-68.

［21］陈健. "一带一路"沿线数字经济共同体构建研究［J］. 宁夏社会科学，2020（03）：121-129.

［22］陈捷，吴仲琦，代涛. 未来技术风险识别框架研究——基于技术经济安全视角. 中国科学院院刊，2023，38（4）：570-579.

［23］陈景彪.（2022）. 习近平关于经济全球化重要论述研究. 马克思主义研究（8）.

［24］陈伟雄，李宝银，杨婷. 数字技术赋能生态文明建设：理论基础，作用机理与实现路径. 当代经济研究，2023，337（9）：99-109.

［25］陈曦. 中国与中东欧国家贸易合作的新机遇与挑战. 国际贸易，2020（3）：22-29.

［26］陈先意，王康，丁思哲和付章杰. 区块链互操作性技术研究进展. Journal of Frontiers of Computer Science & Technology，2024，18（1）.

［27］陈晓红，李杨扬，宋丽洁，汪阳洁. 数字经济理论体系与研究展望［J］. 管理世界，2022，38（02）：208-224+13-16. DOI：10.19744/j. cnki. 11-1235/f. 2022.0020.

［28］陈晓静，董华辉，盛禹欣，等. 数字金融赋能"专精特新"企业发展路径研究［J］. 新金融，2024，（7）：59-64.

［29］陈新. 中东欧国家看"一带一路"和中国—中东欧国家合作：BEI-JING BOOK CO. INC，2019.

［30］陈友余，宋怡佳. "一带一路"沿线国家数字服务贸易格局及中国地位分析［J］. 经济地理，2023，43（6）：106-117. DOI：10.15957/j. cnki. jjdl. 2023.06.011.

［31］陈宇航. "一带一路"沿线国家数字经济发展水平对中国出口贸易的影响研究［D］. 外交学院，2023. DOI：10.27373/d. cnki. gwjxc. 2023.000353.

［32］陈云，卢春房，盛黎明，等. 基于共建共赢的中欧班列高质量发展战略研究. 中国工程科学，2020，22（3）：125-131.

[33] 程凤仪. 进口国数字经济发展对中国服务贸易出口的影响研究 [D]. 东北财经大学, 2023. DOI: 10.27006/d.cnki.gdbcu.2023.000818.

[34] 迟婧茹, 任孝平, 李子愚, 等. 加快构建具有全球竞争力的开放创新生态, 推动更高水平科技创新开放合作. 中国科学院院刊, 2024, 39 (2), 270-281.

[35] 崔明慧. "一带一路"倡议下东道国数字经济发展水平对中国OFDI的影响研究 [D]. 山东财经大学, 2023. DOI: 10.27274/d.cnki.gsdjc.2023.000460.

[36] 戴翔, 曾令涵. 中国"一带一路"倡议的包容性开放效应——基于"一带一路"沿线国家HDI指数的经验分析 [J]. 地理科学, 2024, 44 (4): 651-659. DOI: 10.13249/j.cnki.sgs.20221122.

[37] 邓微笑. 国家数字经济发展对OFDI的影响研究 [D]. 上海外国语大学, 2022. DOI: 10.27316/d.cnki.gswyu.2022.000592.

[38] 刁凤圣. 区块链在跨境金融领域的研究和探索——中国银行关于跨境金融区块链平台应用及展望. 金融电子化, 2022 (5): 2.

[39] 刁莉, 丁禹竹, 樊筠茹. 中国与中东欧国家贸易便利化问题研究 [J]. 俄罗斯东欧中亚研究, 2023, (4): 23-45+162-163.

[40] 丁纯, 张铭鑫, 纪昊楠. 中欧视域下的"一带一路"竞合: 演进、成因与对欧影响 [J]. 欧洲研究, 2023, 41 (5): 1-34+173.

[41] 杜德斌. 全球数字经济的空间格局与中国的战略选择. 地理学报, 2021, 76 (4): 767-779.

[42] 杜宁, 孟庆顺, 沈筱彦. 监管科技发展现状及实施. 中国金融, 2017 (19): 3.

[43] 范茜乐. 进口国数字经济对中国双边贸易潜力的影响 [D]. 湖南大学, 2022. DOI: 10.27135/d.cnki.ghudu.2022.000727.

[44] 方丽娟, 张荣刚. "一带一路"数字经济治理逻辑、问题及应对 [J]. 理论导刊, 2020 (11): 70-75.

[45] 福布斯中国研究院. 数字贸易的重要性与未来展望. 福布斯中文网, 2023.

[46] 高歌. 乌克兰危机以来的中东欧与欧洲一体化 [J]. 俄罗斯东欧中

亚研究，2023，(05)：123-142+165-166.

[47] 高疆. 发展"一带一路"数字贸易：机遇、挑战与未来方向 [J]. 国际贸易，2022 (11)：71-80. DOI：10.14114/j.cnki.itrade.2022.11.007.

[48] 高洁，刘立. 中欧科技合作路径的演化及展望. 中国科技论坛，2017 (6)：178-184.

[49] 高静."一带一路"沿线国家数字基础设施对中国 OFDI 的影响研究 [D]. 华东师范大学，2023. DOI：10.27149/d.cnki.ghdsu.2023.001177.

[50] 高凌云，樊玉. 全球数字贸易规则新进展与中国的政策选择. 国际经济评论，2020 (2)：162-172.

[51] 高萌. 数字经济发展水平对我国生产性服务贸易出口效率的影响研究 [D]. 山东财经大学，2024. DOI：10.27274/d.cnki.gsdjc.2024.000956.

[52] 高伟凯. 中东欧国家数字经济发展现状与前景分析. 国际经济合作，2019 (10)：4-12.

[53] 各国政府公告. 最新年份. 数字经济相关政策文件.

[54] 宫高杰，王雪."三海倡议"下中国—中东欧合作的困境与发展. World Regional Studies，2024，33 (1).

[55] 宫高杰，王雪."三海倡议"下中国—中东欧合作的困境与发展 [J]. 世界地理研究，2024，33 (1)：33-42.

[56] 顾伟男，刘慧，王亮."一带一路"沿线国家科研合作网络的多元结构及形成机制 [J]. 地理研究，2020，39 (5)：1070-1087.

[57] 关梓祎. 中国—东盟数字经济合作机制和路径研究 [D]. 北京外国语大学，2023. DOI：10.26962/d.cnki.gbjwu.2023.000746.

[58] 郭华东，陈方，陈玉，等."数字丝路"建设的科技创新研究. 中国科学院院刊，2023，38 (9)，1306-1314. DOI：10.16418/j.issn.1000-3045.2023 0713001.

[59] 郭晓莹. 中国与海合会国家数字经济合作的现实与路径选择. 阿拉伯世界研究，2022.

[60] 国际电信联盟.《ICT 价格变化趋势 2020》报告，2020.

[61] 国际在线 (2021). 中国—中东欧电商合作机制将启动促进中国—中

东欧贸易平衡. Retrieved from https：//baijiahao. baidu. com/s？id＝1699564058 745903171&wfr＝spider&for＝pc.

［62］国家发改委.《"一带一路"数字经济国际合作倡议》.

［63］国务院发展研究中心. 数字贸易发展与合作报告 2023. 国务院发展研究中心，2023.

［64］韩萌，姜峰. 俄乌冲突下中东欧经济政策差异化动因：威胁感知与相互依赖. 欧洲研究，2023，41（3）：65－99.

［65］韩萌. 我国对中东欧国家直接投资的区位选择研究［D］. 对外经济贸易大学，2019.

［66］蒿琨. "一带一路"与中东欧沿线枢纽国家发展战略对接思考［J］. 国际关系研究，2020（2）：132－152＋158－159.

［67］郝江云. 新时代中国对外合作机制的联动发展研究［D］. 华中科技大学，2022. DOI：10.27157/d. cnki. ghzku. 2022.002253.

［68］何超. 数字经济时代的国际合作与挑战. 世界经济与政治论坛，2020（2）：105－120.

［69］何宏艳，吴树仙，辛加余，赵辉，王艳磊，晏冬霞，赵宇亮. "一带一路"科技创新合作现状，挑战与发展方向［J］. 中国科学院院刊，2023，38（9）：1315－1324.

［70］何雄浪，潘宇欣（2023）. 数字经济赋能"一带一路"新发展. 光明网. Retrieved July 26，2024，from https：//theory. gmw. cn/2023－11/22/content_36982742. htm.

［71］洪群联，周鑫. 新一轮科技革命和产业变革下服务业发展的趋势与对策. 宏观经济管理，2018（4）：38－41.

［72］侯建国. 奋力开创国际科技交流合作新局面. 当代世界，2023，5：4－9.

［73］侯杰，柳春辉. 数字贸易提升了"一带一路"沿线国家和地区创新能力吗？——基于产业结构升级的中介效应分析［J］. 价格月刊，2024（04）：34－46. DOI：10.14076/j. issn. 1006－2025.2024.04.05.

［74］胡群. 中国互金协会报告建议加强"一带一路"沿线国家金融科技

标准互联互通. 经济观察报, 2021.

[75] 华红娟, 张海燕. "一带一路"框架下中国与中东欧国家"精准合作"研究 [J]. 国际经济合作, 2018 (2): 31-36.

[76] 华红娟. 中国与中东欧国家产业深度合作的实现路径研究 [J]. 区域经济评论, 2020 (5): 114-121. DOI: 10.14017/j.cnki.2095-5766.2020.0095.

[77] 黄忠. 新兴数字科技的发展与国际政治的变革 [J]. 当代世界与社会主义, 2024, (1): 149-158. DOI: 10.16502/j.cnki.11-3404/d.2024.01.001.

[78] 贾瑞霞. 中国与中东欧国家创新合作的基础与路径 [J]. 科学管理研究, 2020, 38 (6): 164-170.

[79] 贾瑞霞. 中国与中东欧国家创新合作的基础与路径 [J]. 科学管理研究, 2020, 38 (6): 164-170. DOI: 10.19445/j.cnki.15-1103/g3.2020.06.023.

[80] 姜峰, 蓝庆新. 数字"一带一路"建设的机遇、挑战及路径研究 [J]. 当代经济管理, 2021, 43 (5): 1-6. DOI: 10.13253/j.cnki.ddjjgl.2021.05.001.

[81] 姜珂. "17+1"合作和"一带一路"框架内中国与保加利亚经贸合作. 欧亚经济, 2020 (2): 111-124.

[82] 姜志达, 王睿. 高质量共建中国—东盟数字"一带一路": 发展特征与推进路径 [J]. 国际关系研究, 2023 (4): 40-58+156-157.

[83] 姜志达, 王睿. 中国与中东共建数字"一带一路": 基础、挑战与建议 [J]. 西亚非洲, 2020 (6): 135-158.

[84] 蒋耀平. 数字贸易引领全球经济发展新趋势. 第二届全球数字贸易博览会, 2022.

[85] 蒋媛. 数字经济发展、企业融资结构与企业技术创新 [D]. 广西大学, 2023. DOI: 10.27034/d.cnki.ggxiu.2023.002918.

[86] 靳思远, 沈伟. 《数字经济伙伴关系协定》的科技战略导向和中国选择进路 [J]. 中国科技论坛, 2023, (02): 122-134. DOI: 10.13580/j.cnki.fstc.2023.02.013.

[87] 鞠维伟, 顾虹飞. 中国—中东欧国家务实合作助推"一带一路"高质量发展. 新视野, 2022 (1): 55-61.

[88] "科普中国"科学百科词条编写与应用工作项目. (2024). 人工智

能. Retrieved from https：//baike. baidu. com/item/% E4% BA% BA% E5% B7% A5% E6% 99% BA% E8% 83% BD/9180? fromModule = lemma_search – box

[89] 孔庆江. "一带一路" 建设与国际经贸规则创新和完善 [J]. 亚太安全与海洋研究, 2023 (2): 3 + 56 – 74. DOI：10. 19780/j. cnki. ytaq. 2023. 2. 4.

[90] 孔田平. 中东欧国家数字经济的现状与前景. 欧亚经济, 2020, 1 (1): 20, 125, 127.

[91] 孔田平. 增长, 趋同与中东欧国家的第二次转型. 欧亚经济, 2022.

[92] 孔田平. 中东欧国家数字经济的现状与前景 [J]. 欧亚经济, 2020 (1): 1 – 20 + 125 + 127.

[93] 孔维雪. 数字经济对全球价值链分工的影响 [D]. 山东财经大学, 2024. DOI：10. 27274/d. cnki. gsdjc. 2024. 000924.

[94] 蓝庆新、窦凯. 数字贸易的兴起与中国的战略选择. 国际贸易问题, 2019.

[95] 李博雅. 金融创新与 "一带一路" 加快发展战略. 中国 "一带一路" 投资与安全研究报告 (2016 ~ 2017), 2017.

[96] 李钢, 张琦. 对我国发展数字贸易的思考 [J]. 国际经济合作, 2020 (1): 56 – 65.

[97] 李佳琪. 数字经济对中国与 "一带一路" 沿线国家出口贸易的影响研究 [D]. 辽宁大学, 2023. DOI：10. 27209/d. cnki. glniu. 2023. 002191.

[98] 李江. 中国与中东欧国家数字服务贸易潜力及影响因素研究 [D]. 天津师范大学, 2022. DOI：10. 27363/d. cnki. gtsfu. 2022. 000132.

[99] 李猛和翟莹. 构建 "一带一路" 数字经济合作发展保障机制研究. 北京航空航天大学学报社会科学版, 2023, 36 (4): 97 – 104.

[100] 李苏甜. "一带一路" 沿线国家数字经济发展水平对我国出口贸易效率的影响研究 [D]. 重庆工商大学, 2023. DOI：10. 27713/d. cnki. gcqgs. 2023. 000648.

[101] 李甜. 数字经济对服务贸易出口竞争力的影响研究 [D]. 四川外国语大学, 2023. DOI：10. 27348/d. cnki. gscwc. 2023. 000706.

[102] 李文琪, 许勤华. "一带一路" 高质量发展：历史成就、现实挑

战和未来展望［J］．西南民族大学学报（人文社会科学版），2023，44（8）：107－114．

［103］李向阳．"一带一路"建设中的科技创新与国际合作．社会科学战线，2018（3）：47－57．

［104］李晓华．数字经济的全球趋势与中国发展．经济与管理研究，2020（12）：3－14．

［105］李晓华．数字科技、制造业新形态与全球产业链格局重塑［J］．东南学术，2022，（2）：134－144＋248．DOI：10.13658/j.cnki.sar.2022.02.024．

［106］李晓钟，毛芳婷．"一带一路"沿线国家数字经济发展水平比较与分析［J］．统计与决策，2021，37（16）：134－138．DOI：10.13546/j.cnki.tjyjc.2021.16.030．

［107］李晓钟，毛芳婷．数字经济对"一带一路"沿线国家创新绩效的影响研究［J］．中国软科学，2023（1）：40－50．

［108］李轩，李珮萍．"一带一路"主要国家数字贸易水平的测度及其对中国外贸成本的影响［J］．工业技术经济，2021，40（03）：92－101．

［109］李宜展，董璐，王东瑶，张鸿，王志强，魏韧，李泽霞．国际科技组织与国际科技合作计划中的科学数据安全治理．农业大数据学报，2024，6（2）：161－169．

［110］李长青，彭馨，陈玉萍．中东欧国家对华贸易的同群效应研究［J］．中国软科学，2021，（9）：163－171．

［111］李喆．数字金融发展对新创企业成长的影响研究［D］．兰州财经大学，2024．DOI：10.27732/d.cnki.gnzsx.2024.000258．

［112］联合国．最新年份．电信基础设施指数报告．

［113］联合国贸发会议（UNCTAD）．（2023）．数字贸易与发展报告．

［114］猎云网．阿里云进入波兰等中东欧8国市场，目标欧洲首选云厂商，2018．Retrieved from https：//baijiahao.baidu.com/s？id=1609398784167035030&wfr=spider&for=pc．

［115］林春和文小鸥．资本市场赋能新质生产力形成：理论逻辑，现实问题与升级路径．《深圳大学学报》（人文社科版），2024，41（2）：66－75．

［116］林晓轩. 区块链技术在金融业的应用. 中国金融, 2016 (8): 2.

［117］刘爱琳. 数字经济基础设施建设对"一带一路"沿线国家数字经济竞争力的影响研究［D］. 四川外国语大学, 2023. DOI: 10.27348/d.cnki.gscwc.2023.000243.

［118］刘海启. 以精准农业驱动农业现代化加速现代农业数字化转型. 中国农业资源与区划, 2019, 40 (1): 1-6.

［119］刘华, 刘秀华, 杨继文. 数字社会建设中的科技治理问题及其法治保障路径. 科技进步与对策, 2022, 39 (14): 114-121.

［120］刘辉, 刘小换, 董炎, 等. 数字经济时代职业本科创新创业人才培养模式改革研究［J］. 湖北开放职业学院学报, 2024, 37 (9): 19-20+23.

［121］刘莉君, 张静静, 曾一恬. 数字经济推动共建"一带一路"高质量发展的效应研究［J］. 中南大学学报（社会科学版）, 2022, 28 (5): 122-135.

［122］刘玲, 张源, 齐嘉琳. 开创"一带一路"数字金融合作新局面. 中国金融, 2023 (13): 34-35.

［123］刘明洋, 万勇, 唐晓超, 胡兆廉. "一带一路"背景下数字化转型对制造业高质量发展影响研究——基于产业结构升级与数字贸易的视角［J］. 新疆社会科学, 2024 (1): 71-84+164-165. DOI: 10.20003/j.cnki.xjshkx.2024.01.007.

［124］刘萍, 郭洁, 胡蔚然. 双循环背景下数字贸易推动中国贸易高质量发展研究［J］. 价格月刊, 2022 (5): 70-75. DOI: 10.14076/j.issn.1006-2025.2022.05.11.

［125］刘思琦. 高质量推进新亚欧大陆桥经济走廊建设［J］. 宏观经济管理, 2024 (1): 37-44.

［126］刘婷, 任康钰. 数字经济与中国对外直接投资——基于欧盟成员国的实证研究［J］. 国际经济合作, 2023 (1): 37-50+93.

［127］刘夏, 武靖凯. "一带一路"框架下中国与中东欧国家实现经贸"精准合作"探讨［J］. 对外经贸实务, 2018 (9): 85-88.

［128］刘永辉, 赵晓晖. 中东欧投资便利化及其对中国对外直接投资的

影响 [J]. 数量经济技术经济研究, 2021, 38 (1): 83-97.

[129] 刘作奎. "一带一路" 倡议下中国与中东欧国家合作. 国际问题研究, 2019 (5): 45-58.

[130] 刘作奎. 欧盟互联互通政策的 "泛安全化" 及中欧合作. 理论学刊, 2022 (1): 72-81.

[131] 刘作奎. "双边+多边" 理论: 对中国—中东欧国家合作的新探索 [J]. 中共中央党校 (国家行政学院) 学报, 2022, 26 (2): 129-136.

[132] 刘作奎. 中国—中东欧国家合作的发展历程与前景 [J]. 当代世界, 2020, (4): 4-9.

[133] 龙静. 中国与中东欧国家在 "一带一路" 上的创新合作. 欧亚经济, 2020, 4 (71): 86, 126.

[134] 卢潇潇, 梁颖. "一带一路" 基础设施建设与全球价值链重构. 中国经济问题, 2020 (1): 11.

[135] 伦晓波, 刘颜. 沿着数字 "一带一路" 实现高质量发展 [J]. 上海财经大学学报, 2023, 25 (1): 64-78. DOI: 10.16538/j.cnki.jsufe.2023.01.005.

[136] 吕越, 田冀霖. "一带一路" 倡议对中国企业数字创新的影响研究 [J/OL]. 南开经济研究, 2024 (6): 74-91 [2024-08-25]. DOI: 10.14116/j.nkes.2024.06.005.

[137] 马蔡琛, 龙伊云. "一带一路" 税收治理: 回顾与展望 [J]. 国际税收, 2023 (10): 27-34. DOI: 10.19376/j.cnki.cn10-1142/f.2023.10.007.

[138] 马婧. "一带一路" 国家数字经济发展水平与中国贸易成本的关系研究 [D]. 山东师范大学, 2022. DOI: 10.27280/d.cnki.gsdsu.2022.001232.

[139] 马遥遥. 中国与 "一带一路" 共建国家的金融合作及其效应研究 [D]. 吉林大学, 2023. DOI: 10.27162/d.cnki.gjlin.2023.007768.

[140] 马勇. 金融监管学. 北京中国人民大学出版社, 2021.

[141] 美国国会研究报告. 《美国对中东欧地区战略评估》. 华盛顿: 美国国会图书馆, 2021.

[142] 聂椴桐. 数字金融对企业数字技术创新的影响研究 [D]. 哈尔滨商业大学, 2024.

［143］欧盟委员会．《数字经济与社会指数2020》．欧盟官方网站，2020．

［144］欧盟委员会．最新年份．数字经济与社会指数（DESI）报告．

［145］欧盟委员会．《数字单一市场战略》．

［146］欧洲投资银行．（2022）．中东欧国家数字经济评估报告．

［147］潘功君．技术创新金融论：基于金融功能及风险匹配的研究：成都西南财经大学出版社，2020．

［148］潘文娣．"一带一路"国家数字经济发展水平对中国出口贸易效率的影响研究［D］．安徽财经大学，2022．DOI：10.26916/d.cnki.gahcc.2022.000387．

［149］裴长洪．"十四五"时期推动共建"一带一路"高质量发展的思路、策略与重要举措［J］．经济纵横，2021（6）：1－13＋2．

［150］乔琳．"一带一路"背景下中国－东盟金融合作研究［D］．吉林大学，2023．DOI：10.27162/d.cnki.gjlin.2023.006987．

［151］秦清华，梁昊光，王耀甜．数字"一带一路"如何影响东道国参与国际分工——基于全球价值链视角［J］．金融与经济，2023（03）：26－39．DOI：10.19622/j.cnki.cn36－1005/f.2023.03.003．

［152］全国人大常委会．《数据安全法》．

［153］任保平．新发展格局下"数字丝绸之路"推动高水平对外开放的框架与路径［J］．陕西师范大学学报（哲学社会科学版），2022，51（6）：57－66．DOI：10.15983/j.cnki.sxss.2022.1106．

［154］阮珠．中国对"一带一路"沿线国家数字贸易出口潜力分析［D］．辽宁大学，2021．DOI：10.27209/d.cnki.glniu.2021.000535．

［155］沙拉法诺夫、白树强．数字贸易规则制定：趋势、难点与中国的战略选择．国际贸易，2018．

［156］沙与沫．云计算：资源池化的共享访问与未来发展趋势．2023，Retrieved from https：//developer.baidu.com/article/detail.html？id＝1937816．

［157］商务部《关于促进跨境电子商务健康发展的指导意见》．

［158］商务部国际贸易经济合作研究院．《中国—中东欧国家经贸合作发展报告》．北京：商务部国际贸易经济合作研究院，2022．

［159］沈陈，郭明英．金砖国家数字金融合作探索．中国金融，2022

(8): 88-89.

［160］沈铭辉和郭明英. 大变局下的《区域全面经济伙伴关系协定》: 特征, 影响与机遇. 当代世界, 2021, 1: 44-51.

［161］盛斌, 高疆. 数字贸易的界定、发展与中国的战略选择. 南开学报 (哲学社会科学版), 2020.

［162］石勇. 数字经济的发展与未来. 中国科学院院刊, 2022, 37 (1), 78-87.

［163］世界经济论坛. 全球数字经济展望报告, 2023.

［164］世界银行. 全球数据指标库, 2020.

［165］数字中东欧经贸促进中心. 中国—中东欧国家智慧城市产业合作专题, 2023. Retrieved from 综合报告: http://www.e-ceec.org.cn/oss/showp?id=e2340851-5dbc-4bbc-aa79-23e5b23ab567.

［166］司聪. 数字金融推动共建"一带一路"高质量发展的机理与路径 [J]. 东岳论丛, 2023, 44 (7): 150-157. DOI: 10.15981/j.cnki.dongyueluncong. 2023.07.020.

［167］宋丹. "一带一路"沿线主要国家跨境数字贸易发展评估 [D]. 广西大学, 2020. DOI: 10.27034/d.cnki.ggxiu.2020.001241.

［168］宋思源, 刘玉奇. 数字服务贸易自由化与中外价值链关联——来自"一带一路"沿线国家面板数据的经验证据 [J]. 经济学家, 2024 (3): 56-65. DOI: 10.16158/j.cnki.51-1312/f.2024.03.010.

［169］宋伟, 刘玲. 数字科技驱动实体经济转型升级: 理论机制与实证检验 [J]. 经济体制改革, 2023 (5): 112-120.

［170］宋宇轩. 数字贸易规则对中国"一带一路"国家OFDI的影响研究 [D]. 东华大学, 2023. DOI: 10.27012/d.cnki.gdhuu.2023.000743.

［171］孙陈铭. 论数据跨境流动安全保护的实践与思考. Open Journal of Legal Science, 2023, 11: 1293.

［172］孙玉琴, 卫慧妮. "一带一路"背景下中国与中东欧国家开展数字贸易的思考. 国际贸易, 2022 (1).

［173］孙玉琴, 卫慧妮. "一带一路"背景下中国与中东欧国家开展数字

贸易的思考 [J]. 国际贸易, 2022 (1): 76 - 87. DOI: 10.14114/j. cnki. itrade. 2022. 01. 006.

[174] 孙玉琴, 卫慧妮. "一带一路"背景下中国与中东欧国家开展数字贸易的思考 [J]. 国际贸易, 2022 (1): 76 - 87.

[175] 孙芸芸. 中国—东盟自由贸易区贸易便利化发展研究——以"一带一路"倡议为背景, 2018.

[176] 孙早, 王乐. 数字技术赋能共建"一带一路"新格局. 光明网. Retrieved July, 2024, 26, 2024, from http://jhmch. jinhua. gov. cn/art/2024/4/8/art_1229096112_58896657. html.

[177] 汤雯淇. "一带一路"沿线国家数字经济发展水平对我国对外直接投资的影响 [D]. 东北财经大学, 2023. DOI: 10.27006/d. cnki. gdbcu. 2023. 000681.

[178] 唐婉莹. 深化中国—中东欧国家数字经济合作研究 [D]. 商务部国际贸易经济合作研究院, 2023. DOI: 10.27054/d. cnki. ggjms. 2023. 000141.

[179] 田晓军. 华为与保加利亚电信联手打造云中心——数字经济成中保合作新亮点 经济日报, (2017, 2017 June 04). Retrieved from https://www. sohu. com/a/145900874_120702.

[180] 图古勒. "一带一路"机制化建设与中国数字贸易出口 [D]. 辽宁大学, 2022. DOI: 10.27209/d. cnki. glniu. 2022. 001133.

[181] 万劲波, & 赵兰香. 政府和社会资本合作推进科技创新的机制研究. 中国科学院院刊, 2016, 31 (4): 467 - 476.

[182] 王春岩, 尚宇红. 中国—中东欧国家合作机制2012~2022年区域国别研究回顾与建议. 北京第二外国语学院学报, 2024, 46 (03): 118 - 131. Retrieved from https://link. cnki. net/urlid/11. 2802. H. 20240702. 1839. 004.

[183] 王春岩, 尚宇红. 中国—中东欧国家合作机制2012~2022年区域国别研究回顾与建议 [J]. 北京第二外国语学院学报, 2024, 46 (3): 118 - 131.

[184] 王芳, 李建民. "一带一路"倡议下中国与中东欧国家经贸合作研究. 国际经济合作, 2020 (3): 45 - 56.

[185] 王亮. 借鉴国际科技组织运营模式 深化"一带一路"科技创新合作. 中国科学院, 2024, 39 (06): 1097 - 1105. DOI: 10.16418/j. issn. 1000 - 3045.

20231031004.

[186] 王平辉, 裴红斌, 等. 网络社会现代治理的挑战与对策. 中国科学院院刊, 2022, 37 (12): 9.

[187] 王胜利, 孙伊宁. "一带一路"沿线国家（地区）数字经济联系程度对贸易密切度影响研究 [J]. 价格月刊, 2024 (6): 35-43. DOI: 10.14076/j. issn. 1006-2025. 2024.06.05.

[188] 王淑贤. "一带一路"沿线国家数字经济发展水平对中国企业跨国并购的影响研究 [D]. 山东财经大学, 2024. DOI: 10.27274/d. cnki. gsdjc. 2024.001044.

[189] 王树彤. 跨境电商的全球趋势与中国实践. 中国流通经济, 2018, 32 (3): 3-11.

[190] 王硕. 数字贸易网络特征对中国全球价值链分工地位的影响 [D]. 江西财经大学, 2023. DOI: 10.27175/d. cnki. gjxcu. 2023.001255.

[191] 王伟域. "一带一路"倡议下我国参与全球税收治理的思考 [J]. 国际税收, 2022 (9): 65-69. DOI: 10.19376/j. cnki. cn10-1142/f. 2022.09.003.

[192] 王文. "一带一路"金融合作十年回望. 中国金融, 2023 (13): 29-31.

[193] 王晓红, 谢兰兰. 我国数字贸易与软件出口的发展及展望. 开放导报, 2019, 5.

[194] 王艳, 盛小丹. "一带一路"沿线国家数字经济发展对中国跨境电商出口的影响效应研究 [J]. 现代财经（天津财经大学学报）, 2024, 44 (5): 22-44. DOI: 10.19559/j. cnki. 12-1387. 2024.05.003.

[195] 王一鸣, 张燕生.《全球数字贸易发展与中国策略选择》. 北京: 社会科学文献出版社, 2020.

[196] 王莹. 数字化时代下的隐私权与数据的法律保护. Open Journal of Legal Science, 2023, 11: 5684.

[197] 王永龙, 余娜, 姚鸟儿. 数字经济赋能制造业质量变革机理与效应——基于二元边际的理论与实证 [J]. 中国流通经济, 2020, 34 (12): 60-71.

[198] 王媛媛. 中国与"一带一路"沿线国家数字经济合作研究 [J]. 东岳论丛, 2022, 43 (11): 165-172. DOI: 10.15981/j.cnki.dongyueluncong.2022.11.016.

[199] 王智新. "一带一路"沿线国家数字贸易营商环境的统计测度 [J]. 统计与决策, 2020, 36 (19): 47-51. DOI: 10.13546/j.cnki.tjyjc.2020.19.010.

[200] 威廉. (2016). "一带一路": 共创欧亚新世纪: BEIJING BOOK CO. INC.

[201] 韦志文, 冯帆. 数字贸易对碳排放的影响——基于"一带一路"沿线48国的经验证据 [J]. 现代经济探讨, 2023 (8): 65-77. DOI: 10.13891/j.cnki.mer.2023.08.009.

[202] 未央网. 截至2022年11月, 中东北非地区共有金融科技监管沙盒11个. Retrieved July, 2022, 26, 2024, from https://www.weiyangx.com/417166.html.

[203] 魏民. 迈向第二个十年的中国—中东欧国家合作 [J]. 当代世界, 2022 (11): 42-47.

[204] 吴白乙, 霍玉珍, 刘作奎. 中国—中东欧国家合作进展与评估报告 (2012-2020). 北京: 中国社会科学出版社, 2020.

[205] 吴吉义, 李文娟, 曹健, 钱诗友和张启飞. 智能物联网 AIoT 研究综述. 电信科学, 2021, 37 (8): 1-17.

[206] 吴肖肖. 中国与中东欧国家数字贸易潜力研究 [D]. 江西财经大学, 2022. DOI: 10.27175/d.cnki.gjxcu.2022.001463.

[207] 吴泽林. 解析中国的全球互联互通能力. 世界经济与政治, 2017 (11): 35-64.

[208] 肖红军, 郑岳和郑若娟. 数字科技伦理监管的澳大利亚实践与启示. Journal of Technology Economics, 2023, 42 (9).

[209] 肖红军, 张丽丽, 阳镇. 欧盟数字科技伦理监管: 进展及启示 [J]. 改革, 2023 (7): 73-89.

[210] 肖红军, 张丽丽. 中国企业数字科技伦理发展: 演变历程、最新进展与未来进路 [J]. 产业经济评论, 2024 (2): 153-171. DOI: 10.19313/j.cnki.cn10-1223/f.2024.02.003.

[211] 肖宇, 梁威. 数字"一带一路"框架下中国—东盟数字贸易发展问题研究 [J]. 北京工业大学学报（社会科学版）, 2023, 23 (6): 58-81.

[212] 肖宗富, 杜鑫星, 何玉秀. 数字金融的国际实践 [J]. 中国金融, 2024 (14): 78-80.

[213] 谢洪明, 陈亮和杨英楠. 如何认识人工智能的伦理冲突？ [J] 外国经济与管理, 2019, 41 (10).

[214] 忻红和李振奇. 中国—中东欧国家科技创新能力及科技合作研究 [J]. 科技管理研究, 2021 (9).

[215] 忻红, 李振奇. 中国—中东欧国家科技创新能力及科技合作研究 [J]. 科技管理研究, 2021, 41 (9): 27-35.

[216] 邢劭思. "一带一路"沿线国家数字经济合作研究 [J]. 经济纵横, 2022 (1): 46-51. DOI: 10.16528/j.cnki.22-1054/f.202201046.

[217] 徐刚. 中国与中东欧国家地方合作: 历程, 现状与政策建议. 欧亚经济, 2019, 3: 71-87.

[218] 徐慧. 中国对"一带一路"沿线国家数字贸易出口潜力及其影响因素研究 [D]. 江西财经大学, 2022. DOI: 10.27175/d.cnki.gjxcu.2022.000055.

[219] 徐俊, 刘春艳. 传统要素、数字要素与贸易畅通——基于共建"一带一路"国家的实证 [J]. 统计与决策, 2023, 39 (20): 131-135. DOI: 10.13546/j.cnki.tjyjc.2023.20.024.

[220] 许利平. 中国与周边命运共同体: 构建与路径: 北京: 社会科学文献出版社, 2016.

[221] 许明. 新发展格局下推动我国数字经济国际合作路径研究 [J]. 齐鲁学刊, 2023 (1): 133-142.

[222] 许唯聪. 数字化赋能中国与"一带一路"共建国家农产品贸易高质量发展的机理、挑战和路径 [J]. 当代经济管理, 2024, 46 (7): 63-76. DOI: 10.13253/j.cnki.ddjjgl.2024.07.007.

[223] 宣雅迪. 科技合作网络对跨国知识流动及数字经济规模的影响研究 [D]. 北京邮电大学, 2023. DOI: 10.26969/d.cnki.gbydu.2023.003233.

[224] 闫瑞峰. 科技创新新型举国体制: 理论, 经验与实践. 经济学家,

2022, 1 (6): 68-77.

[225] 杨柳. 数字贸易竞争力对中国与中东欧贸易成本的影响 [D]. 北京外国语大学, 2023. DOI: 10.26962/d.cnki.gbjwu.2023.001165.

[226] 杨路明, 施礼. "一带一路"数字经济产业聚集发展研究 [J]. 中国流通经济, 2021, 35 (3): 54-67.

[227] 杨路明, 施礼. "一带一路"数字经济产业聚集发展研究 [J]. 中国流通经济, 2021, 35 (03): 54-67. DOI: 10.14089/j.cnki.cn11-3664/f.2021.03.006.

[228] 姚鸟儿, 曹无瑕. 深耕"一带一路"壮大"地瓜经济" [J]. 宁波经济 (财经视点), 2023 (5): 32-35.

[229] 姚鸟儿. 初创科技型企业融资能力评价指标体系构建研究——基于模糊综合评价模型的分析 [J]. 价格理论与实践, 2020 (12): 135-138+164.

[230] 姚鸟儿. 宁波与中东欧开展数字贸易的问题与对策分析 [J]. 宁波经济 (三江论坛), 2022 (8): 7-10.

[231] 姚鸟儿. 宁波与中东欧贸易规模和贸易潜力的实证研究——基于随机前沿引力模型的估计 [J]. 企业经济, 2018, 37 (6): 154-162.

[232] 姚鸟儿. 数字科技合作助力"一带一路"建设 [N]. 中国社会科学报, 2024-01-22 (A08)

[233] 姚鸟儿. 推进宁波与中东欧数字贸易发展 [N]. 宁波日报, 2022-07-14 (A08)

[234] 姚鸟儿. "一带一路"新发展——浙江与中东欧经贸合作研究 [M]. 北京: 经济科学出版社, 2018.

[235] 姚鸟儿. 浙江与中东欧双边贸易效率及潜力研究——基于随机前沿引力模型估计 [J]. 华东经济管理, 2018, 32 (10): 14-21.

[236] 姚峪岩, 张翼飞, 金紫洋, 等. "一带一路"绿色贸易合作与竞争格局研究 [J]. 世界地理研究, 2021, 30 (4): 792-801.

[237] 于敏, 龙盾, 江立君, 张玲玲. 推进"17+1"框架下的中国—中东欧国家农业多元合作 [J]. 国际经济合作, 2020 (5): 72-79.

[238] 余芬, 徐雨森, 樊霞. 数字金融、创新资源配置与企业创新产出 [J].

中国科技论坛，2024（8）：104-113. DOI：10.13580/j.cnki.fstc.2024.08.013.

[239] 余淼杰，郭兰滨．数字贸易推动中国贸易高质量发展［J］．华南师范大学学报（社会科学版），2022（1）：93-103+206.

[240] 雨果网．全球速卖通成为最受匈牙利人欢迎的跨境电商平台，2022. Retrieved from https：//chuhaiyi.baidu.com/news/detail/41662304.

[241] 袁志琴，王罗．持续推动中国与中东欧国家科技创新合作．国际人才交流杂志 2023，2024（16 Aug）．doi：https：//mp.weixin.qq.com/s?_biz=MzU4NTQ1Nzk5OA==&mid=2247502063&idx=2&sn=930c84ca9921c7bac5f5e4398125b4a0&chksm=fd88c0cecaff49d8ad2e4490ea7f30be9fa006288ab1132158737edb45c0d660d4ff7312c453&scene=27.

[242] 原倩．新发展格局下数字丝绸之路高质量发展的总体思路与战略路径［J］．宏观经济管理，2022（7）：21-27. DOI：10.19709/j.cnki.11-3199/f.2022.07.006.

[243] 张伯超，沈开艳．"一带一路"沿线国家数字经济发展就绪度定量评估与特征分析［J］．上海经济研究，2018（1）：94-103. DOI：10.19626/j.cnki.cn31-1163/f.2018.01.010.

[244] 张海燕，徐蕾．中国与中东欧国家科技创新合作的潜力与重点领域分析．区域经济评论，2021.

[245] 张海燕，徐蕾．中国与中东欧国家科技创新合作的潜力与重点领域分析［J］．区域经济评论，2021（6）：107-114. DOI：10.14017/j.cnki.2095-5766.2021.0111.

[246] 张辉，张明哲．数字经济国际合作助力共建"一带一路"高质量发展．北京交通大学学报（社会科学版），2023，22（4）：1-10. doi：10.16797/j.cnki.11-5224/c.20231108.004.

[247] 张辉，张明哲．数字经济国际合作助力共建"一带一路"高质量发展［J］．北京交通大学学报（社会科学版），2023，22（4）：1-10. DOI：10.16797/j.cnki.11-5224/c.20231108.004.

[248] 张静静．数字经济推动共建"一带一路"高质量发展的效应研究［D］．湖南科技大学，2023. DOI：10.27738/d.cnki.ghnkd.2023.001047.

[249] 张明哲, 张辉. "一带一路" 沿线数字经济与中国企业对外直接投资区位选择 [J]. 山西大学学报 (哲学社会科学版), 2023, 46 (5): 152-160. DOI: 10.13451/j. cnki. shanxi. univ (phil. soc.). 2023.05.017.

[250] 张明哲. "一带一路" 数字经济对中国对外直接投资区位选择的影响研究 [J]. 当代财经, 2022 (6): 111-122. DOI: 10.13676/j. cnki. cn36-1030/f. 2022.06.010.

[251] 张强, 李明等. 区块链技术在供应链金融中的应用与前景. 金融研究, 2022.

[252] 张锐. 俄乌冲突背景下的中东欧能源转型与中国的应对——基于角色冲突的视角 [J/OL]. 俄罗斯东欧中亚研究, 1-22 [2024-08-24].

[253] 张淑婷. "一带一路" 倡议对中国数字服务出口的影响研究 [D]. 山东理工大学, 2023. DOI: 10.27276/d. cnki. gsdgc. 2023.000873.

[254] 张婷. "一带一路" 国家数字经济发展对中国出口国内增加值的影响研究 [D]. 兰州财经大学, 2024. DOI: 10.27732/d. cnki. gnzsx. 2024.000028.

[255] 张伟鹏. 推动共建 "一带一路" 朝着更高质量、更高水平发展, 2024. 新浪新闻. Retrieved July 26, 2024, from https://news.sina.com.cn/zx/gj/2024-08-13/doc-incinuek8588821.shtml.

[256] 张文轩. "一带一路" 成员国数字经济发展水平对中国农产品进口的影响研究 [D]. 西北农林科技大学, 2023. DOI: 10.27409/d. cnki. gxbnu. 2023.001178.

[257] 张向阳. 华为在全球数字化转型中的角色与贡献 [J]. 科技管理研究, 2021, 41 (1): 1-8.

[258] 张晓涛, 陈国媚. 数字经济背景下的国际贸易规则重构 [J]. 国际贸易, 2019 (10): 23-31.

[259] 张鑫. 数字经济发展与服务贸易出口效率——基于中国与"一带一路"沿线国家的实证 [J]. 商业经济研究, 2023 (13): 135-138.

[260] 张艳. 政府引导基金对企业创新的影响. 山东财经大学, 2020.

[261] 张尧, 姜元刚, 王红梅, 等. 数字金融与企业创新: 基于数字经济的微观证据 [J]. 中国软科学, 2024 (8): 211-224.

[262] 张誉夫, 谢建国. "一带一路" 建设与沿线国家经济的包容性增长——基于社会流动性指数的研究 [J]. 经济问题探索, 2024 (7): 44-64.

[263] 张源, 崔琪涌. "一带一路" 倡议下中国对外服务贸易现状与影响因子研究 [J/OL]. 价格月刊: 1-9 [2024-08-25]. http://kns.cnki.net/kcms/detail/36.1006.F.20240808.1153.019.html.

[264] 张哲. 数字赋能 "一带一路" 价值链攀升的机理与效应研究 [D]. 西安理工大学, 2023. DOI: 10.27398/d.cnki.gxalu.2023.001159.

[265] 章绿芸. "一带一路" 沿线国家数字经济发展水平对中国 OFDI 的影响研究 [D]. 安徽大学, 2023. DOI: 10.26917/d.cnki.ganhu.2023.001221.

[266] 赵白鸽. 金融科技与 "一带一路". 中国金融, 2019 (9): 2.

[267] 赵竟如, 胡闻晓, 牛芷茹, 许湛钰, 张紫南, & 赵剑峰. 中欧跨境电商发展及物流通道建设研究, 2023. Modern Management, 13, 1501.

[268] 赵骏. "一带一路" 数字经济的发展图景与法治路径 [J]. 中国法律评论, 2021 (2): 43-54.

[269] 中国保险行业协会. 网络安全保险市场研究报告. 中国保险行业协会, 2023.

[270] 中国国际问题研究院 (中国). 中国—中东欧国家数字经济合作的现状与前景. Retrieved July 26, 2024, from https://www.ciis.org.cn/zdogjqqh-bzx/yjcg/202204/P020220415311399318832.pdf.

[271] 中国国际问题研究院 (中国); 外交事务与贸易研究所—IFAT (匈牙利). 中国—中东欧国家数字经济合作的现状与前景, 2023. Retrieved from 综合报告: http://www.e-ceec.org.cn/oss/showp?id=3a6e8be1-2c6f-4b53-86bb-0b786ac5463c.

[272] 中国国际问题研究院. 《中东欧地区形势报告》. 北京: 中国国际问题研究院, 2021.

[273] 中国教育报. 中国—中东欧国家高校联合会成立, 2014. Retrieved from http://www.moe.gov.cn/jyb_xwfb/gzdt_gzdt/moe_1485/201409/t20140923_175276.html.

[274] 中国经济网. 浅谈"一带一路"共建国家与中国开展银行业合作的双向推动, 2024. Retrieved July 26, 2024, from http: //finance. ce. cn/rolling/202403/25/t20240325_38946576. shtml.

[275] 中国科学院信息工程研究所. 区块链, 2024. Retrieved from https: //baike. baidu. com/item/% E5% 8C% BA% E5% 9D% 97% E9% 93% BE/13465666.

[276] 中国人民大学. 学院成为"中国—中东欧国家高校联合会经济学学科建设共同体"发起单位并参加成立仪式, 2017. Retrieved July 26, 2024, from http: //site. uibe. edu. cn/aspxNews/ViewNews. aspx? NewsID = 14599.

[277] 中国人民银行. 中国数字金融发展报告. 中国人民银行, 2022.

[278] 中国人民银行.《关于金融支持中国(上海)自由贸易试验区建设的意见》.

[279] 中国社会科学院.《中东欧国家数字经济发展报告》.

[280] 中国外交部."一带一路"合作文件汇编, 2021.

[281] 中国外交部.《中欧数字领域合作联合声明》.

[282] 中国一带一路网. 两会时间|科技部:"一带一路"科技创新行动计划取得四方面成果, 2019. Retrieved July 26, 2024, from https: //baijiahao. baidu. com/s? id = 1627709490667536399&wfr = spider&for = pc

[283] 中国证监会. 关于加强数字贸易企业监管的通知. 中国证监会, 2023.

[284] 中国—中东欧国家创新合作研究中心.(2023. 12a). < 20240103斯洛伐克亚创新资源调查报告 V2. 0. pdf > Retrieved from.

[285] 中国—中东欧国家创新合作研究中心.(2023. 12b). < 20240103斯洛文尼亚创新资源调查报告 V2. 0. pdf > Retrieved from.

[286] 中国—中东欧国家创新合作研究中心.(2023. 12c). < 20240106罗马尼亚创新资源调查报告 V2. 0. pdf > Retrieved from.

[287] 中国—中东欧国家创新合作研究中心.(2023. 12d). < 20240106塞尔维亚科创资源现状调查报告 V2. 0. pdf > Retrieved from.

[288] 中国—中东欧国家创新合作研究中心.(2023. 12e). < 20240106

匈牙利科创资源现状调查报告 V2.0. pdf > Retrieved from.

[289] 周进. 习近平总书记关于共建"一带一路"倡议重要论述研究 [J/OL]. 马克思主义研究, 2024 (2): 96 – 105 [2024 – 08 – 25]. http://kns.cnki.net/kcms/detail/11.3591.A.20240606.1525.048.html.

[290] 周铭山和范琳琳. 金融改革与技术创新协同推进的逻辑建构与实现机制. 东方论坛—青岛大学学报（社会科学版）, 2023 (6).

[291] 周芮帆, 洪祥骏, 林娴. 中国对外直接投资与"一带一路"数字经济创新 [J]. 山西财经大学学报, 2022, 44 (6): 70 – 83. DOI: 10.13781/j.cnki.1007 – 9556.2022.06.006.

[292] 周亭和王润珏. (2017). 融合与创新: "一带一路"软力量建设研究: BEIJING BOOK CO. INC.

[293] 周伟, 徐子璇, 赵骁弈, 江宏飞. 东道国数字化水平、多维距离对中国 OFDI 的影响 [J]. 统计与决策, 2023, 39 (21): 149 – 153. DOI: 10.13546/j.cnki.tjyjc.2023.21.027.

[294] 周小英. "一带一路"国家数字经济发展水平对我国文化产品出口的影响研究 [D]. 江西财经大学, 2023. DOI: 10.27175/d.cnki.gjxcu.2023.000054.

[295] 朱小梅, 汪天倩. "一带一路"倡议下货币合作与人民币国际化的实证分析 [J]. 江淮论坛, 2020 (5): 37 – 42.

[296] 朱晓中. 中国—中东欧合作: 特点与改进方向 [J]. 国际问题研究, 2017 (3): 41 – 50.

[297] 朱焱. "一带一路"沿线国家互联网建设对中国数字贸易出口影响分析 [D]. 辽宁大学, 2023. DOI: 10.27209/d.cnki.glniu.2023.001051.

[298] 驻立陶宛经商参处. 新热点: "17 + 1"金融科技协调中心在立陶宛正式成立, 2019. Retrieved July 26, 2024, from https://m.mofcom.gov.cn/article/i/dxfw/jlyd/202002/20200202934404.shtml.

[299] 邹统钎, 晨星, 刘柳杉, 谢朝武, 黄锐, 吴丽云, 郭祎. 中国"一带一路"旅游: 投资, 安全与旅游贸易调控. 旅游导刊, 2018, 2 (5): 73.

[300] ADB. (2022). ADB to Develop Prototype for Cross – Border Securities Transaction System Using Blockchain. Available at: https://www.adb.org/news/

adb‑develop‑prototype‑cross‑border‑securities‑transaction‑system‑using‑blockchain（accessed on 20 July 2024）.

[301] Aghion, P. & Howitt, P. A Model of Growth Through Creative Destruction. Econometrica, 1992, 60 (2): 323‑351.

[302] Ahmad, N., & Ribarsky, J. Towards a framework for measuring the digital economy. OECD, 2018. https://www.oecd.org/iaos2018/programme/IAOS‑OECD2018_Ahmad‑Ribarsky.pdf.

[303] Audretsch, D. B., Lehmann, E. E., & Wright, M. Technology transfer in a global economy. The Journal of Technology Transfer, 2014, 39 (3): 301‑312. https://doi.org/10.1007/s10961‑012‑9283‑6.

[304] Bank for International Settlements. Distributed ledger technology in payment, clearing and settlement. BIS Papers, 2017.

[305] Blind, K., & Mangelsdorf, A. Motives to standardize: Empirical evidence from Germany. Technovation, 2016: 48‑49, 13‑24.

[306] Caloghirou, Y., Ioannides, S., & Vonortas, N. S. Research joint ventures. Journal of Economic Surveys, 2004, 18 (4): 541‑570.

[307] Correa, C. M., & Viñuales, J. E. Intellectual property rights as protected investments: How open are the gates? Journal of International Economic Law, 2016, 19 (1): 91‑120.

[308] Czech National Bank. (2021). Financial Stability Report 2020/2021.

[309] https://www.cnb.cz/export/sites/cnb/en/financial‑stability/galleries/fs_reports/fsr_2020‑2021/fsr_2020‑2021.pdf.

[310] Dhar Dwivedi A, Singh R, Kaushik K, et al. Blockchain and artificial intelligence for 5G‑enabled Internet of Things: Challenges, opportunities, and solutions [J]. Transactions on Emerging Telecommunications Technologies, 2024, 35 (4): e4329.

[311] Elia, G., Margherita, A., & Passiante, G. Digital entrepreneurship ecosystem: How digital technologies and collective intelligence are reshaping the entrepreneurial process. Technological Forecasting and Social Change, 2021,

150, 119791.

[312] Etzkowitz, H. , & Leydesdorff, L. The dynamics of innovation: from National Systems and "Mode 2" to a Triple Helix of university – industry – government relations. Research Policy, 2000, 29 (2): 109 – 123.

[313] European Commission. (2022). Digital Economy and Society Index 2022. Available at: https://digital – strategy. ec. europa. eu/en/policies/desi (accessed on 20 July 2024).

[314] Fan J, He L. The impacts of digital transformation on firm performance in China: the moderating role of supply chain concentration. International Journal of Logistics Research and Applications, 2023: 1 – 20.

[315] Fan J, Hua X, Wang M, et al. Female venture capitalists on boards and firm innovation in China [J]. The European Journal of Finance, 2024, 30 (10): 1049 – 1072.

[316] Fan, J. , Hua, X. , Wang, M. , & Wang, Y. Female venture capitalists on boards and firm innovation in China. The European Journal of Finance, 2023, 30 (10): 1049 – 1072. https://doi. org/10. 1080/1351847X. 2023. 2264930.

[317] Financial Conduct Authority. The impact of the FCA's regulatory approachto crowdfunding, 2014.

[318] Financial Stability Board. FinTech and market structure in financial services. FSB Report, 2019.

[319] Fuchs, A. China's New Silk Road: A Win – Win Proposition? What It Means for China, Central Asia, and Europe. Journal of Eurasian Studies, 2016, 7 (2): 84 – 93.

[320] Fuster, A. , Goldsmith – Pinkham, P. , Ramadorai, T. , & Walther, A. Predictably Unequal? The Effects of Machine Learning on Credit Markets. The Journal of Finance, 2022, 77 (1): 5 – 47.

[321] G20 & UNCTAD. Digital Economy Report 2022. United Nations Conference on Trade and Development, 2022.

[322] Gomber, P. , Kauffman, R. J. , Parker, C. , & Weber, B. W. On

the fintech revolution: Interpreting the forces of innovation, disruption, and transformation in financial services. Journal of Management Information Systems, 2018, 35 (1): 220 - 265.

[323] Gompers, P., & Lerner, J. The Venture Capital Cycle. MIT Press, 2001.

[324] Gong, G., & Xu, J. The Belt and Road Initiative: Seeking Mutual Benefits and Synergistic Development. China Quarterly, 2017, 230: 428 - 445.

[325] Gryniuk, Olena. PKO Bank Polski uses artificial intelligence to manage credit risk, 2024. Available at: https://smebanking.club/pko - bank - polski - uses - artificial - intelligence - to - manage - credit - risk/ (accessed on 20 July 2024).

[326] GSMA. State of the Industry Report on Mobile Money 2022. GSMA Intelligence, 2022.

[327] Gu, J., Zhang, C., Vaz, A., & Mukwereza, L. Chinese state capitalism? Rethinking the role of the state and business in Chinese development cooperation in Africa. World Development, 2020, 81: 24 - 34.

[328] Hall, B. H., & Lerner, J. The Financing of R&D and Innovation. Handbook of the Economics of Innovation, 2010, 1: 609 - 639.

[329] IMF. World Economic Outlook. International Monetary Fund, 2021.

[330] International Monetary Fund. The rise of digital money. IMF Staff Discussion Note, 2019.

[331] Jorgenson, D. W., & Vu, K. M. Information Technology and the World Economy. Journal of Economic Perspectives, 2018, 32 (4): 3 - 28.

[332] Kliber, A., Będowska - Sójka, B., Rutkowska, A., & wierczyńska, K. Triggers and Obstacles to the Development of the FinTech Sector in Poland. Risks, 2021, 9 (2): 30.

[333] Klimburg - Witjes, N., & Wentland, A. Hacking Humans? Social Engineering and the Construction of the "Deficient User" in Cybersecurity Discourses. Science, Technology, & Human Values, 2021, 46 (6): 1316 - 1339.

[334] Kotka, T., Vargas, C. I., & Korjus, K. Estonian e - Residency:

Redefining the Nation – State in the Digital Era. University of Oxford, Oxford Internet Institute, 2015.

[335] KPMG. Could blockchain be the foundation of a viable KYC utility? 2018, Available at: https://assets.kpmg/content/dam/kpmg/xx/pdf/2018/03/kpmg-blockchain-kyc-utility.pdf (accessed on 20 July 2024).

[336] KPMG. (2023). The Pulse of Fintech 2023. KPMG International.

[337] Lee, S. M., & Trimi, S. (2018). Innovation for creating a smart future. Journal of Innovation & Knowledge, 3(1), 1–8. https://doi.org/10.1016/j.jik.2016.11.001.

[338] Lin Z, Yao N, Yu C. Urban Metro Systems: Configurational Analysis of Antecedent Conditions Influencing High Metro Ridership. Journal of Urban Planning and Development, 2024, 150(4): 04024030.

[339] Liu, H., & Li, X. (2019). Challenges and Opportunities of the Belt and Road Initiative: Insights from Chinese Enterprises' Overseas Investment Experience. Journal of Asian Business and Economic Studies, 26(1): 1–22.

[340] Liu, Y., Lee, J. M., & Lee, C. (2020). The challenges and opportunities of a global health crisis: the management and business implications of COVID-19 from an Asian perspective. Asian Business & Management, 19: 277–297.

[341] Liu, Y., Zhang, C., & Jing, R. (2019). Coping with multiple institutional logics: Temporal process of institutional work during the emergence of the one foundation in China. Management and Organization Review, 15(1): 109–140.

[342] McKinsey & Company. (2021). The future of payments in the Middle East. McKinsey & Company Financial Services Practice.

[343] Moody's Analytics. (n.d.). Maximize efficiency: How automation can improve your loan origination process. Moody's. Available at: https://www.moodys.com/web/en/us/insights/lending/maximize-efficiency-how-automation-can-improve-your-loan-origination-process.html (accessed on 20 July 2024).

[344] Onorato, G., Pampurini, F., & Quaranta, A. G. (2024). Lending activity efficiency. A comparison between fintech firms and the banking sec-

tor. Research in International Business and Finance, 68, 102185.

[345] Ozili, P. K. (2018). Impact of digital finance on financial inclusion and stability. Borsa Istanbul Review, 18 (4): 329 – 340.

[346] Peipei Qi, Can Xu and Qi Wang, What Determines the Digital Transformation of SRDI Enterprises? —A Study of the TOEF ramework – Based Configuration [J]. Sustainability, 2023, 15, 13607.

[347] Peipei Qi, Dandan Sun, Can Xu, Qiang Li, Qi Wang. Can Data Elements Promote the High – Quality Development of China's Economy? Sustainability, 2023, 15: 7287.

[348] Porter, M. E. (1980). Competitive Strategy: Techniques for Analyzing Industries and Competitors. Free Press.

[349] Rijanto, A. (2021). Blockchain technology adoption in supply chain finance. Journal of Theoretical and Applied Electronic Commerce Research, 16 (7): 3078 – 3098.

[350] Romer, P. M. (1986). Increasing Returns and Long – Run Growth. Journal of Political Economy, 94 (5): 1002 – 1037.

[351] Saxenian, A. (2005). From brain drain to brain circulation: Transnational communities and regional upgrading in India and China. Studies in Comparative International Development, 40 (2): 35 – 61.

[352] Schumpeter, J. A. (1934). The Theory of Economic Development: An Inquiry into Profits, Capital, Credit, Interest, and the Business Cycle. Transaction Publishers.

[353] Smith, A., & Petrov, V. (2020). Digital Economy Cooperation between China and Central and Eastern Europe: Opportunities and Challenges. China and World Economy, 28 (1): 106 – 126.

[354] Solow, R. M. (1956). A Contribution to the Theory of Economic Growth. Quarterly Journal of Economics, 70 (1): 65 – 94.

[355] Son, H. (2017). JPMorgan software does in seconds what took lawyers 360, 000 hours. Bloomberg. Available at: https://www.bloomberg.com/

news/articles/2017 - 02 - 28/jpmorgan - marshals - an - army - of - developers - to - automate - high - finance (accessed on 20 July 2024).

[356] Trivedi, Sonal, Kiran Mehta, and Renuka Sharma. (2021). Systematic Literature Review on Application of Blockchain Technology in E - Finance and Financial Services. Journal of technology management & innovation, 16 (3): 89 - 102.

[357] UNCTAD. (2020). Digital Economy Report 2020. United Nations Conference on Trade and Development.

[358] Varga, D. (2017). Fintech, the new era of financial services. Vezetéstudomány - Budapest Management Review, 48 (11): 22 - 32.

[359] Vătămănescu, E. M., Andrei, A. G., Dumitriu, D. L., & Leovaridis, C. (2019). Harnessing network - based intellectual capital in online academic networks. From the organizational policies and practices towards competitiveness. Journal of Knowledge Management, 23 (10): 2090 - 2118.

[360] Wang B. Ambiguity aversionand amplification of financial crisis. Journal of Banking & Finance, 2022, 142: 106559.

[361] Wang B, Zhou Z. Informational feedback between voting and speculative trading [J]. Games and Economic Behavior, 2023, 138: 387 - 406.

[362] Wang, S., & Noe, R. A. (2010). Knowledge sharing: A review and directions for future research. Human Resource Management Review, 20 (2): 115 - 131.

[363] Wang, Y. (2015). The Belt and Road Initiative: China's New Grand Strategy? Journal of Contemporary China, 24 (94): 653 - 668.

[364] Wang, Z., &Li, J. (2021). Digital Silk Road: China's Digital Diplomacy and Cooperation with Central and Eastern Europe. Telecommunications Policy Research Journal, 48 (3): 221 - 239.

[365] Yakovleva, S., & Irion, K. (2020). Pitching trade against privacy: reconciling EU governance of personal data flows with external trade. International Data Privacy Law, 10 (3).

[366] Yao N, Fabus M, Hu L, et al. Optimizing Digital Trade Ecology and Enabling the Integration of Two Industries.

[367] Yao N, Fabus M, Hu L, et al. Resource efficiency and economicsustainability in APEC: Assessing the financial sector's role. Resources Policy, 2023, 85: 103963.

[368] Yao N, Xu C. The Research on the Dynamic Mechanism and Mode of the Integration of Rural Primary, Secondary and Tertiary Industries. 2021.

[369] Yu, Y., Wang, X., Zhong, R. Y., & Huang, G. Q. (2017). E-commerce logistics in supply chain management: Implementations and future perspective in furniture industry. Industrial Management & Data Systems, 117 (10): 2263-2286.

[370] Zachariadis, M., & Ozcan, P. (2017). The API economy and digital transformation in financial services: The case of open banking. SWIFT Institute Working Paper No. 2016-001.

[371] Zhang, F., Wei, L., Sun, H., & Tung, L. C. (2021). How entrepreneurial learning impacts one's intention towards entrepreneurship: A planned behavior approach. Chinese Management Studies, 15 (3): 495-524.

[372] Zhang, Y., & Ding, S. (2018). The Belt and Road Initiative and China's New Opening-Up. China Economic Review, 29 (4): 675-693.

[373] Zhao, X., & Chen, W. (2022). Digital Economy Cooperation between China and Central and Eastern Europe: Progress, Challenges, and Prospects. Asia Pacific Journal of Management, 39 (1): 275-298.

[374] Zhou M, Chen F, Chen Z. Can CEO education promote environmental innovation: Evidence from Chinese enterprises. Journal of Cleaner Production, 2021, 297: 126725.

附　录

附录1　2011~2022年"一带一路"共建国家GDP金额

单位：百万美元

序号	国家	2011年	2012年	2013年	2014年	2015年	2016年	2017年	2018年	2019年	2020年	2021年	2022年
1	阿尔巴尼亚	12890.76	12319.83	12776.22	13228.15	11386.85	11861.2	13019.69	15156.42	15401.83	15162.73	17930.57	18882.1
2	阿富汗	17805.11	19907.32	20564.49	20550.58	19998.16	18019.56	18896.35	18418.86	18904.5	20143.45	14583.14	—
3	阿拉伯联合酋长国	350666.06	374590.66	400218.53	414105.37	370275.47	369255.33	390516.8	427049.43	417989.72	349473.02	415021.59	507534.92
4	阿曼	77497.53	87408.84	89936.02	92699.09	78710.79	75128.74	80856.7	91505.85	88060.86	75909.4	88191.98	114667.36
5	阿塞拜疆	65951.63	69683.94	74164.44	75244.29	53074.37	37867.52	40865.56	47112.48	48174.24	42693	54825.41	78721.06
6	埃及	235989.67	279116.67	288434.11	305595.41	329366.58	332441.72	235733.7	262588.63	318678.82	383817.84	424671.77	476747.72
7	爱沙尼亚	23213.99	23019.15	25115.75	26634.08	22890.76	24072.83	26924.39	30624.72	31081.9	31370.4	37191.17	38100.81
8	巴基斯坦	213587.41	224383.62	231218.57	244360.89	270556.13	313629.86	339205.62	356128.17	320909.47	300425.61	348262.54	376532.75
9	巴勒斯坦	11186.1	12208.4	13515.5	13989.7	13972.4	15405.4	16128	16276.6	17133.5	15531.7	18109	19111.9
10	巴林	28776.6	30749.31	32539.47	33387.71	31050.64	32234.97	35473.78	37802.01	38653.32	34621.81	39303.4	44390.82
11	保加利亚	57678.24	54300.86	55810.14	57082.01	50782	53953.9	59199.45	66399.6	68911.93	70404.36	84061.4	89040.4
12	北马其顿	10494.63	9745.25	10817.71	11362.27	10064.52	10672.47	11307.06	12683.07	12606.34	12363.58	13825.05	13563.13
13	波黑	18644.72	17221.19	18178.5	18558.34	16211.54	16913.33	18080.12	20484.05	20482.6	20226.03	23649.57	24527.51
14	波兰	528301.27	498523.57	515764.73	539087.65	477111.29	470022.57	524645.83	588779.85	596058.47	599442.78	679441.9	688176.61
15	东帝汶	1042.41	1160.39	1395.52	1447.31	1594.45	1650.62	1595.72	1563.89	2028.55	2158.39	3621.22	3163.32
16	俄罗斯	2045925.61	2208295.77	2292473.25	2059241.97	1363481.06	1276786.98	1574199.39	1657328.76	1693114.99	1493075.89	1836892.08	2240422.44
17	菲律宾	234216.93	261920.51	283902.73	297483.25	306446.14	318626.76	328480.87	346841.9	376823.4	361751.15	394087.36	404284.33
18	格鲁吉亚	15107.44	16488.4	17189.55	17627	14953.95	15141.76	16242.92	17596.92	17470.44	15842.92	18629.37	24605.38
19	哈萨克斯坦	192626.51	207998.57	236634.55	221415.57	184388.43	137278.32	166805.8	179339.98	181667.19	171082.37	197112.26	220623
20	黑山	4544.52	4087.73	4466.04	4594.02	4054.71	4377.03	4856.63	5506.94	5542.05	4770	5861.43	6095.98

续表

序号	国家	2011年	2012年	2013年	2014年	2015年	2016年	2017年	2018年	2019年	2020年	2021年	2022年
21	吉尔吉斯斯坦	6197.77	6605.14	7335.03	7468.1	6678.18	6813.09	7702.93	8271.11	8871.02	7780.87	8740.68	10930.64
22	柬埔寨	12829.54	14054.44	15227.99	16702.61	18049.95	20016.75	22177.2	24571.75	27089.39	25872.8	26961.06	29956.77
23	捷克	229562.73	208857.72	211685.62	209358.83	188033.05	196272.07	218628.94	249000.54	252548.18	245974.56	281791.22	290923.53
24	卡塔尔	167775.27	186833.5	198727.64	206224.6	161739.96	151732.18	161099.12	183334.95	176371.27	144411.36	179677.13	237295.58
25	科威特	154068.12	174070.38	174161.14	162631.41	114567.3	109419.73	120707.44	138202.31	136191.75	105948.77	136797.42	184558.27
26	克罗地亚	63169.91	57192.35	59032.07	58423.98	50242.78	52397.49	56323.84	61330.48	61329.27	57624.94	68843.67	70964.61
27	拉脱维亚	27474.38	28169.9	30204.78	31386.9	27263.09	28083.6	30483.81	34429.02	34343.96	34601.74	39725.38	41153.91
28	老挝	8750.11	10192.85	11983.25	13279.25	14426.38	15912.5	17071.16	18141.65	18740.56	18981.8	18827.15	15724.38
29	黎巴嫩	39927.13	44016.8	46880.1	48095.21	49929.34	51147.31	53027.68	54901.52	51605.96	31712.13	23131.94	—
30	立陶宛	43535.05	42927.45	46523.42	48533.66	41435.53	43047.31	47758.74	53751.41	54760.62	56914.83	66414.99	70334.3
31	罗马尼亚	183326.74	170635.81	189790.23	199712.29	177882.42	185286.85	210146.75	243316.05	251017.8	251362.53	285404.68	301261.58
32	马尔代夫	2774.35	2886.17	3295.01	3697.35	4109.42	4379.14	4754.18	5300.95	5609.39	3746.33	5405.56	6189.87
33	马来西亚	297951.96	314443.15	323277.16	338061.96	301354.76	301255.45	319112.18	358788.83	365177.74	337339.46	372981.07	406305.92
34	蒙古国	10409.8	12292.77	12582.12	12226.51	11619.89	11181.35	11480.85	13178.09	14206.36	13312.98	15286.44	16810.88
35	孟加拉国	128637.94	133555.75	149990.45	172885.45	195078.68	265236.25	293754.65	321379.16	351238.4	373902.2	416264.8	460201
36	缅甸	54118.6	58318.68	60572.26	63264.89	63045.31	60291.74	61449.39	67144.73	68697.76	78930.26	65124.77	59364.36
37	摩尔多瓦	8414.35	8709.14	9496.72	9510.2	7745.24	8071.47	9669.74	11253.73	11735.77	11531.97	13692.23	14420.95
38	尼泊尔	21573.86	21703.11	22162.21	22731.6	24360.8	24524.1	28971.59	33111.53	34186.18	33433.66	36924.84	40828.25
39	塞尔维亚	49258.14	43309.25	48394.24	47062.21	39655.96	40692.64	44179.06	50640.66	51514.24	53356.48	63082.02	63501.75
40	沙特阿拉伯	671238.84	735974.84	746647.13	756350.35	654269.74	644935.68	688586.09	846583.79	838564.71	734271.18	868585.87	1108148.98
41	斯里兰卡	65292.75	68434.41	77000.6	82528.53	85140.96	88012.26	94376.25	94493.87	89014.98	84440.54	88496.54	74403.54
42	斯洛伐克	99492.92	94253.18	98935.22	101437.05	88900.88	89952.7	95649.97	106137.92	105710.05	106728.92	118656.59	115468.8
43	斯洛文尼亚	51583.87	46577.79	48415.66	49997.19	43107.51	44766.72	48589.1	54177.88	54331.59	53706.8	61748.59	62117.77

续表

序号	国家	2011年	2012年	2013年	2014年	2015年	2016年	2017年	2018年	2019年	2020年	2021年	2022年
44	塔吉克斯坦	6522.73	7633.05	8448.47	9112.54	8271.45	6992.39	7536.44	7765	8300.81	8133.96	8937.81	10492.12
45	泰国	370819.14	397558.22	420333.2	407339.45	401296.44	413366.15	456356.96	506754.21	543976.7	500457.26	505568.06	495340.59
46	土耳其	838762.76	880556.38	957783.02	938952.63	864316.67	869692.96	858996.26	778476.71	759934.8	720288.81	819034.48	905987.82
47	土库曼斯坦	29233.33	35164.21	39197.54	43524.21	35799.71	36169.43	37926.29	40765.43	44220.29	45610.57	—	—
48	文莱	18525.32	19047.94	18093.83	17098.34	12930.39	11400.85	12128.1	13567.16	13469.24	12005.8	14006.5	16681.53
49	乌克兰	169333.05	182592.42	190498.81	133503.41	91030.96	93355.99	112090.53	130891.09	153883.05	156617.72	199765.86	160502.74
50	乌兹别克斯坦	60178.91	67517.35	73180.04	80845.38	86196.27	86138.29	62081.32	52870.11	60283.5	60224.7	69600.61	80391.85
51	新加坡	279351.17	295087.22	307576.36	314851.16	308004.15	318832.43	343193.35	376869.59	376837.49	348392.17	423797	466788.54
52	匈牙利	141999.96	128857.37	135684.32	141033.84	125174.17	128609.82	143112.2	160565.64	164020.46	157227.09	182275.44	178788.57
53	叙利亚	73616.69	44117.8	21361.25	21502.06	16468.4	12598.74	16369.72	21496.34	22600.9	11159.27	—	—
54	亚美尼亚	10142.11	10619.32	11121.47	11609.51	10553.34	10546.14	11527.46	12457.94	13619.29	12641.7	13861.41	19502.78
55	也门	32726.42	35401.34	40415.23	43228.59	42444.5	31317.83	26842.23	21606.16	21887.61	18840.51	21061.69	—
56	伊拉克	185749.66	218002.48	234637.68	228415.66	166774.11	166602.49	187217.66	227367.47	233636.1	180924.09	207691.6	264182.17
57	伊朗	626133.11	644035.51	492775.57	460382.79	408212.92	457954.61	486630.15	327900.7	283649.53	239735.49	359096.91	385544.47
58	印度尼西亚	892969.11	917869.91	912524.14	890814.76	860854.24	931877.36	1015618.74	1042271.53	1119099.87	1059054.84	1186505.46	1319100.22
59	越南	172595.96	195592.47	213708.83	233451.48	239258.34	257096	281353.63	310106.47	334365.26	346615.75	366137.59	408802.38

数据来源：世界银行。

附录 2　2011～2022 年中国对"一带一路"共建国家出口贸易金额

单位：万美元

序号	国家（中文）	2011 年	2012 年	2013 年	2014 年	2015 年	2016 年	2017 年	2018 年	2019 年	2020 年	2021 年
1	阿尔巴尼亚	28148.2764	34390.5	32459.6	37826.975	43019.4	50672	45403.4	53990.5	60109.3182	57122.6053	59166
2	阿富汗	23000.9966	46404.9	32825.9	39355.9251	36182	43129.3	54120.6	66759	59979.9484	50068.0466	47445
3	阿拉伯联合酋长国	2681284.9085	2956832.1	3341129.5	3903450.7149	3702016.4	3007252.6	2872396.5	2965124.8	3341289.4763	3231034.727	4375166
4	阿曼	99817.6839	181157.6	190084.4	206538.0888	211639.3	214809	231645.3	286461.1	302094.4207	307646.7706	356515
5	阿塞拜疆	89261.8568	106982.8	86856.8	64525.2818	43914.5	34600.2	38697.1	51592.8	61639.1737	61787.0102	99488
6	埃及	728323.7864	822399.2	836267.5	1046050.9601	1195857.7	1043728.1	948564.3	1198720.6	1220070.5391	1362784.2904	1826461
7	爱沙尼亚	113085.4729	123354.2	110982	114609.7776	95328.8	96417.4	100635.2	103150.7	92232.4808	86388.0707	100991
8	巴基斯坦	843970.716	927539.3	1101959.6	1324448.1938	1644188.8	1723446.4	1825078.9	1693331.7	1616692.1086	1535767.0905	2424040
9	巴勒斯坦	4781.539	4067.4	9067.7	7550.6718	6924.5	5930.9	6905.8	7336.1	8214.4356	10045.5872	12801
10	巴林	88001.1827	120278.1	123892.9	123178.1672	101184.6	79079.8	90251.9	113552.2	148414.6634	112025.6313	138083
11	保加利亚	100561.5637	105457.4	111698.4	117806.2014	104325.9	105653.6	116904.7	144025.3	155478.7822	154708.9088	231221
12	北马其顿	9181.0658	8875	6347.6	7666.3641	8653.2	9013.8	7804.1	10574.4	13482.702	15679.4594	22428
13	波黑	4143.4916	4671.2	9132.8	28398.4316	5997.8	6413.2	7881.7	10971.8	11516.4881	12010.1901	13695
14	波兰	1093954.8803	1238645.7	1257487.5	1425679.8574	1434487.2	1510001.9	1787305	2087621.2	2388010.7357	2673074.9062	3657787
15	东帝汶	7043.2762	6247.4	4738.6	6034.1649	10453	16431.6	13259.7	13239	14294.8758	19127.526	26043
16	俄罗斯	3890351.5146	4405595.6	4959117.2	5367694.4136	3475687.7	3735576.7	4283060	4796527.3	4974848.651	5050446.6205	6755117
17	菲律宾	1425538.1704	1673133.3	1986812.5	2347357.7223	2667079.1	2984266.6	3206593.2	3503664.2	4076385.1931	4188170.9679	5728534
18	格鲁吉亚	76106.9088	74015.8	86209.2	90867.6	76867.5	74543.7	91261.9	109554	140174.8362	127568.9684	102887
19	哈萨克斯坦	956652.9533	1100072.8	1254512.4	1270984.9378	844124.1	829258.9	1156444.3	1135152.8	1272910.0679	1170313.413	1395926
20	黑山	8998.1869	14576.1	8638.3	15706.6329	13414.7	10835	13245.6	17809.7	11381.8914	11316.1054	9613
21	吉尔吉斯斯坦	487828.866	507336.7	507534.6	524251.9736	428212.3	560545.5	533680.8	555679.3	628051.9944	286536.5575	747400
22	柬埔寨	231481.0078	270811	340950.7	327473.7955	376339.1	393015.5	478319.8	600752.3	798153.0879	805448.9807	1156509

续表

序号	国家（中文）	2011 年	2012 年	2013 年	2014 年	2015 年	2016 年	2017 年	2018 年	2019 年	2020 年	2021 年
23	捷克	766940.713	632304.4	683779.5	799289.9362	822613.2	806174.9	879297	1190958.3	1297304.2719	1373768.8449	1510814
24	卡塔尔	119875.7273	120509.9	171090.8	225401.1137	227564.1	151636.5	168233	248241.4	240967.8189	263116.5843	396068
25	科威特	212841.4638	208918.4	267550.9	342872.4738	377267.1	300178.5	311277.4	331264.8	383631.9571	354783.0947	436847
26	克罗地亚	154092.8563	129983	138994.3	102732.5028	98556.2	101723.9	115964.1	132716.2	139682.1033	156674.1362	197692
27	拉脱维亚	119294.6688	131270.9	137426.7	131669.9354	102250.6	106272.4	114824.2	116608.8	109358.5683	105233.709	114636
28	老挝	47626.9903	93414.3	172257.7	183947.508	122575.8	98709.8	141935.1	145399.5	176245.3821	149127.7597	166677
29	黎巴嫩	145839.3031	169193.9	249083.1	260486.0826	228553	210061.4	201061.1	196928.4	167959.9486	94562.4534	150869
30	立陶宛	133510.1769	163042.5	168617.8	165829.0764	121090.3	129167	160027.4	176295.5	169764.4892	180760.5465	219579
31	罗马尼亚	345377.5011	279717.8	282253.7	322317.7591	316224	344871.5	377796	450710.6	457343.8493	512640.4412	670829
32	马尔代夫	9712.2449	7648.8	9741.4	10399.0109	17264.8	32094	29562.6	39617.3	34798.5885	27569.9683	40689
33	马来西亚	2788598.4786	3652528.2	4593059.1	4635338.7874	4398038.1	3767177.5	4171227.7	4537598.7	5214178.1876	5630131.4831	7865488
34	蒙古国	273164.1566	265350.4	244959.2	221638.1986	157070.1	98863.7	123561.2	164488.9	182658.9978	161807.2894	223306
35	孟加拉国	781057.1737	796991.3	970508.7	1178227.2267	1389470.8	1430222.8	1516902.1	1775305.9	1732328.6473	1507569.6909	2409441
36	缅甸	482149.7462	567371.2	733868.9	936764.6907	965091.1	818868.1	894846.4	1054777.1	1231099.2449	1254752.2172	1052395
37	摩尔多瓦	9749.0563	12394.2	11262.9	11520.4983	9995.5	7681.2	9791.6	10869.5	12931.2171	14579.9105	17881
38	尼泊尔	118122.5863	196816.4	221088.7	228357.9293	83270.5	86626.9	96695.5	107736.8	148247.7643	116747.7765	194992
39	塞尔维亚	39635.3094	41287.6	43191.2	42456.3062	41509.7	43224.2	54563.9	72830.1	103296.7143	162434.0156	224216
40	沙特阿拉伯	1484970.7392	1845234.7	1873981.4	2057524.1927	2161292.8	1865528.1	1837500.8	1742803.6	2387650.5592	2809529.4391	3032124
41	斯里兰卡	298872.4221	300109.2	343654.9	379279.7469	430404.5	428832.9	408799.6	425504.9	409060.6391	384272.8983	525443
42	斯洛伐克	251259.9983	242303.2	308443.7	282849.5793	279446.8	286234	272947.9	253585	292382.4153	303154.6137	454531
43	斯洛文尼亚	167537.1443	156664.1	183281.2	199194.1939	209173.5	227025.8	288693	442423.4	341152.3282	345219.4297	536313
44	塔吉克斯坦	196677.7606	174787	186936.4	246823.634	179538.8	172509.7	130137.5	142908.2	159006.7934	101684.2189	168315
45	泰国	2569475.438	3119620.4	3271790.4	3428922.7963	3829080.4	3719508.4	3854172.7	4287871.7	4558483.8927	5051423.9522	6935458

续表

序号	国家（中文）	2011年	2012年	2013年	2014年	2015年	2016年	2017年	2018年	2019年	2020年	2021年
46	土耳其	1561357.4672	1558456.2	1774699.1	1930545.761	1860784.1	1668951.1	1812150.8	1778859.5	1732370.4712	2034648.2012	2915179
47	土库曼斯坦	78416.2543	169911.7	113764.4	95428.1603	81546.9	33847.9	36811.7	31692.5	43085.3257	44348.8588	51297
48	文莱	74439.3812	125243.8	170377.6	174681.4598	140740.9	51102.6	63759.3	159194.8	64986.5127	46622.4286	63906
49	乌克兰	714707.5079	732326.8	784922.5	510622.8655	351571.3	422022.9	504064.5	701850.2	739957.4556	687801.0393	940443
50	乌兹别克斯坦	135924.244	178333.9	261335.5	267821.3964	222876.1	200755.1	274942.3	394473.1	503208.8425	513871.6239	588165
51	新加坡	3557013.4961	4074187.2	4583186.5	4891117.4763	5194244	4451166.7	4501930	4903662.5	5479848.8296	5762612.1928	5510346
52	匈牙利	680602.156	573797.3	569228	576416.5984	519745.2	542516.5	604934.5	654021.4	647285.5061	740372.17	1014163
53	叙利亚	242024.1006	118944.4	69015.2	98437.0587	102257.3	91534.6	110281.4	127277.2	131380.7451	83352.1413	48235
54	亚美尼亚	13572.2781	11320.4	11985	12280.9063	11240	11119.4	14385.2	21318.4	22309.3382	22279.3564	33098
55	也门	110428.1308	195509.9	213881.7	220131.409	142996.8	169240.7	164303.8	187460.8	281902.8984	288133.6396	257011
56	伊拉克	382465.1342	491182	689408.8	774384.1287	790922.9	754817.6	833041.5	790332.4	946132.2795	1092298.1278	1068987
57	伊朗	1476209.0994	1159745	1403664.5	2433848.649	1777010.7	1641866.1	1858481.5	1393973.3	958998.6041	849183.7762	827822
58	印度尼西亚	2921723.7461	3428337.5	3693048.7	3905960.5524	3434196.5	3212612.7	3475738.5	4319140.5	4564873.7002	4098122.5324	6064749
59	越南	2909014.1613	3420811.4	4858629.8	6373001.4143	6601702	6110412.8	7161724.8	8387668.8	9786886.2174	11381565.6726	13789507

数据来源：国家统计局。

附录 3　中东欧科学与技术相关数据

截止日期_End_Dt	国家代码_Country_Name	收入分类_Income Group	知识产权使用费，支付（国际收支平衡）（现价美元）_SCITECH_DET_001	知识产权使用费，接收（国际收支平衡）（现价美元）_SCITECH_DET_002	研发支出（占GDP的百分比）（%）_SCITECH_DET_003	科技期刊文章_SCITECH_DET_004	专利申请，非居民_SCITECH_DET_005	专利申请，居民_SCITECH_DET_006	R&D研究人员（每百万人）_SCITECH_DET_007	每100万人中研发技术人员的数量_SCITECH_DET_008	高科技出口（现价美元）_SCITECH_DET_009	高科技出口（占制成品出口的百分比）（%）_SCITECH_DET_010
2012-12-31	Estonia	高收入国家	61274606.29	19307727	2.1248	1501.17	5	20	3462.9248	708.9095	2356378964	20.5674
2013-12-31	Estonia	高收入国家	49014653.79	10079195.93	1.7241	1463.31	17	25	3341.0105	802.0851	2546304397	20.6759
2014-12-31	Estonia	高收入国家	61551392.44	12772797.44	1.4302	1690.56	6	44	3284.2632	676.1495	2708974331	23.6519
2015-12-31	Estonia	高收入国家	43591116.46	11896638.93	1.4675	1578.23	6	30	3183.2437	675.1183	2052941145	22.7095
2016-12-31	Estonia	高收入国家	51669819.03	11485129.1	1.2431	1555.17	1	29	3295.0757	710.2111	2105999082	21.8883
2017-12-31	Estonia	高收入国家	62014803.52	20217819.26	1.2768	1559	4	37	3542.5461	654.8481	1843541921	17.9345
2018-12-31	Estonia	高收入国家	66881559.96	16138594.75	1.4162	1414.72	6	24	3755.3291		1907601625	18.1715
2019-12-31	Estonia	高收入国家	63213681.88	19406590.93	1.6334		1	31	3767.9685		1734953949	16.9369
2020-12-31	Estonia	高收入国家	56938618.96	20544520.44	1.7925		2	21	3846.1104		2169210605	19.0348

续表

截止日期_End Dt	国家代码_Country_Name	收入分类_Income Group	知识产权使用费,支付(国际收支平衡)(现价美元)_SCITECH_DET_001	知识产权使用费,接收(国际收支平衡)(现价美元)_SCITECH_DET_002	研发支出(占GDP的百分比)(%)_SCITECH_DET_003	科技期刊文章_SCITECH_DET_004	专利申请,非居民_SCITECH_DET_005	专利申请,居民_SCITECH_DET_006	R&D研究人员(每百万人)_SCITECH_DET_007	每100万人中研发技术人员的数量_SCITECH_DET_008	高科技出口(现价美元)_SCITECH_DET_009	高科技出口(占制成品出口的百分比)(%)_SCITECH_DET_010
2021-12-31	Estonia	高收入国家	78261754.95	368177426.3							2680431401	19.3548

截止日期_End Dt	国家代码_Country_Name	收入分类_Income Group	知识产权使用费,支付(国际收支平衡)(现价美元)_SCITECH_DET_001	知识产权使用费,接收(国际收支平衡)(现价美元)_SCITECH_DET_002	研发支出(占GDP的百分比)(%)_SCITECH_DET_003	科技期刊文章_SCITECH_DET_004	专利申请,非居民_SCITECH_DET_005	专利申请,居民_SCITECH_DET_006	R&D研究人员(每百万人)_SCITECH_DET_007	每100万人中研发技术人员的数量_SCITECH_DET_008	高科技出口(现价美元)_SCITECH_DET_009	高科技出口(占制成品出口的百分比)(%)_SCITECH_DET_010
2012-12-31	Bosnia and Herzegovina	中高等收入国家	9082194.357	13158734.52	0.2653	540.99	14	2	160.1399	39.6674	80755223	2.6178
2013-12-31	Bosnia and Herzegovina	中高等收入国家	7514459.638	17531852.25	0.3213	486	22	7	233.8674	40.761	82099573	2.4045
2014-12-31	Bosnia and Herzegovina	中高等收入国家	6923384.87	13375078.41	0.2573	482.98	2	41	292.3806	52.1236	93751572	2.4952
2015-12-31	Bosnia and Herzegovina	中高等收入国家	9975386.655	12892952.71	0.2186	568.22		60	365.2284	66.0765	98638473	2.9638
2016-12-31	Bosnia and Herzegovina	中高等收入国家	7831871.701	13046125.12	0.2159	568.38	6		419.9906	63.728	96206577	2.7344

续表

截止日期_End Dt	国家代码_Country_Name	收入分类_Income Group	知识产权使用费，支付（国际收支平衡，现价美元）_SCITECH_DET_001	知识产权使用费，接收（国际收支平衡，现价美元）_SCITECH_DET_002	研发支出（占GDP的百分比）（%）_SCITECH_DET_003	科技期刊文章_SCITECH_DET_004	专利申请，非居民_SCITECH_DET_005	专利申请量，居民_SCITECH_DET_006	R&D研究人员（每百万人）_SCITECH_DET_007	每100万人中研发技术人员的数量_SCITECH_DET_008	高科技出口（现价美元）_SCITECH_DET_009	高科技出口（占制成品出口的百分比）（%）_SCITECH_DET_010
2017-12-31	Bosnia and Herzegovina	中高等收入国家	8759802.107	11614987.26	0.2005	724.8	12	87	485.4208	66.9546	236663997	5.4435
2018-12-31	Bosnia and Herzegovina	中高等收入国家	83760030.037	267777680.26	0.1948	703.79	12	84	471.2501	50.9338	261342668	5.2547
2019-12-31	Bosnia and Herzegovina	中高等收入国家	13967684.79	22980042.33	0.1926		14	45	460.0363		255428421	5.2661
2020-12-31	Bosnia and Herzegovina	中高等收入国家	13746877.35	12353009.68	0.2061		5	50	451.9908		212050904	4.6145
2021-12-31	Bosnia and Herzegovina	中高等收入国家	15978640.27	1948671.528							323354390	5.3162

截止日期_End Dt	国家代码_Country_Name	收入分类_Income Group	知识产权使用费，支付（国际收支平衡，现价美元）_SCITECH_DET_001	知识产权使用费，接收（国际收支平衡，现价美元）_SCITECH_DET_002	研发支出（占GDP的百分比）（%）_SCITECH_DET_003	科技期刊文章_SCITECH_DET_004	专利申请，非居民_SCITECH_DET_005	专利申请量，居民_SCITECH_DET_006	R&D研究人员（每百万人）_SCITECH_DET_007	每100万人中研发技术人员的数量_SCITECH_DET_008	高科技出口（现价美元）_SCITECH_DET_009	高科技出口（占制成品出口的百分比）（%）_SCITECH_DET_010
2012-12-31	Poland	高收入国家	2332000000	229000000	0.8841	27969.55	247	4410	1752.7068	420.5635	10726760935	7.81

续表

截止日期_End_Dt	国家代码_Country_Name	收入分类_Income Group	知识产权使用费,支付(国际收支平衡)(现价美元)_SCITECH_DET_001	知识产权使用费,接收(国际收支平衡)(现价美元)_SCITECH_DET_002	研发支出(占GDP的百分比)(%)_SCITECH_DET_003	科技期刊文章_SCITECH_DET_004	专利申请,非居民_SCITECH_DET_005	专利申请量,居民_SCITECH_DET_006	R&D研究人员(每百万人)_SCITECH_DET_007	每100万人中研发技术人员的数量_SCITECH_DET_008	高科技出口(现价美元)_SCITECH_DET_009	高科技出口(占制成品出口的百分比)(%)_SCITECH_DET_010
2013-12-31	Poland	高收入国家	2693000000	311000000	0.8759	30026.08	174	4237	1873.0599	384.666	13659496464	8.7434
2014-12-31	Poland	高收入国家	2945000000	342000000	0.9448	31773.31	155	3941	2064.0496	438.512	16755598743	10.0676
2015-12-31	Poland	高收入国家	2431000000	415000000	1.0028	33116.44	139	4676	2171.5789	443.6022	16500616953	10.7744
2016-12-31	Poland	高收入国家	2692000000	444000000	0.9629	34838.68	135	4261	2320.79	399.7713	16886379580	10.7143
2017-12-31	Poland	高收入国家	3167000000	575000000	1.0342	34675.67	117	3924	3019.1145	415.2748	18835624933	10.6663
2018-12-31	Poland	高收入国家	3639000000	614000000	1.2089	35662.64	115	4207	3106.1064		21760894443	10.394
2019-12-31	Poland	高收入国家	3734000000	645000000	1.3206		112	3887	3187.8362		19829127576	9.852
2020-12-31	Poland	高收入国家	3534000000	1101000000	1.3921		88	4010	3288.1675		19966820540	9.8642
2021-12-31	Poland	高收入国家	4037000000	1481000000							23834306356	9.4444

续表

截止日期_End_Dt	国家代码_Country_Name	收入分类_Income Group	知识产权使用费，支付（国际收支平衡，现价美元）_SCITECH_DET_001	知识产权使用费，接收（国际收支平衡，现价美元）_SCITECH_DET_002	研发支出（占GDP的百分比）(%)_SCITECH_DET_003	科技期刊文章_SCITECH_DET_004	专利申请,非居民_SCITECH_DET_005	专利申请,居民_SCITECH_DET_006	R&D研究员（每百万人）_SCITECH_DET_007	每100万人中研发技术人员的数量_SCITECH_DET_008	高科技出口（现价美元）_SCITECH_DET_009	高科技出口（占制成品出口的百分比）(%)_SCITECH_DET_010
2012-12-31	Montenegro	中高等收入国家	3078425.553	1229708.525		159.29	41	37			9889196	10.7847
2013-12-31	Montenegro	中高等收入国家	4457701.997	767396.4279	0.3743	194.71		23	645.0119	102.1801	6909504	7.9045
2014-12-31	Montenegro	中高等收入国家	5296924.612	1135559.587	0.3632	204.37		13	671.8317	202.6666	11118361	14.6196
2015-12-31	Montenegro	中高等收入国家	3446391.283	764802.7358	0.374	224.17		23	834.62	129.3871	11848593	12.7654
2016-12-31	Montenegro	中高等收入国家	6014925.28	559078.441	0.3245	243.51		10	715.8071	175.3648	5165280	5.5646
2017-12-31	Montenegro	中高等收入国家	5101165.478	510570.4615	0.349	284.38			702.7183	156.1596	5133057	4.2379
2018-12-31	Montenegro	中高等收入国家	6034347.464	431556.6201	0.5037	249.51		3	762.9709		4246458	3.1538
2019-12-31	Montenegro	中高等收入国家	5874126.789	734715.3542	0.3633			16	746.8307		9697706	6.89
2020-12-31	Montenegro	中高等收入国家	3714630.964	495991.6835				5			9914690	7.573

续表

截止日期 _End_Dt	国家代码 _Country_Name	收入分类 _Income Group	知识产权使用费，支付（国际收支平衡，现价美元）（现价美元）_SCITECH_DET_001	知识产权使用费，接收（国际收支平衡，现价美元）（现价美元）_SCITECH_DET_002	研发支出（占GDP的百分比）（%）_SCITECH_DET_003	科技期刊文章 _SCITECH_DET_004	专利申请，非居民 _SCITECH_DET_005	专利申请，居民 _SCITECH_DET_006	R&D研究人员（每百万人）_SCITECH_DET_007	每100万人中研发技术人员的数量 _SCITECH_DET_008	高科技出口（现价美元）_SCITECH_DET_009	高科技出口（占制成品出口的百分比）（%）_SCITECH_DET_010
2021-12-31	Montenegro	中高等收入国家	4688291.289	541777.1651							13067233	9.4445

截止日期 _End_Dt	国家代码 _Country_Name	收入分类 _Income Group	知识产权使用费，支付（国际收支平衡，现价美元）（现价美元）_SCITECH_DET_001	知识产权使用费，接收（国际收支平衡，现价美元）（现价美元）_SCITECH_DET_002	研发支出（占GDP的百分比）（%）_SCITECH_DET_003	科技期刊文章 _SCITECH_DET_004	专利申请，非居民 _SCITECH_DET_005	专利申请，居民 _SCITECH_DET_006	R&D研究人员（每百万人）_SCITECH_DET_007	每100万人中研发技术人员的数量 _SCITECH_DET_008	高科技出口（现价美元）_SCITECH_DET_009	高科技出口（占制成品出口的百分比）（%）_SCITECH_DET_010
2012-12-31	Czechia	高收入国家	1042852406	352174748.5	1.7697	13812.95	150	867	3139.2354	1739.6253	25441407832	18.5808
2013-12-31	Czechia	高收入国家	1160503560	388825157.6	1.8792	14044.66	97	984	3237.2358	1788.3554	24673076911	17.327
2014-12-31	Czechia	高收入国家	1343830327	493180815.3	1.9583	15432.41	62	910	3402.8262	1873.8172	26887411371	17.365
2015-12-31	Czechia	高收入国家	1227305475	465248147.5	1.9169	16700.33	72	880	3592.0737	1825.244	24757970785	17.7288
2016-12-31	Czechia	高收入国家	1193119443	445442311.1	1.67	16604.51	47	792	3516.1716	1828.9455	24689661232	16.8681

续表

截止日期_End Dt	国家代码_Country_Name	收入分类_Income Group	知识产权使用费,支付(国际收支平衡,现价美元)_SCITECH_DET_001	知识产权使用费,接收(国际收支平衡,现价美元)_SCITECH_DET_002	研发支出(占GDP的百分比)(%)_SCITECH_DET_003	科技期刊文章_SCITECH_DET_004	专利申请,非居民_SCITECH_DET_005	专利申请,居民_SCITECH_DET_006	R&D研究人员(每百万人)_SCITECH_DET_007	每100万人中研发技术人员的数量_SCITECH_DET_008	高科技出口(现价美元)_SCITECH_DET_009	高科技出口(占制成品出口的百分比)(%)_SCITECH_DET_010
2017-12-31	Czechia	高收入国家	1243172655	421049854.5	1.7686	16782.25	66	794	3682.0334	1957.182	29448209320	17.825
2018-12-31	Czechia	高收入国家	1492994404	498219527.1	1.8994	15576.6	54	678	3862.6833	2186.3591	36023128341	19.5514
2019-12-31	Czechia	高收入国家	1511179525	688041585.6	1.9277		48	765	3976.0042		37656863124	20.7071
2020-12-31	Czechia	高收入国家	1390422197	692709322.9	1.991		56	673	4127.9336		39603323141	22.5793
2021-12-31	Czechia	高收入国家	1614062732	810034632.4							41296541874	20.2961

截止日期_End Dt	国家代码_Country_Name	收入分类_Income Group	知识产权使用费,支付(国际收支平衡,现价美元)_SCITECH_DET_001	知识产权使用费,接收(国际收支平衡,现价美元)_SCITECH_DET_002	研发支出(占GDP的百分比)(%)_SCITECH_DET_003	科技期刊文章_SCITECH_DET_004	专利申请,非居民_SCITECH_DET_005	专利申请,居民_SCITECH_DET_006	R&D研究人员(每百万人)_SCITECH_DET_007	每100万人中研发技术人员的数量_SCITECH_DET_008	高科技出口(现价美元)_SCITECH_DET_009	高科技出口(占制成品出口的百分比)(%)_SCITECH_DET_010
2012-12-31	Croatia	高收入国家	307359863.6	29576838.45	0.7419	4294.02	32	217	1556.8412	617.1032	913351644	11.8121

续表

截止日期_End_Dt	国家代码_Country_Name	收入分类_Income Group	知识产权使用费，支付（国际收支平衡，现价美元）_SCITECH_DET_001	知识产权使用费，接收（国际收支平衡，现价美元）_SCITECH_DET_002	研发支出（占GDP的百分比）（%）_SCITECH_DET_003	科技期刊文章_SCITECH_DET_004	专利申请，非居民_SCITECH_DET_005	专利申请量，居民_SCITECH_DET_006	R&D研究人员（每百万人）_SCITECH_DET_007	每100万人中研发技术人员的数量_SCITECH_DET_008	高科技出口（现价美元）_SCITECH_DET_009	高科技出口（占制成品出口的百分比）（%）_SCITECH_DET_010
2013-12-31	Croatia	高收入国家	2811192019.4	24017495.6	0.8001	4164.84	23	230	1526.6808	659.4026	999788236	12.4935
2014-12-31	Croatia	高收入国家	2759758356	26240895.72	0.7738	4014.91	30	170	1437.4298	676.5343	915591226	10.439
2015-12-31	Croatia	高收入国家	2678001753	45439792.76	0.8295	4050.72	17	169	1504.179	745.829	915710065	10.7064
2016-12-31	Croatia	高收入国家	2691027087	51898461.94	0.8516	3966.92	13	175	1850.4957	638.2167	1336108847	14.4017
2017-12-31	Croatia	高收入国家	3075669459	54616631.65	0.8489	4227.47	11	148	1868.3402	714.1052	923398748	8.7348
2018-12-31	Croatia	高收入国家	3113099855	68767957.64	0.9523	4276.9	15	121	1921.1313		1011939697	8.8374
2019-12-31	Croatia	高收入国家	3287993904	75449856.3	1.0811		16	195	2135.436		952468294	8.2893
2020-12-31	Croatia	高收入国家	3121304511	60294041.89	1.2484		12	117	2219.8313		1084082923	9.68
2021-12-31	Croatia	高收入国家	3761235548	1124864746.7							1324455226	9.5615

续表

截止日期_End Dt	国家代码_Country_Name	收入分类_Income Group	知识产权使用费,支付(国际收支平衡,现价美元)(现价美元)_SCITECH_DET_001	知识产权使用费,接收支(国际收支平衡,现价美元)(现价美元)_SCITECH_DET_002	研发支出(占GDP的百分比)(%)_SCITECH_LET_003	科技期刊文章_SCITECH_DET_004	专利申请,非居民_SCITECH_DET_005	专利申请,居民_SCITECH_DET_006	R&D研究人员(每百万人)_SCITECH_DET_007	每100万人中研发技术人员的数量_SCITECH_DET_008	高科技出口(现价美元)_SCITECH_DET_009	高科技出口(占制成品出口的百分比)(%)_SCITECH_DET_010
2012-12-31	Latvia	高收入国家	43691574	10278364.82	0.6631	1200.72	12	193	1886.8873		777098337	11.4064
2013-12-31	Latvia	高收入国家	47866470.98	11930270.25	0.6132	1239.28	8	225	1772.6534		1082132639	15.4178
2014-12-31	Latvia	高收入国家	45149422.11	5316068.105	0.6891	1171.05	4	103	1854.3265		1329488659	17.727
2015-12-31	Latvia	高收入国家	34415898.64	6659748.221	0.6198	1474.02	1	136	1808.6034		1291458341	18.9245
2016-12-31	Latvia	高收入国家	36455711.91	5505751.572	0.4351	1390.79	18	95	1596.5427		1203259954	17.2405
2017-12-31	Latvia	高收入国家	47688935.27	7938489.327	0.511	1602.91	7	90	1784.6371		1413241019	17.7179
2018-12-31	Latvia	高收入国家	64586076.55	10612939.14	0.6387	1417.73	24	86	1792.1045		1879352694	20.5482
2019-12-31	Latvia	高收入国家	50330404.63	19061923.27	0.6369		5	82	1904.8188		1469863747	17.2174
2020-12-31	Latvia	高收入国家	30999228.72	8030352.913	0.7055		1	93	2158.8401		1837827445	20.0359

续表

截止日期_End_Dt	国家代码_Country_Name	收入分类_Income Group	知识产权使用费，支付（国际收支平衡，现价美元）_SCITECH_DET_001	知识产权使用费，接收（国际收支平衡，现价美元）_SCITECH_DET_002	研发支出（占GDP的百分比）（%）_SCITECH_DET_003	科技期刊文章_SCITECH_DET_004	专利申请，非居民_SCITECH_DET_005	专利申请量，居民_SCITECH_DET_006	R&D研究人员（每百万人）_SCITECH_DET_007	每100万人中研发技术人员的数量_SCITECH_DET_008	高科技出口（现价美元）_SCITECH_DET_009	高科技出口（占制成品出口的百分比）（%）_SCITECH_DET_010
2021-12-31	Latvia	高收入国家	37741486.72	11753084.13							1944253488	16.9569

截止日期_End_Dt	国家代码_Country_Name	收入分类_Income Group	知识产权使用费，支付（国际收支平衡，现价美元）_SCITECH_DET_001	知识产权使用费，接收（国际收支平衡，现价美元）_SCITECH_DET_002	研发支出（占GDP的百分比）（%）_SCITECH_DET_003	科技期刊文章_SCITECH_DET_004	专利申请，非居民_SCITECH_DET_005	专利申请量，居民_SCITECH_DET_006	R&D研究人员（每百万人）_SCITECH_DET_007	每100万人中研发技术人员的数量_SCITECH_DET_008	高科技出口（现价美元）_SCITECH_DET_009	高科技出口（占制成品出口的百分比）（%）_SCITECH_DET_010
2012-12-31	Lithuania	高收入国家	38179826.62	3849906.057	0.893	2285.45	15	109	2634.3259		1712052546	11.0381
2013-12-31	Lithuania	高收入国家	51742886.95	33101353.78	0.9487	2265.95	20	117	2843.8643		1906924576	11.0225
2014-12-31	Lithuania	高收入国家	47451213.57	26333214.12	1.0301	2492.17	42	123	3054.0161		2092843539	11.1386
2015-12-31	Lithuania	高收入国家	48349772.01	22863266.06	1.0434	2464.44	18	101	2785.5847		1919840823	12.7802
2016-12-31	Lithuania	高收入国家	66926847.32	27826815.34	0.8424	2306.22	58	95	2950.2793		1962841077	12.6394

续表

截止日期_EndDt	国家代码_Country_Name	收入分类_IncomeGroup	知识产权使用费,支付(国际收支平衡,现价美元)(现价美元)_SCITECH_DET_001	知识产权使用费,接收(国际收支平衡,现价美元)(现价美元)_SCITECH_DET_002	研发支出(占GDP的百分比)(%)_SCITECH_DET_003	科技期刊文章_SCITECH_DET_004	专利申请,非居民_SCITECH_DET_005	专利申请,居民_SCITECH_DET_006	R&D研究人员(每百万人)_SCITECH_DET_007	每100万人中研发技术人员的数量_SCITECH_DET_008	高科技出口(现价美元)_SCITECH_DET_009	高科技出口(占制成品出口的百分比)(%)_SCITECH_DET_010
2017-12-31	Lithuania	高收入国家	67754950.86	30918143.07	0.8963	2404.65	46	81	3071.9607		2317431157	12.5773
2018-12-31	Lithuania	高收入国家	61738440.48	31113008.13	0.9366	2267.3	24	81	3190.7024		2515950503	12.1009
2019-12-31	Lithuania	高收入国家	72719073.99	68825818.86	0.9947		33	90	3489.6021		2526907344	12.0296
2020-12-31	Lithuania	高收入国家	77947223.91	8407564.153	1.1553		18	95	3728.48		2619106962	12.0088
2021-12-31	Lithuania	高收入国家	172930885.4	11052517.25							3106957909	11.5088

截止日期_EndDt	国家代码_Country_Name	收入分类_IncomeGroup	知识产权使用费,支付(国际收支平衡,现价美元)(现价美元)_SCITECH_DET_001	知识产权使用费,接收(国际收支平衡,现价美元)(现价美元)_SCITECH_DET_002	研发支出(占GDP的百分比)(%)_SCITECH_DET_003	科技期刊文章_SCITECH_DET_004	专利申请,非居民_SCITECH_DET_005	专利申请,居民_SCITECH_DET_006	R&D研究人员(每百万人)_SCITECH_DET_007	每100万人中研发技术人员的数量_SCITECH_DET_008	高科技出口(现价美元)_SCITECH_DET_009	高科技出口(占制成品出口的百分比)(%)_SCITECH_DET_010
2012-12-31	Romania	中高等人国家	452525195.7	346641378.5	0.4854	10287.1	55	1022	890.67	251.8852	3649892914	8.1799

续表

截止日期_End Dt	国家代码_Country_Name	收入分类_Income Group	知识产权使用费,支付(国际收支平衡,现价美元)_SCITECH_DET_001	知识产权使用费,接收(国际收支平衡,现价美元)_SCITECH_DET_002	研发支出(占GDP的百分比)(%)_SCITECH_DET_003	科技期刊文章_SCITECH_DET_004	专利申请,非居民_SCITECH_DET_005	专利申请量,居民_SCITECH_DET_006	R&D研究人员(每百万人)_SCITECH_DET_007	每100万人中研发技术人员的数量_SCITECH_DET_008	高科技出口(现价美元)_SCITECH_DET_009	高科技出口(占制成品出口的百分比)(%)_SCITECH_DET_010
2013-12-31	Romania	中高等收入国家	879803422.6	1197040079.6	0.3882	10122.54	53	993	922.6746	248.0036	3679907708	7.3982
2014-12-31	Romania	中高等收入国家	901296183	1405103937	0.3816	10073.39	84	952	903.8263	225.0956	4471137035	8.4092
2015-12-31	Romania	中高等收入国家	834447967.1	90641332.05	0.4884	10917.79	78	975	876.2282	267.4004	443062586	9.4141
2016-12-31	Romania	中高等收入国家	832020078	72390679.25	0.4813	10511.4	58	1005	911.5852	275.3547	5254484057	10.3924
2017-12-31	Romania	中高等收入国家	911037524.1	74529626.37	0.5032	11039.56	80	1098	891.3212	278.8241	5558595285	9.7796
2018-12-31	Romania	中高等收入国家	962384646.5	100840053.2	0.5011	10345.01	47	1100	882.4413		6636988115	10.0772
2019-12-31	Romania	中高等收入国家	936735170.4	108261709.6	0.4783		58	881	895.9668		6994469286	11.0726
2020-12-31	Romania	中高等收入国家	886842442.5	132002023.1	0.4703		47	817	952.869		6984613402	11.937
2021-12-31	Romania	中高等收入国家	1041336733	90955335.63							8026987930	11.4879

续表

截止日期_End_Dt	国家代码_Country_Name	收入分类_Income Group	知识产权使用费,支付(国际收支平衡,现价美元)_SCITECH_DET_001	知识产权使用费,接收(国际收支平衡,现价美元)_SCITECH_DET_002	研发支出(占GDP的百分比)(%)_SCITECH_DET_003	科技期刊文章_SCITECH_DET_04	专利申请,非居民_SCITECH_DET_005	专利申请量,居民_SCITECH_DET_006	R&D研究人员(每百万人)_SCITECH_DET_007	每100万人中研发技术人员的数量_SCITECH_DET_008	高科技出口(现价美元)_SCITECH_DET_009	高科技出口(占制成品出口的百分比)(%)_SCITECH_DET_010
2012-12-31	North Macedonia	中高等收入国家	33907240	8277685	0.3268	475.58	3	50	611.7791	109.3151	117340027	4.0704
2013-12-31	North Macedonia	中高等收入国家	41586769	9149301	0.4389	479.95	4	42	675.2769	53.3172	122676418	3.7825
2014-12-31	North Macedonia	中高等收入国家	52812610	10372985	0.5165	543.06			837.5787	67.8129	130746178	3.296
2015-12-31	North Macedonia	中高等收入国家	56157840	9247096	0.4441	548.28			858.4504	74.3509	125086859	3.3691
2016-12-31	North Macedonia	中高等收入国家	66879970	7113684	0.4358	510.01			854.3342	85.0273	82150817	2.0818
2017-12-31	North Macedonia	中高等收入国家	53366170	9791732	0.3544	498.61			729.3578	91.883	186204144	3.9816
2018-12-31	North Macedonia	中高等收入国家	188796560	11848313	0.3637	493.05			799.2724	91.1157	234169534	4.0491
2019-12-31	North Macedonia	中高等收入国家	160554940	10748982	0.3678				786.8837		252768041	4.2174
2020-12-31	North Macedonia	中高等收入国家	183710916.9	12089507	0.3756			47	786.6422		232386333	4.181

续表

截止日期_End Dt	国家代码_Country_Name	收入分类_Income Group	知识产权使用费,支付(国际收支平衡,现价美元)_SCITECH_DET_001	知识产权使用费,接收(国际收支平衡,现价美元)_SCITECH_DET_002	研发支出(占GDP的百分比)(%)_SCITECH_DET_003	科技期刊文章_SCITECH_DET_004	专利申请,非居民_SCITECH_DET_005	专利申请量,居民_SCITECH_DET_006	R&D研究人员(每百万人)_SCITECH_DET_007	每100万人中研发技术人员的数量_SCITECH_DET_008	高科技出口(现价美元)_SCITECH_DET_009	高科技出口(占制成品出口的百分比)(%)_SCITECH_DET_010
2021-12-31	North Macedonia	中高等收入国家	169440810	15524238								

截止日期_End Dt	国家代码_Country_Name	收入分类_Income Group	知识产权使用费,支付(国际收支平衡,现价美元)_SCITECH_DET_001	知识产权使用费,接收(国际收支平衡,现价美元)_SCITECH_DET_002	研发支出(占GDP的百分比)(%)_SCITECH_DET_003	科技期刊文章_SCITECH_DET_004	专利申请,非居民_SCITECH_DET_005	专利申请,居民_SCITECH_DET_006	R&D研究人员(每百万人)_SCITECH_DET_007	每100万人中研发技术人员的数量_SCITECH_DET_008	高科技出口(现价美元)_SCITECH_DET_009	高科技出口(占制成品出口的百分比)(%)_SCITECH_DET_010
2012-12-31	Serbia	中高等收入国家	174972017.3	35345562.73	0.8532	5879.6	32	192	1643.3741	312.4554	461948246	
2013-12-31	Serbia	中高等收入国家	221204084	44419647.99	0.6837	5242.49	20	201	1726.973	324.7486	438204912	
2014-12-31	Serbia	中高等收入国家	224594091.7	41047139.43	0.7231	5052.69	10	202	1830.9924	350.7538	449012569	
2015-12-31	Serbia	中高等收入国家	180332274.4	45270783.14	0.8109	4872.66	13	178	2071.2168	420.2577	390512958	
2016-12-31	Serbia	中高等收入国家	197746134.6	42325264.97	0.8382	4982.05	21	192	2132.7727	430.9493	406368795	

续表

截止日期_End Dt	国家代码_Country_Name	收入分类_Income Group	知识产权使用费，支付（国际收支平衡，现价美元）_SCITECH_DET_001	知识产权使用费，接收（国际收支平衡，现价美元）_SCITECH_DET_002	研发支出（占GDP的百分比）（%）_SCITECH_DET_003	科技期刊文章_SCITECH_DET_004	专利申请，非居民_SCITECH_DET_005	专利申请，居民_SCITECH_DET_006	R&D研究人员（每百万人）_SCITECH_DET_007	每100万人中研发技术人员的数量_SCITECH_DET_008	高科技出口（现价美元）_SCITECH_DET_009	高科技出口（占制成品出口的百分比）（%）_SCITECH_DET_010
2017-12-31	Serbia	中高等收入国家	239382868	50166545.81	0.8724	4916.94	13	171	2079.1997	410.8438	396951917	
2018-12-31	Serbia	中高等收入国家	289729929.3	57889056.91	0.9189	4523.42	11	163	2087.219	412.0329	458079439	
2019-12-31	Serbia	中高等收入国家	304261638.8	54115603.23	0.8867		9	168	2098.4436		505597610	
2020-12-31	Serbia	中高等收入国家	348262113.7	91346870.5	0.906		8	138	2167.1104		701565611	
2021-12-31	Serbia	中高等收入国家	503365928.2	140636717.4							913788852	
截止日期_End Dt	国家代码_Country_Name	收入分类_Income Group	知识产权使用费，支付（国际收支平衡，现价美元）_SCITECH_DET_001	知识产权使用费，接收（国际收支平衡，现价美元）_SCITECH_DET_002	研发支出（占GDP的百分比）（%）_SCITECH_DET_003	科技期刊文章_SCITECH_DET_004	专利申请，非居民_SCITECH_DET_005	专利申请，居民_SCITECH_DET_006	R&D研究人员（每百万人）_SCITECH_DET_007	每100万人中研发技术人员的数量_SCITECH_DET_008	高科技出口（现价美元）_SCITECH_DET_009	高科技出口（占制成品出口的百分比）（%）_SCITECH_DET_010
2012-12-31	Slovak Republic	高收入国家	1809080256.1	4219586.891	0.7977	4225.7	35	168	2820.1687	383.9045	6432733573	9.5683

续表

截止日期_EndDt	国家代码_CountryName	收入分类_IncomeGroup	知识产权使用费,支付(国际收支平衡,现价美元)(现价美元)_SCITECH_DET_001	知识产权使用费,接收(国际收支平衡,现价美元)(现价美元)_SCITECH_DET_002	研发支出(占GDP的百分比)(%)_SCITECH_DET_003	科技期刊文章_SCITECH_DET_004	专利申请,非居民_SCITECH_DET_005	专利申请量,居民_SCITECH_DET_006	R&D研究人员(每百万人)_SCITECH_DET_007	每100万人中研发技术人员的数量_SCITECH_DET_008	高科技出口(现价美元)_SCITECH_DET_009	高科技出口(占制成品出口的百分比)(%)_SCITECH_DET_010
2013-12-31	Slovak Republic	高收入国家	571824993.2	26537377.3	0.8231	4466.05	26	184	2716.3679	329.3601	8085518728	11.0149
2014-12-31	Slovak Republic	高收入国家	672289268	28772288.25	0.88	5007.44	23	211	2715.5525	366.5449	8401135095	11.1476
2015-12-31	Slovak Republic	高收入国家	522191217.2	26246728.13	1.1607	5062.13	28	228	2650.208	389.2295	7461128017	11.1586
2016-12-31	Slovak Republic	高收入国家	686313614.3	30961686.71	0.791	5492.66	15	220	2599.9619	412.1427	7475075527	10.7372
2017-12-31	Slovak Republic	高收入国家	706690665.8	26658050.79	0.8869	5787.12	23	183	2794.8384	484.0612	8812917738	11.7654
2018-12-31	Slovak Republic	高收入国家	751531430.7	55522617.77	0.8397	5321.6	14	217	2995.9578	520.6295	8967348059	10.6364
2019-12-31	Slovak Republic	高收入国家	754188697.6	35205520.1	0.8257		28	206	3111.0427		8048021844	9.9122
2020-12-31	Slovak Republic	高收入国家	646719708.6	48240166.78	0.9111		15	206	3164.3101		7860065656	9.9973
2021-12-31	Slovak Republic	高收入国家	744777215.1	513275999.89							8423171894	9.0027

续表

截止日期_End Dt	国家代码_Country_Name	收入分类_Income Group	知识产权使用费，支付（国际收支平衡，现价美元）（现价美元）_SCITECH_DET_001	知识产权使用费，接收（国际收支平衡，现价美元）（现价美元）_SCITECH_DET_002	研发支出（占GDP的百分比）（%）_SCITECH_DET_003	科技期刊文章_SCITECH_DET_004	专利申请，非居民_SCITECH_DET_005	专利申请，居民_SCITECH_DET_006	R&D研究人员（每百万人）_SCITECH_DET_007	每100万人中研发技术人员的数量_SCITECH_DET_008	高科技出口（现价美元）_SCITECH_DET_009	高科技出口（占制成品出口的百分比）（%）_SCITECH_DET_010
2012-12-31	Slovenia	高收入国家	356983239.1	43386563.13	2.5606	3534.43			4317.1836	2313.1241	1492635875	6.6617
2013-12-31	Slovenia	高收入国家	253036284.5	56350550.85	2.5649	3535.77			4220.3276	2522.8902	1586839927	6.7382
2014-12-31	Slovenia	高收入国家	241837673.5	71250319.64	2.3655	3501.8			4147.0615	2392.2751	1622650418	6.4172
2015-12-31	Slovenia	高收入国家	221412274.4	58216200.47	2.1957	3557.71			3814.2158	2399.5763	1552487416	7.0077
2016-12-31	Slovenia	高收入国家	224388233.9	77665518.83	2.0076	3357.55			3914.2612	2373.9159	1672132339	7.1441
2017-12-31	Slovenia	高收入国家	247300894.7	63348845.55	1.8653	3448.68			4479.4004	1814.2029	1754994078	6.5083
2018-12-31	Slovenia	高收入国家	271288627.7	72892669.44	1.9464	3206.15	23	255	4845.4233		2089366758	6.8251
2019-12-31	Slovenia	高收入国家	256638367.5	76861175.5	2.047				5054.7134		2333128839	7.3534
2020-12-31	Slovenia	高收入国家	251963420.2	97143283.87	2.1474				4932.3362		2542422104	7.7983

续表

截止日期_EndDt	国家代码_Country_Name	收入分类_IncomeGroup	知识产权使用费，支付（国际收支平衡）（现价美元）_SCITECH_DET_001	知识产权使用费，接收（国际收支平衡）（现价美元）_SCITECH_DET_002	研发支出（占GDP的百分比）（%）_SCITECH_DET_003	科技期刊文章_SCITECH_DET_004	专利申请，非居民_SCITECH_DET_005	专利申请，居民_SCITECH_DET_006	R&D研究人员（每百万人）_SCITECH_DET_007	每100万人中研发技术人员的数量_SCITECH_DET_008	高科技出口（现价美元）_SCITECH_DET_009	高科技出口（占制成品出口的百分比）（%）_SCITECH_DET_010
2021-12-31	Slovenia	高收入国家	300200854	121463882.7							2615145634	6.5573

截止日期_EndDt	国家代码_Country_Name	收入分类_IncomeGroup	知识产权使用费，支付（国际收支平衡）（现价美元）_SCITECH_DET_001	知识产权使用费，接收（国际收支平衡）（现价美元）_SCITECH_DET_002	研发支出（占GDP的百分比）（%）_SCITECH_DET_003	科技期刊文章_SCITECH_DET_004	专利申请，非居民_SCITECH_DET_005	专利申请，居民_SCITECH_DET_006	R&D研究人员（每百万人）_SCITECH_DET_007	每100万人中研发技术人员的数量_SCITECH_DET_008	高科技出口（现价美元）_SCITECH_DET_009	高科技出口（占制成品出口的百分比）（%）_SCITECH_DET_010
2012-12-31	Hungary	高收入国家	1701009788	2033139463	1.2538	6519.56	66	692	2416.4775	708.9159	17575520051	21.2196
2013-12-31	Hungary	高收入国家	1966063664	2076312985	1.3836	6299.56	66	642	2546.0847	787.885	17133941127	19.3689
2014-12-31	Hungary	高收入国家	1701540946	2085306420	1.3442	6728.01	73	546	2673.4343	696.89	15681722657	16.6902
2015-12-31	Hungary	高收入国家	2006472537	1566027528	1.3392	6533.46	64	569	2589.0979	727.3528	14668165090	17.0832
2016-12-31	Hungary	高收入国家	1446684698	1794389317	1.1796	6473.35	49	616	2645.7568	641.0352	15878515224	17.5591

续表

截止日期_End_Dt	国家代码_Country_Name	收入分类_Income Group	知识产权使用费,支付(国际收支平衡,现价美元)(现价美元)_SCITECH_DET_001	知识产权使用费,接收(国际收支平衡,现价美元)(现价美元)_SCITECH_DET_002	研发支出(占GDP的百分比)(%)_SCITECH_DET_003	科技期刊文章_SCITECH_DET_004	专利申请,非居民_SCITECH_DET_005	专利申请,居民_SCITECH_DET_006	R&D研究人员(每百万人)_SCITECH_DET_007	每100万人中研发技术人员的数量_SCITECH_DET_008	高科技出口(现价美元)_SCITECH_DET_009	高科技出口(占制成品出口的百分比)(%)_SCITECH_DET_010
2017-12-31	Hungary	高收入国家	1597954988	1688119273	1.3168	6645.69	36	496	2921.5332	770.3121	16896040559	17.1829
2018-12-31	Hungary	高收入国家	1628927748	1859888614	1.5076	6700.92	36	407	3873.9124		18039318661	16.8099
2019-12-31	Hungary	高收入国家	1701673073	1386778888	1.4774		23	427	4057.4397		18426664252	17.363
2020-12-31	Hungary	高收入国家	1408457720	1195919484	1.6077		28	428	4357.916		18155662306	17.4257
2021-12-31	Hungary	高收入国家	1542992757	1402137054							19669362120	16.2573

附录4 中国—中东欧国家领导人峰会成果清单

政府间合作文件（共35项）

一、《中国—匈牙利共建"一带一路"优先合作项目清单》

二、《中华人民共和国商务部与阿尔巴尼亚共和国财政经济部关于建立投资合作工作组的谅解备忘录》

三、《中华人民共和国商务部与捷克共和国工业和贸易部关于建立贸易促进合作工作组的谅解备忘录》

四、《中华人民共和国商务部与匈牙利外交与对外经济部关于推动双边投资合作高质量发展的谅解备忘录》

五、《中华人民共和国商务部与塞尔维亚共和国财政部关于建立投资合作工作组的谅解备忘录》

六、《中华人民共和国政府和塞尔维亚共和国政府关于中华人民共和国海关总署企业信用管理制度与塞尔维亚共和国财政部海关署"经认证的经营者"制度互认的协定》

七、《中华人民共和国教育部与保加利亚共和国教育与科学部2020—2023年教育合作协议》

八、《中华人民共和国教育部与克罗地亚共和国科学与教育部关于相互承认高等教育学历学位的谅解备忘录》

九、《中华人民共和国教育部与匈牙利外交与对外经济部关于匈牙利政府奖学金项目2020—2022年教育合作谅解备忘录》

十、《中华人民共和国教育部与罗马尼亚教育和研究部关于相互承认高等

教育学历学位的协议》

十一、《中华人民共和国政府与斯洛伐克共和国政府关于相互承认高等教育学历学位的协议》

十二、《中国武术协会与拉脱维亚运动武术联合会、立陶宛武术联合会、爱沙尼亚武术功夫联合会合作开展武术推广普及工作的谅解备忘录》

十三、《中国奥林匹克委员会与罗马尼亚奥林匹克与体育委员会合作谅解备忘录》

十四、《中华人民共和国国家体育总局与塞尔维亚共和国青年和体育部体育领域合作谅解备忘录》

十五、《中华人民共和国科学技术部与北马其顿共和国教育与科学部关于联合资助研发合作项目的谅解备忘录》

十六、《中华人民共和国国家卫生健康委员会和波斯尼亚和黑塞哥维那民政部卫生和医学科学领域合作谅解备忘录》

十七、《中华人民共和国海关总署和阿尔巴尼亚共和国农业和农村发展部关于输华蜂蜜的检验检疫和卫生要求议定书》

十八、《中华人民共和国海关总署与阿尔巴尼亚共和国农业和农村发展部关于阿尔巴尼亚共和国输华乳品检验检疫要求议定书》

十九、《中华人民共和国海关总署与保加利亚共和国农业、食品和林业部关于保加利亚输华蜂蜜的检验检疫和卫生要求议定书》

二十、《中华人民共和国海关总署与保加利亚共和国农业、食品和林业部关于保加利亚玉米酒糟粕输华卫生与植物卫生要求议定书》

二十一、《中华人民共和国海关总署与保加利亚共和国农业、食品和林业部关于保加利亚烟叶输往中国植物检疫要求议定书》

二十二、《中华人民共和国海关总署与捷克共和国农业部关于捷克输华配合饲料的检疫和卫生要求议定书》

二十三、《中华人民共和国海关总署与立陶宛共和国农业部及国家食品兽医管理局关于立陶宛输华野生海捕水产品的检验检疫和兽医卫生要求议定书》

二十四、《中华人民共和国海关总署与罗马尼亚农业与农村发展部关于植物检疫合作谅解备忘录》

二十五、《中华人民共和国海关总署和塞尔维亚共和国农业、林业和水利部关于塞尔维亚甜菜粕输华卫生与植物卫生要求议定书》

二十六、《中华人民共和国海关总署和塞尔维亚共和国农业、林业和水利部关于塞尔维亚玉米输华植物检疫要求议定书》

二十七、《中华人民共和国海关总署和斯洛伐克共和国兽医食品总局关于中国从斯洛伐克输入羊肉的检验检疫和兽医卫生要求议定书》

二十八、《中华人民共和国文化和旅游部与保加利亚共和国文化部2021~2024年文化合作计划》

二十九、《中华人民共和国文化和旅游部和匈牙利人力资源部2020~2024年文化合作计划》

三十、《中华人民共和国文化和旅游部与拉脱维亚共和国文化部2021~2025年文化合作计划》

三十一、《中华人民共和国政府与罗马尼亚政府关于防止盗窃、盗掘和非法进出境文化财产的协定》

三十二、《中国—罗马尼亚"一带一路"新闻交流合作协议》

三十三、《中华人民共和国国家知识产权局与保加利亚共和国专利局合作谅解备忘录》

三十四、《中华人民共和国国家知识产权局与匈牙利知识产权局谅解备忘录》

三十五、《中华人民共和国天津农学院、天津市经济贸易学校与保加利亚共和国普罗夫迪夫农业大学共建保加利亚鲁班工坊合作协议》

商业合作文件（共53项）

一、《中国进出口银行与匈牙利财政部关于匈塞铁路匈牙利肖罗克莎尔—克莱比奥段项目贷款协议》

二、《中国进出口银行与塞尔维亚财政部关于匈塞铁路塞尔维亚诺维萨德—苏博蒂察边境（凯莱比亚）段项目贷款协议》

三、《中车集团、中国铁路国际与塞尔维亚建设、交通和基础设施部及塞尔维亚铁路公司关于轨道交通装备合作的谅解备忘录》

四、《葛洲坝集团与爱尔兰沙拉能源公司及阿尔巴尼亚3Power沙拉公司关

于阿尔巴尼亚共和国沙拉河流域水电站框架合同》

五、《葛洲坝集团与波黑达巴尔水电公司关于达巴尔水电站项目 EPC 合同》

六、《中国电建集团与波黑全球绿色能源公司关于波黑德荣拉 168.2MW 风电项目 EPC 合同协议书》

七、《中国技术进出口集团有限公司、中国电建集团海外投资有限公司与波黑政府关于波黑伊沃维克 84MW 风电项目合作开发协议》

八、《中国进出口银行关于保加利亚 Navigation Maritime Bulgare JSC 航运公司购买 6 艘散货船项目贷款协议》

九、《中国银行塞尔维亚有限公司与萨格勒布证券交易所合作备忘录》

十、《中国工商银行与捷克国家银行关于中国工商银行代理债券交易与结算协议》

十一、《华为公司与希腊国家银行关于希腊国家银行园区智慧网络项目协议》

十二、《中国进出口银行关于希腊 Star Bulk、Angelicoussis 下属单船公司购买共计 4 艘散货船贷款协议》

十三、《中国工商银行与希腊 Angelicoussis 集团 2 艘液化天然气运输光船租赁协议》

十四、《中国—中东欧投资合作基金二期收购希腊 PAPERPACK 公司纸包装项目协议》

十五、《中欧商贸物流合作园区与中国（赣州）跨境电子商务综合试验区"双区联动"合作协议》

十六、《中欧商贸物流合作园区与河南省机场集团有限公司关于空中丝绸之路中匈航空货运枢纽共建项目合作备忘录》

十七、《华为公司与沃达丰匈牙利公司关于匈牙利沃达丰 Spring 5G 项目合作协议》

十八、《中国银行匈牙利分行与匈牙利电力公司 3.5 亿欧元长期可循环贷款协议》

十九、《中国国家开发银行与万华国际控股有限公司 1.5 亿欧元贷款协议》

二十、《中国银行匈牙利分行关于中机匈牙利光伏电站项目贷款协议》

二十一、《中国银行匈牙利分行与匈牙利中央清算所人民币结算服务协议》

二十二、《中国进出口银行与万华国际控股有限公司流动资金贷款协议》

二十三、《中国工商银行与匈牙利央行关于国际掉期和衍生品交易协议及信用支持附件》

二十四、《中国工商银行与匈牙利 OTP 银行关于"一带一路"银行间常态化合作机制的备忘录》

二十五、《海南国际经济发展局与匈牙利工商会关于推动匈牙利企业和产品共享海南自贸港新机遇谅解备忘录》

二十六、《苏州金螳螂建筑装饰股份公司、拉脱维亚里加油漆涂料工厂及瑞客矿物涂料（北京）有限公司战略合作框架协议》

二十七、《中国—中东欧（沧州）中小企业合作区与拉脱维亚里加油漆涂料工厂以及瑞客矿物涂料（北京）有限公司开展战略合作备忘录》

二十八、《哈尔滨市人民政府、拉脱维亚里加油漆涂料工厂关于引入拉脱维亚瑞客环保矿物漆参与哈尔滨市老旧小区改造的战略合作协议》

二十九、《上海大钱信息技术有限公司与立陶宛企业签署关于立陶宛出口和跨境电商的合作框架协议》

三十、《东方电气与黑山国家电力公司关于黑山普列夫利亚热电站一期生态改造项目 EPC 总包合同》

三十一、《中国路桥与黑山交通与海事部关于黑山巴尔—维尔布尼察铁路修复项目谅解备忘录》

三十二、《同方威视技术股份有限公司与北马其顿海关关于移动式集装箱/车辆检查系统供货合同》

三十三、《中国进出口银行与北马其顿国家道路公司关于北马其顿基塞沃—奥赫里德高速公路追加项目贷款协议》

三十四、《中国银行匈牙利分行与北马其顿交易所合作备忘录》

三十五、《中国电建与 Kaltun 北马其顿能源公司关于北马其顿德米尔卡皮亚 34MW 风电项目商务合同》

三十六、《中国—中东欧投资合作基金二期投资罗马尼亚 FARMAVET 公司 85% 股份生物科技项目协议》

三十七、《中国进出口银行与中外运控股项目公司关于中外运收购 KLG 下属物流公司股权再融资项目贷款协议》

三十八、《中国山东对外经济技术合作集团与塞尔维亚建设、交通和基础设施部、塞尔维亚道路公司关于洛兹尼察—瓦列沃—拉扎雷瓦茨公路伊维拉克—拉伊科瓦茨段设计施工商务合同》

三十九、《中国山东对外经济技术合作集团与塞尔维亚建设、交通和基础设施部关于贝尔格莱德—兹雷尼亚宁—诺维萨德高速公路建设项目规划和技术编制谅解备忘录》

四十、《华为公司与塞尔维亚电信公司关于塞尔维亚电信固网现代化改造二期项目建设合作协议》

四十一、《中国路桥与塞尔维亚道路公司关于诺维萨德—鲁马快速路项目设计及施工商务合同》

四十二、《中国电建集团与贝尔格莱德国土开发公共机构关于贝尔格莱德市跨萨瓦河新桥项目商务合同》

四十三、《中国交通建设股份有限公司与塞尔维亚道路公司关于塞尔维亚 E763 高速公路新贝尔格莱德—苏尔钦段设计及施工商务合同》

四十四、《中国银行塞尔维亚有限公司与贝尔格莱德证券交易所合作备忘录》

四十五、《中国进出口银行与塞尔维亚财政部关于塞尔维亚 E763 高速公路普雷利纳—波热加段项目贷款协议》

四十六、《中国进出口银行与塞尔维亚财政部关于塞尔维亚奥布雷诺瓦兹至贝尔格莱德新区供热管道建设项目贷款协议》

四十七、《中国电建与塞尔维亚建设、交通及基础设施部关于贝尔格莱德绕城公路项目（C 段）合作备忘录》

四十八、《中国电建集团与塞尔维亚政府、贝尔格莱德地铁公司、法国阿尔斯通公司等关于建设贝尔格莱德地铁项目合作谅解备忘录》

四十九、《中国路桥工程有限责任公司与塞尔维亚建设、交通与基础设施部固体废物垃圾处理项目商务合同》

五十、《葛洲坝集团与斯洛伐克 CEDIS 公司关于斯洛伐克小多瑙河托波尼

基段防洪项目技术服务协议》

五十一、《中国银行匈牙利分行与斯洛伐克布拉迪斯拉发交易所合作备忘录》

五十二、《天津食品集团有限公司和中国—中东欧国家农业合作促进联合会关于推动在中国天津建立中国—中东欧国家现代农业合作示范区的联合声明》

五十三、《中国进出口银行与黑海贸易与开发银行流动资金贷款协议》